赤裸裸的统计学

[美] 查尔斯·惠伦(Charles Wheelan)◎著
曹槟◎译

Naked Statistics

Stripping the Dread from the Data

中信出版集团 | 北京

图书在版编目（CIP）数据

赤裸裸的统计学 /（美）惠伦著；曹槟译 . —北京：中信出版社，2013.11（2024.7 重印）
书名原文：Naked Statistics
ISBN 978-7-5086-4215-4

①I. 赤… II. ①惠… III. ①经济统计学－通俗读物 IV . ① F222–49

中国版本图书馆 CIP 数据核字（2013）第 215055 号

赤裸裸的统计学
著者： [美] 查尔斯·惠伦
译者： 曹 槟
出版发行：中信出版集团股份有限公司
（北京市朝阳区东三环北路 27 号嘉铭中心 邮编 100020）
承印者： 三河市中晟雅豪印务有限公司

开本：787 mm×1092 mm 1/16　印张：19.25　字数：240 千字
版次：2013 年 11 月第 1 版　印次：2024 年 7 月第 29 次印刷
京权图字：01–2013–1461　书号：ISBN 978–7–5086–4215–4
定价：79.00 元

服务热线：400–600–8099
投稿邮箱：author@citicpub.com

目录

Naked Statistics

引言

Naked Statistics

我为什么憎恶微积分却偏爱统计学？

我天生就很排斥数学。我对数字本身没有任何好感，对那些在现实世界中毫无用处的骗人公式也没有什么好印象。我尤其不喜欢高中的微积分课，原因很简单，因为从来就没有人告诉过我学习这门课的意义是什么——有谁会在乎抛物线下方的区域代表什么？

而事实上就在高中三年级的时候，我迎来了人生中的一个重要时刻，那时我正在准备第一学期微积分课程的期末考试，虽然那几天我也算用功学习了，但总体来说还是以偷懒为主，因为几个星期前我就申请到了理想的大学，当然随之而来的是我对这门课本来就少得可怜的学习动力也消失殆尽。考试那天我盯着试卷上的题目，发现它们竟是如此陌生。这已经不是会不会答的问题了，而是根本就搞不清楚题目问的是什么。我对“裸考”其实并不陌生，借用美国国防部前部长唐纳德·拉姆斯菲尔德的话说就是，我总是知道我有不知道的东西。但这次考试比以往的题目都难，我草草地翻了一下试卷，几乎没有会答的题。我走到教室前面，来到监考老师——我们的微积分老师卡罗·史密斯的面前，“史密斯夫人，”我说，“试卷上的很多东西我都不认识。”

相比起我对史密斯夫人的“喜爱”，她对我的“不喜爱”要更甚。是的，现在我承认作为学生会主席的我，有时会动用手中有限的权力来安排一些全校性的集会，这样史密斯夫人的微积分课就被迫取消了。我和朋友们也曾以“一位神秘的仰慕者”的名义派人在课堂上给她送花，然后看她尴尬地环顾四周，而我们则在教室后面得意地窃笑。是的，在我得知自己被大学录取之后，我就真的再也没有做过任何作业了。

所以，当我走到史密斯夫人的面前，告诉她那些题目看上去很陌生的时候，她并没有流露出一丝的同情。“查尔斯，”她大声说（表面上是对我说，但她的脸却朝着全班同学，以确保教室里的每一个人都能听到），“如果你用功了，这些题目看上去就会熟悉得多。”这一点确实很有说服力，所以我只得溜回座位。几分钟以后，我们班这门课的“尖子生”布莱恩·阿尔贝特尔走到教室前面，和史密斯夫人耳语了几句，史密斯夫人也轻声地回了几句，之后，一件十分离奇的事情发生了。“同学们，请注意一下，”史密斯夫人宣布，“我误把下学期的试题发给你们了。”当时考试已经进行了一段时间，所以这次考试不得不取消择日重考。我当时的欣喜之情无以言表。

在我之后的人生中，我娶了一位漂亮的妻子，育有 3 个健康的孩子。我出版了几本书，游览过泰姬陵和吴哥窟这样的名胜。但是，那天微积分老师提到“因果报应”的一幕，依旧是我人生中最难忘的 5 个时刻之一。（事实上，在之后的补考中我差点儿没及格，但这一点儿都没有使这一美妙的人生经历褪色丝毫。）

微积分考试的小插曲极大地说明了我和数学之间的关系，但这并不是事实的全部。有趣的是，尽管物理课也需要进行像微积分课那样令人厌烦的演算，但我在高中时却十分喜欢物理课。这又是为什么？因为物理课有一个明确的目的。我清楚地记得在世界职业棒球大赛期间，我们的物理老师教我们如何运用加速度的基本公式来预测一个本垒打能打多远。这简直酷毙了——这个公式在生活中也有很多重要的应用。

上大学之后，我彻底沉醉于概率学之中，因为它同样为我在洞察现实生活中的一些有趣场景提供了解释。回想过往，我意识到让我痛恨微积分课的不是数学，而是从来就没有人想到要告诉我数学的意义是什么。如果你没有被“高雅”的公式本身所吸引（反正我是一点儿都不觉得有什么“高雅”的），那么你面对的只会是繁冗而机械的公式，至少我的老师当初就是这样把它们教给我的。

也正是因为这一点，我与统计学结了缘（本书所指的统计学包括概率学在内）。我爱统计学。生活中的一切一切，从 DNA（脱氧核糖核酸）检测到买彩票的白痴行为，统计学通通都能做出解释。统计学能帮助我们识别诱发某些疾病的因素，比如说癌症和心脏病；统计学还能帮助我们在标准化考试中甄别作弊行为；统计学甚至能帮助你在电视游戏节目中获胜。在我的孩童时代有一档非常出名的节目，叫作《让我们做个交易》，由当时极受欢迎的蒙提·霍尔主持。在每天节目快要结束时，胜出的选手和蒙提都会站在三扇大门的前面，蒙提·霍尔会告诉观众和选手，在其中一扇大门的门后会有一项大奖，如一辆小轿车，而另外两扇门的门后则各站着一头山羊。玩法很简单：选手选择一扇门，然后就会得到这扇门后面的奖品。

当选手和蒙提·霍尔站在这三扇门的前面时，这位选手中大奖的概率为 1/3。但是，这档节目却有其微妙之处，这让统计学家们欣喜万分（却也使其他人困惑不已）。在选手选择了其中一扇门之后，蒙提·霍尔会先打开剩下的两扇门中的一扇，而打开的这扇门后面站着的永远是一头山羊。举个例子来说，假设选手选择了 1 号门，那么蒙提会先打开 3 号门，它的后面站着一头山羊，此时 1 号门和 2 号门依然紧闭。如果大奖就在 1 号门后面，则选手获胜；如果大奖在 2 号门后面，则选手失败。但节目进行到这里的时候，会变得更加有戏剧性：蒙提会转向选手，问其是否更改之前的决定（在这个例子中就是把 1 号门改为 2 号门）。需要注意的是，此时剩下的两扇门依然是关着的，而选手得到的唯一的新信息，就是他之前没选的那两扇门中，有一扇门的后面经证实是一头山羊。

那么，这位选手是否应该更改之前的选择？

答案是肯定的。为什么呢？本书之后的内容会做出解释。

统计学的悖论就在于，从棒球比赛的击球成功率到美国总统大选的民意调查，它几乎无处不在，但是这个学科本身却因为乏味无趣和难以理解而“臭名昭著”。许多统计学方面的书籍和课程也都过多地充斥着数学和术语。相信我，技术细节十分重要（也十分有趣），但是如果你不知道它们的出发点是什么，那么摆在你面前的将会是一堆天书般的符号。如果连你自己都不相信学习统计学是一件有意义的事情，那么你或许根本不会去关心所谓的出发点。本书中的每一章都旨在回答我向高中微积分老师提出的那个基本问题：学习统计学的意义是什么？

这是一本有关直觉的书。书中很少出现计算、公式和图表；当用到它们的时候，我保证它们都存在一个清晰和富有启发性的目的。与此同时，书中常常会出现很多例子，目的就是让你相信，学习统计学是很有必要的。统计学真的可以非常有趣，而且其中绝大部分的内容也没有那么难。

在学习过史密斯夫人讲授的微积分课程后不久，我就萌发了写这本书的想法。那段“不堪回首”的经历就发生在我读研究生期间，那时我学的是经济学与公共政策专业。在开始学习这门课之前，我和班上的大部分同学都毫无意外地被指派到了一个“数学营”进行集训，为接下来的“数学轰炸”做准备。在三周的集训时间里，我们整天待在一间没有窗户的地下室里学数学——真的一点儿都不夸张。

就在其中的某一天，我离顿悟仅有毫厘之差。那时，负责集训的老师正在费劲地教我们在某些情况下能够从一个无穷级数求得一个有限数。请不要跳过这一段内容，因为这一概念马上就会清晰起来（现在，你可以想象我在那个没有窗户的教室里是什么感受了吧）。无穷级数指的是一个可以无限地写下去的数字组合，如 1 + 1/2 + 1/4 + 1/8 + …最后的省略号表示这个算式还将无限地继续下去。

到了这一步，我们基本上已经开始感到困惑了。老师试图通过一些我早已遗忘的定理向我们证明，一个无穷尽的算式依然可以通过求和得到一个（大概）确定的数值。尽管有很多令人信服的数学证明，但班上的威尔同学却死活不能接受这一结论（老实讲，我自己对此也心存疑惑）。无限的东西经过叠加怎么可能得到一个有限的结果呢？

突然我灵光一现，更准确地说，是我的直觉让我想通了老师要表达的意思。我对威尔说了我的头脑里刚刚闪现出来的想法：想象自己站在离一堵墙正好 2 英尺①的地方。

现在朝墙壁的方向移动 1/2 的距离（即 1 英尺），这样你离墙壁就只剩下 1 英尺的距离了。

再面向墙壁的方向移动 1/2 的距离（即 6 英寸②或 1/2 英尺），继续重复相同的动作（即移动 3 英寸或 1/4 英尺），再移动剩下距离中的 1/2（即 1.5 英寸或 1/8 英尺），不断重复。

最终你将十分贴近墙壁，假设现在你离墙壁只剩下 1/1 024 英寸，然后你还需要朝墙壁的方向移动 1/2 的距离，即 1/2 048 英寸，但你永远都不会撞到墙壁，因

① 1 英尺 ≈0.305 米。——编者注

② 1 英寸 ≈0.025 米。——编者注

为理论上你所移动的每一步都只有剩余距离的1/2。也就是说，你将无限接近墙壁但永远碰不到墙壁，如果我们统一用英尺作为计量单位，那么你所移动的距离就可以表示为 1 + 1/2 + 1/4 + 1/8 + …

问题的核心就是：即使你正在不停地靠近墙壁，而且每一步都是剩余距离的1/2，但你所走过的总距离永远都不可能超过两英尺，也就是一开始你与墙壁之间的距离。出于计算的目的，你所走路程的总长度可以简单地估算为两英尺，但数学家会说 1 + 1/2 + 1/4 + 1/8 + …最终收敛于 2，这也是那天老师想要教给我们的。

关键在于我说服了威尔，也说服了自己。虽然我不记得这道题的数学推理论证过程，但我总是可以在网上寻找答案，而且当我找到答案的时候，我或许还能看出一点儿门道来。以我的经验来看，直觉会让数学和其他技术细节更加容易理解，但是反过来就不一定说得通了。

本书的目的就在于使重要的统计学概念变得更加直观和便于理解，不仅让我们这些被迫在没有窗户的教室里苦学过的人，更可以让任何对数字和数据的惊人力量感兴趣的人都爱上统计学。

刚刚我还在说统计学的核心并没有那么的直观和好理解，现在我却要提出一个貌似自相矛盾的观点：统计学可以变得非常好理解，任何人只要拥有数据和一台电脑，就可以通过简单地敲击几下键盘来完成复杂的统计流程。问题是如果数据不足，又或者统计方法错误，那么得出的结论将会谬以千里，甚至还会有潜在的危险。就比如下面的这条虚构的网上新闻快讯：工作时小憩的人更易死于癌症。假如你在上网时这个标题突然从页面弹出呈现在你眼前，你会怎么想？一项基于 3.6 万名办公室白领（多大的数据组啊！）的调查显示，那些表示会在工作期间偶尔离开办公室休息 10 分钟的员工在未来 5 年内身患癌症的概率要比那些从不离开办公室的同事高 41%。显然我们需要为此做点什么，比如在全美国范围内掀起一股抵制办公期间小憩的热潮。

或许，我们只需要对员工在休息的10分钟里干了什么事情做些思考。我的工作经验告诉我，这些离开办公室休息的员工中有很多人都聚在办公楼的入口处吸烟(其他人如果要进入或走出大楼都必须一头扎进他们吞吐的“云雾”之中)。那么，我会进一步推断是香烟而非小憩引发了癌症。我举的这个例子当然十分荒谬，但现实生活中有许多统计学结论在经过解构之后，也产生了类似荒谬的效果。

统计学就像是一种高智商武器：正确地使用它能够帮助我们，但错误地使用它也会产生灾难性的后果。本书不会将你变成一个统计学专家，但会让你对这个领域保持谨慎和尊重，不至于酿成大祸。

如果这是一本统计学教科书，那么各种概念和方法都会罗列其中，而不管普通读者是否能够消化。不过，本书的创作初衷就是介绍那些与日常生活联系最为紧密的统计学概念。科学家们是如何总结癌症诱因的？民意调查是如何发挥作用的(哪些方面又会出问题)？哪些人设计了“统计陷阱”，这些人又是如何做到的？你的信用卡公司是如何根据你的消费数据，来判断你是否会错过还款期限的（别笑，它们真的做得到)？

如果你想要理解新闻中出现的数字背后的含义，并见识到“数据”的巨大力量，统计学就是你的不二法宝。最后，我还想与大家分享瑞典数学家、作家安德烈斯的一句话：用数据说谎容易，但是用数据说出真相却很难。读罢此书，我希望你们也能感同身受。

除此之外，我还有一个更加宏伟的目标，那就是让作为读者的你真正地喜欢上统计学。这是一门充满乐趣且与我们的生活息息相关的学科，关键在于如何将学习过程中涉及的技术细节与那些重要的理念剥离开来，这就是赤裸裸的统计学。

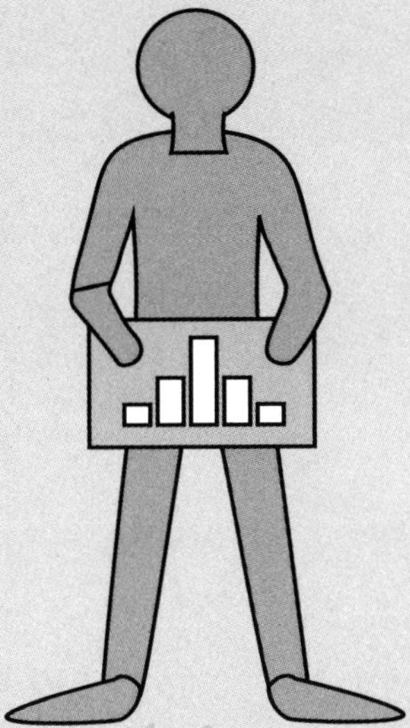

Naked Statistics

第1章 统计学是大数据时代最炙手可热的学问

基尼系数是否是衡量社会分配公平程度最完美的指标？视频网站是如何知道你喜欢的电影类型的？祈祷真的能让病人的术后康复状况改善吗？是什么导致自闭症发病率一直走高？哪些人最有可能成为恐怖分子？

我注意到一个有趣的现象。学生们在课堂上常常抱怨统计学课程有多么难学和无关紧要；可一离开教室，他们又会在午饭时开心地讨论某位球星的击球成功率（夏天）或寒冷指数（冬天），又或者彼此成绩的平均分数（永恒的话题）。他们会指出美国职业橄榄球大联盟（NFL）采用“传球效绩指数”用以将一个四分卫的场上表现浓缩为一个数字的不当之处，认为以此作为评价球员的依据略显武断，但可以通过调整其中所包含数据（完成率、平均过球码数、触地得分率、截球率等）的权重比例重新计算，以得出一个与原来不同，但同样可信的球员表现指数。但只要是看过橄榄球比赛的人都会觉得，没有比用一个单一数字来衡量四分卫的表现更加方便的了。

关于四分卫表现的这个评价指数是完美的吗？当然不是，无论是什么问题，统计学都极少提供唯一的“正确”方法。但是，这个指数是否以一种易于理解的方式提供了一些有意义的信息呢？那是肯定的，如果想快速地对某场比赛的两名四分卫的表现做出比较，那么这个指数会是一个不错的工具。我是芝加哥熊队的粉丝，在2011年季后赛期间，熊队与绿湾包装工队进行了一场比赛，以后者的胜利告终。我可以通过很多种方式来描述那场比赛，包括长篇累牍的分析和令人眼花缭乱的原始数据，但这里我为大家提供了一种更加简洁的分析方法。芝加哥熊队的四分卫杰·卡特勒的传球效绩指数为31.8；与此同时，绿湾包装工队的四分卫亚伦·罗杰斯的传球效绩指数为55.4。同样的，我们可以将杰·卡特勒与他之前跟绿湾包装工队比赛时的表现进行对比，在那场比赛中他的传球效绩指数高达85.6。两者相比较，我想大家就不难理解为什么熊队在常规赛时击败了包装工队，但在季后赛时却输给了包装工队。

这对于概括场上进行的比赛非常有用。传球效绩指数是否起到了简化问题的作用？是的，但这同时也反映了描述统计学的优势和劣势。仅凭一个数字，你就可以知道杰·卡特勒在与绿湾包装工队的那场比赛中败给了亚伦·罗杰斯；但你却无法从这个数字中读出运动员在比赛中的运气是好是坏；不知道他是否传出了一个漂亮的过人球却被愚蠢的队友错过了，导致这个球最终被对方截获；不知道他是否在比赛的某些关键时刻顶住压力发挥出色（因为每一次的成功发球在统计时都被同等对待，不论是决定性的三次触地还是比赛接近尾声时那些毫无意义的发球）；不知道那一场的防守是否糟糕透顶……读不出来的信息还有很多。

令人好奇的是，同样一群人，在谈论体育、天气或成绩的时候提到数据时还是兴高采烈的，但是当研究人员开始向他们解释基尼系数时，他们的手心却出汗了。基尼系数是衡量收入不均的标准经济学工具，我在之后的内容中将对其做出解释，但是现在我要说的最重要的事情是，基尼系数实质上与传球效绩指数没有多大区别，都是将一系列复杂数据浓缩成一个单一数字的便捷工具。正因如此，基尼系数也拥有描述统计学的大多数优势，如果你想比较两个国家或某个国家不同时期的收入分配情况，该系数就为你提供了一个简单易行的方式。

基尼系数用于衡量一个国家的财富（或收入）分配的公平程度，最小为0，最大为1。计算基尼系数可以看总资产，也可以看年收入；可以以个人为计算和比较单位，也可以以家庭为单位。所有这些数据都是紧密联系的，但不会完全相同。就像传球效绩指数一样，基尼系数只是一个用作比较的工具，其数字本身并无实质意义。在一个家庭财富均等的国家里，基尼系数为0；与此相反，如果一个国家的所有财富都集中在一个家庭里，那么这个国家的基尼系数等于1。或许你已经猜到了，一个国家的基尼系数越接近1，那么这个国家的财富分配就越不公平。根据美国中情局提供的数据（顺便说一句，这可是一个巨大的数据收集机构），美国的基尼系数为0.45。那又怎么样？

如果将这一数字放到实际情况中，我们就可以得到许多信息。例如，瑞典的基尼系数为0.23，加拿大为0.32，中国为0.42，巴西为0.54，南非为0.65。① 纵观这些数字，我们能够感觉到美国在收入的公平分配方面相对落后，情况比许多国家都要糟糕。我们同样可以对不同时期的收入分配的公平情况进行比较，1997年美国的基尼系数为0.41，但在接下来的10年内，基尼系数就上升到了0.45（最近一次来自美国中情局的数据是在2007年），这就客观地告诉我们在这10年的时间里，美国虽然变得更加富裕，但财富的分配也变得更加不公平。现在我们再来看一下其他国家在这一时期内基尼系数的变化情况，加拿大在过去10年中的收入分配情况基本上保持不变；瑞典经济在过去20年的时间里得到了长足发展，但其基尼系数却从1992年的0.25降到了2005年的0.23，也就是说瑞典不但变得更为富裕，其社会也变得更加公平。

基尼系数是否就是社会分配公平程度最完美的衡量指标呢？绝对不是，正如传球效绩指数也不是衡量四分卫比赛表现的完美指标一样。不过，基尼系数确实以一种便捷易懂的形式为我们提供了一个重要社会现象的一些宝贵信息。

① 基尼系数有时候会乘以100得到一个整数，拿文中的例子来说，美国的基尼系数也可以是45。

我们慢慢地又回到了前文中所提出的那个问题：学习统计学的意义是什么？统计学能够帮助我们处理数据，而数据只不过是包裹着华丽外衣的信息。在很多时候、很多事情上，数据不仅琐碎而且并非那么重要，比如比赛数据统计；但有的时候数据却能为你打开一扇洞察人类存在本质的窗户，比如基尼系数。

但是，正如所有信息宣传片都会指出的：这不是所有情况！谷歌首席经济学家范里安在接受《纽约时报》采访时曾说，在未来10年内统计学家将会成为“性感的职业”。对此我不得不承认，经济学家有的时候对“性感”的理解确实非同寻常。但我们还是来看看下面这些彼此不相干的问题：

我们如何确认那些在标准化考试中作弊的学校？

网飞（Netflix）是如何知道你喜欢的电影类型的？

既然不能对人体进行癌症诱发试验，那我们如何才能得知哪些物质或行为会诱发癌症？

祈祷真的能让手术病人的状况改善吗？

从顶尖高校毕业是否就意味着更高的经济收入？

是什么推高了自闭症的发病率？

统计学能够帮助我们回答这些问题（至少也会加快我们解决这些问题的步伐）。这个世界正在制造出越来越多的数据，而且速度越来越快。但是正如《纽约时报》所指出的：“数据只不过是知识的原材料。”无论是在寻找被低估的棒球运动员，还是在更公平地分配教师工资的问题上，统计学都是我们分析信息获得有意义结果的最有力工具。下面，我们就来快速了解一下统计学是如何赋予原始数据以意义的。

描述性数据——击球率与大学学分

保龄球的得分是一个描述性的数据，棒球的击球率也是。对于绝大多数美国的体育迷来说，从5岁开始，他们就已经精通这些赛场上的描述统计学了。在体育以及生活中的其他领域，我们使用数字来总结信息。棒球运动员米奇·曼托到底有多棒？他的击球率高达0.298。对于一个棒球迷来说，这就是一个极有意义的陈述、一个非常耀眼的成就，这个数字囊括了他长达18个赛季的棒球职业生涯（但我却觉得有那么一点儿沮丧，一个伟大运动员一生的奋斗到头来不过就是一个数字）。当然，棒球迷们也承认，像击球率这类描述性数据在总结一个运动员的价值时，具有其他衡量标准不可比拟的优势。

在美国，衡量一个学生的高中和大学学业表现的方法是计算平均成绩点数（GPA），通俗点儿说就是学生在校的平均成绩。如果一门课的成绩为A，那么就可以获得4点，B是3点，C是2点，以此类推。当高中毕业生申请大学、大学毕业生找工作时，GPA就是评价他们学术潜力的一个方便快捷的指标。一个GPA为3.7的学生显然要比另一个GPA只有2.5的学生的实力强，这就使得GPA成为一个受人欢迎的描述性数据，不仅计算容易、理解容易，而且对不同学生进行比较也很容易。

但这一衡量指标并不完美。GPA没有反映不同学生所选课程的难易程度，假设一个GPA为3.4的学生选的都是相对没有挑战性的课，而另一名GPA只有2.9的学生的课程表里尽是微积分、物理这类难学的课，我们能一口判定孰优孰劣吗？我以前所在的高中就试图解决这一问题，学校规定比较难学的课程会有额外的加分，这些课程如果期末成绩为A，那么就会有5点的奖励，而非原来的4点。但这也带来了新的问题，我的母亲很快就反应过来，在新的GPA计算方法下，对于一个选了很多加分课程的学生来说（比如说我），其他普通课程就算做到最好，也就是拿到了A，最终的平均分也会被拉下来。因此，我的家长不准我在高中选修驾驶课，因为即使我做到完美，也有可能会因为这门课而错失进入顶尖大学的机会，进而断送了我成为畅销书作家的美好前程。但不学开车也是不行的，于是父母自己掏钱送我去一家私人驾驶学校学开车，那个暑假的晚上我基本都是在车里度过的。

很疯狂吧？但本书的主题之一就是，对于描述统计学的过分依赖会带来误导性的结论或导致不良行为。上一句话我原先用的短语是“过分简化的描述统计学”，可后来我把“过分简化”给删掉了，因为这个形容词是多余的，描述统计学存在的意义就是简化，因此不可避免地会丢失一些内容和细节，任何一个数字工作者对此都要心知肚明。

用抽样数据来解决大问题

有多少无家可归的人在芝加哥街头流浪？已婚人士多久过一次性生活？这些问题看上去风马牛不相及，但事实上它们都可以通过对基本统计工具的运用予以解答（虽然答案并非那么完美）。统计学的一个核心功能就是使用手中已有的数据进行合理推测，以回答那些我们还未掌握所有信息的“大”问题。简言之，我们能够使用“已知世界”的数据来对“未知世界”进行推断。

那么，我们就从“流浪者”这个问题开始。对于一个大都市来说，要把生活在其中的无家可归者一个一个都数出来，不仅成本高昂，而且在实际操作中也困难重重。但这又是一个非常重要的数据，能够为当地政府开展社会救济、向州和联邦政府争取拨款以及在美国国会上获得支持提供依据。一种重要的统计学做法就是抽样，也就是在一小片区域内进行数据收集，比如10多个街区，然后再根据得到的数据进行推断，对整个城市的流浪人口做一个明智的判断。抽样所需的资源要比全城计数少得多，如果使用得当，同样可以获得准确的结果。

民意调查也是抽样的一种形式。由一定数量的家庭组成的样本能够代表所属全体人口的观点，舆情研究机构会与这些家庭取得联系，针对某一个特定事件或候选人的情况询问家庭成员的看法。显然，这比联系整个州或美国所有家庭要简单。盖洛普民意调查和研究机构认为，一个符合统计学方法、包含1 000个家庭的样本能够代表整个美国的所有家庭，两者的调查结果基本能够保持一致。

通过这种方式，我们统计出了美国人性生活的频率、对象和方式。20世纪90年代中期，芝加哥大学的全美国民意研究中心（NORC）针对美国人性行为开展了一项非常雄心勃勃的研究，其选取了大量具有代表性的美国成年人作为样本，调查结果就是基于这些人面对各类问题时所做出的反应和回答得出的。如果你继续读下去，保证会在第10章找到这项研究的结论。说真的，现在有几本统计学的著作能够向你承诺这些？

概率、风险与考试作弊

从长远看，赌场总是能够挣到钱，而且无一例外。这并不是说赌场每时每刻都在赚钱，每当赌场里的钟声和口哨声响起时，就代表某位幸运的赌客刚刚赢走了几千美元。整个博彩事业是建立在机遇游戏之上的，也就是说任何一次骰子的投掷和扑克牌的翻牌都是不确定的。但与此同时，相关事件的潜在概率又是已知的，比如“黑杰克”抽中21点或“轮盘赌”转到红色的概率是固定的。当这些游戏的概率对赌场有利时（赌场当然不会亏钱），不管场内的钟声和口哨声有多热闹，或者赌客手里的赌注积累得有多大，赌场永远都是最终的赢家。

这一统计现象在生活中所产生的影响远比在赌场里大得多。许多公司会对某些最不愿意遇到的风险进行概率评估，公司的管理层都知道想要完全避免这些风险是不可能的，就像赌场没法保证赌客们每一手牌都会输一样。但是，任何一家面对不确定因素的公司都可以通过商业流程的设计来管理这些风险，将从环境灾难到不合格产品等一系列不利情况的出现概率降至可接受的范围内。华尔街各大公司经常会对它们的投资组合进行风险评估，充分考虑不同情况的出现概率以设计出合理的应对方案。2008 年金融危机爆发的部分原因，就是一系列之前被认为是极不可能发生的市场事件都成为现实，就好像赌场里的每一位赌客在某一晚同时抽中大奖一样。我会在之后的章节里向大家解释，其实华尔街的投资模型都存在缺陷，这些公司用来评估风险的数据也过于局限，但此时此刻，我想说的是，任何一个风险评估模型都必须以概率作为基础。

面对难以接受的风险，如果个人和企业无法规避，就会通过其他方式寻求保护。保险业应运而生，通过收取保费，保险公司为其客户在遭遇如车祸、火灾等不良事件后提供保护。保险公司并不是通过消除这些不良事件来挣钱，因为车祸和火灾每天都会发生，甚至汽车有可能会一下子撞进房子里引起火灾。保险公司收取高额的保费，用于支付车祸、火灾等意料之中的风险的赔偿金，然后往往还会有大量盈余。（保险公司还可以通过宣传安全驾驶、在游泳池周围装设围栏、为每个卧室安装烟雾探测器等方式来减少预期的损失赔偿。）

概率在有些情况下甚至可以被用来判断考试作弊。一家由 SAT（美国学术能力评估测试）的一位开发者创办的考试安全公司，专注于提供“数据取证”服务，为客户寻找考试作弊的蛛丝马迹。举个例子，在学校或考点进行的考试，多名考生以同样的答案答错同一道题的情况是极少见的，通常发生的概率只有不到百万分之一，如果有类似的情况出现，该公司就会予以标记。其数学逻辑源自一个事实，即当大部分考生对某道题都给出了正确答案时，我们并不会感到大惊小怪，因为这是他们应该做的事情。这些考生有作弊的可能，但他们凭一己之力做对题的可能性更大。但是当这一群考生答错题的时候，他们的错误答案不应该是完全一样的，如果错误答案完全一样，那么他们就有可能是相互抄袭（或者通过短信息分享答案）。此外，还有几种情况会引起该公司的注意，比如在一场考试中，考生在难题上的正确率大大高于容易的题（这意味着他们有可能提前就知道答案）；又或者在一场考试中，收上来的答题卡上“错改对”的涂改痕迹要明显多于“对改错”（这意味着有可能是老师或监考人员在考试结束后对答题卡动了手脚）。

当然，你也不难看出概率也有其局限性。一大群考生在某道题上出现相同的错误答案的情况完全有可能是巧合，事实上，如果参与评估的学校越多，我们就越有可能认为这类情况实属巧合。并不是说我们一旦在统计时发现异常情况，就马上认定考试存在作弊现象。来自亚特兰大的德尔玛·金尼在2008年中了价值100万美元的彩票，谁知到了2011年又中了价值100万美元的彩票。这种同一个人连续两次中大奖的概率只有25万亿分之一，可我们不能仅凭概率几乎为零就以诈骗罪将金尼先生关进大牢（但我们或许可以调查一下，他是否有亲戚在彩票公司工作）。概率就像是武器库里的一件武器，需要使用者有较强的判断力。

哪些人最有可能成为恐怖分子？

吸烟会诱发癌症吗？虽然现在我们已经有了答案，但得出这个答案的过程却要比大多数人想象中的复杂许多。如果要求证一个科学假设，科学方法要求我们必须进行控制实验，也就是要有一个对照组，除了要求证的变量以外（如吸烟），实验组和对照组之间不能有任何不同。如果我们在这两组的观察结果中发现了明显的不同（如肺癌），那么我们就能完全推断这个变量是引起不同结果的原因。但是，我们不能以人为实验对象。如果我们的假设是吸烟能诱发癌症，那么就不能随便指定两组大学毕业生，将其分为吸烟组和不吸烟组，然后在20年后的同学聚会上打听谁得了癌症——这是不道德的。（如果我们的假设是某种新研制的药品或疗法或许能够改善人类健康，那么我们可以在人身上进行控制实验。我们不能在明知可能会带来不良后果的前提下以人为实验对象。）①

现在你或许会说，我们完全没有必要在一开始的时候就进行这项可能会违背伦理的实验。想观察吸烟所带来的影响？很简单，跳过这套令人头晕目眩的方法论，直接前往那群毕业生的20周年毕业聚会，去看看参加聚会的人数有多少就可以了。

不行。吸烟者和不吸烟者除了吸烟与否方面的不同，在生活的很多习惯方面都会有差异。比如，吸烟的人经常会有更多的不良嗜好，如酗酒和暴饮暴食，后两者也会给健康造成损害。就算在20周年聚会上那些吸烟者的健康状况尤其糟糕，我们也不能说这些都是吸烟造成的，也有可能是他们的其他坏习惯带来的。而且在数据的采集上我们也会遇到麻烦，要知道数据是我们做分析的依据，但那些吸烟的校友如果患上了严重的癌症，极有可能会缺席20周年聚会（已经离世的吸烟者就更不可能在聚会上露面了）。因此，由于那些健康状况良好的校友是最有可能出现在聚会上的，任何基于出席者健康状况的分析和推断（吸烟或其他变量）都会是有缺陷的，而且距离毕业的时间越长，比如40年或50年，这种缺陷就越严重。

我们不能像对待实验室里的小白鼠那样对待同胞，因此，统计学更像是侦探们做的事。数据里隐藏着线索和模型，沿着这些线索和模型，我们最终能够得到有意义的结论。就像那些让人印象深刻的罪案调查类美剧，如《犯罪现场调查：

① 医学伦理学远要比这有趣和复杂，这里只是进行了高度的简化和概括。

纽约篇》，剧中展现有魅力的警探和取证专家不放过丝毫细微的证据——烟蒂上的DNA、苹果上的咬痕、车座脚垫上的一根纤维，然后再根据这些证据顺藤摸瓜地抓住凶残的罪犯。这部剧最吸引人的地方就在于，里面的专家们并不是通过那些常规的证据，如目击证人、监控录像等来抓坏人的，而是借助了科技手段。统计学基本上也是干这些事情，凌乱无章的数据就像是犯罪现场，统计分析员就是警探，通过对原始数据进行分析和加工得到有意义的结论。

在读完本书第11章的内容之后，我希望你会对《犯罪现场调查：回归分析》产生兴趣，因为这部"美剧"与其他类似的动作警匪剧有一点儿不同。回归分析是研究者用来分割某两个变量之间关系的工具，如吸烟和癌症，但同时又要保证其他重要因素及其影响不变，如饮食、运动、体重等。如果你在报纸上读到每天吃一个麸皮饼可以减少结肠癌的发病概率，你完全不需要杞人忧天地想象着有一群不幸的人被关在联邦实验室的某个地下室，每天被强迫着吃下麸皮饼，而在隔壁大楼里的对照组则可以享用到培根和煎蛋。事实上，实验人员会对数以千计的人进行详尽的信息收集，包括他们吃麸皮饼的频率，然后用回归分析的方法来完成两个关键步骤：（1）量化吃麸皮饼和患结肠癌之间的关系（例如，在其他影响癌症发病率的因素完全相同的情况下，吃麸皮饼的人患结肠癌的发病率要比不吃麸皮饼的人低9%）；（2）量化吃麸皮饼和结肠癌发病率下降之间的关系只是巧合的概率（如果真的成立，则否定了上述关于饮食和健康之间关系的发现，这对于该实验来说无疑是一个逆转）。

当然，《犯罪现场调查：回归分析》里的主演们都是俊男美女，比现实生活中处理这些数据的学者们要赏心悦目得多。这些俊男美女（所有人看上去都只有二十三四岁，但都惊人地获得了博士学位）会对大量数据进行分析，通过使用最先进的统计学工具来回答重要的社会问题：什么是打击暴力犯罪最有效的武器？

哪些人最有可能成为恐怖分子？在本书随后的内容里，将会为大家介绍一个概念——“具有统计学意义的”发现，也就是说，通过分析发现某两个变量之间的联系并不只是单纯的巧合。对于学术研究人员来说，这类发现在统计学上就代表“确凿的证据”。在那部美剧中，我看到一名研究人员在计算机实验室里“挑灯夜战”（因为白天的她作为沙滩排球队的队员代表美国队参加奥运会），在这名研究员把统计分析结果打印出来之后，她终于找到了一直以来孜孜以求的结论：在她的数据集合里，有一个她认为可能会是非常重要的变量与自闭症之间有着“具有统计学意义的”联系。她必须马上与同事们分享这一重大突破！

这位研究人员拿着那页纸飞奔到大厅，但由于她穿着高跟鞋和一件过于紧身的黑色短裙，所以速度稍微受到影响。她跑到了她的男朋友的面前——一个身材健硕、皮肤晒得黝黑的帅哥，对于一个需要在地下实验室里每天工作 14 个小时的人来说，他是怎么做到如此健康的呢？这名研究人员把统计结果拿给她的男友看，他轻轻捋了捋下巴上修剪得整整齐齐的山羊胡，从抽屉里拿出一把格洛克 18 型全自动手枪，插入位于腋下的手枪套里，理了理身上价值 5 000 美元的波士西装（我又忍不住想问一句，对于一个起始年薪才 3.8 万美元的年轻人来说，这身西服是不是贵了一些？）。随后，这两位回归分析专家迅速走近他们的上司——一位刚刚经历了失败婚姻和戒酒的年迈老兵……

好吧，有这么精彩的情节铺垫，难怪大家能意识到上述统计研究的重要性，但其实就算没有电视剧编剧的努力，统计研究本身也应该是精彩万分的。所有我们关心的社会挑战都少不了对大量数据集合的系统性分析（在很多时候，相关数据的收集是非常耗费财力和时间的工作，但在分析的过程中又起到了非常关键的作用，有关这一点会在第 8 章的内容中讲到）。刚刚关于《犯罪现场调查：回归分析》这部美剧的描述，我或许会对剧中的人物有所修饰，但对他们所要面对的那些问题的重要性，我是一点儿都不夸张的。有一篇学术文献就是以恐怖分子和“人肉炸弹”为主题的，而这类课题要是直接以人（或实验室老鼠）作为研究对象，是很难获得有用的结论的。我所在研究生院的一位统计学教授写了一本书，叫作《什么造就了恐怖分子》，该书对全球的恐怖主义袭击进行了数据统计，得出的结论之一是：恐怖分子不是极端贫困的人，受教育程度也不低。这位普林斯顿大学的经济学家艾伦·克鲁格总结道：“恐怖分子通常来自受过良好教育的中产阶层或高收入家庭。”

这是为什么呢？好吧，这暴露了回归分析的一个局限。我们可以通过统计分析来确定两个变量之间的强烈联系，但却无法解释为什么存在着这样的联系，在某些情况下，我们也无法确定这种联系是否为因果关系，也就是说，不知道其中一个变量的变化是否真的能引起另一个变量的变化。在恐怖主义的例子中，克鲁格教授推测，由于恐怖分子的行动一般都带有政治目的，所以只有受过高等教育和家境殷实的人才有最大的动力去改变社会，这些人尤其忍受不了某些政府部门对自由的压制，从而走向恐怖主义。根据克鲁格教授的研究，在其他因素相同的前提下，恐怖活动频繁出现的国家往往是那些实行高压政策的国家。

以上的这个讨论又把我们带回了那个问题：学习统计学的意义是什么？意义并不是要去做数学计算题，或在朋友和同事面前炫耀你学到的高级统计技巧，而是通过学习知识来认清我们的生活。

统计数字背后的谎言与真相

即使是在最理想的情况下，统计分析也很少告诉我们“真相”。我们通常所能做的，只是用并不完美的数据来就事论事，因此，我们总会看到有一些态度严谨的学术爱好者不同意某些统计结果或推论，而最为基本的就是对需要解答的问题本身产生质疑。体育爱好者们对于谁是“史上最佳的棒球运动员”这一问题似乎永远都达不成共识，因为对于“最佳”二字从来就没有一个客观的定义。令人眼花缭乱的描述性数据可以从某些角度对这个问题进行回答，但总是无法给出一个令所有人都信服的最终答案。正如本书下一章即将讲到的，还有很多具有深刻社会意义的问题都成为上述挑战的牺牲品。美国中产阶层的经济健康到底出了什么问题？问题的答案取决于我们如何定义“中产阶层”和“经济健康”。

我们所能收集的数据以及所能进行的实验的种类总归是有限的。艾伦·克鲁格对于恐怖分子的研究也没有夸张到用几十年的时间对几千名年轻人进行跟踪，从而确定他们中的哪些人最后变成了恐怖分子，因为这根本就是不可能实现的。我们同样也不能创造出两个完全相同的国家，其中一个国家在政治上实行高压管制，而另一个没有高压政策，然后比较发生在这两个国家的自杀式爆炸数量的多少。即使允许我们在人身上进行大量的控制实验，想要成功也不是一件容易的事，况且哪来那么多的资金？针对我们之前所提出的那个有关祈祷是否能减少术后并发症的问题，研究人员专门对此进行了大规模的调查分析，在这个过程中耗费了整整 240 万美元（至于结果如何，请你耐心读到第 14 章就知道了）。

美国国防部前部长唐纳德·拉姆斯菲尔德有一句名言：“战争是为了与真实存在的敌人作战，而不是与假想敌作战。”不论你如何看待拉姆斯菲尔德的这句话（以及他对伊拉克战争的解读），我们在研究领域同样用得上这句话。我们运用最好的数据、理论和资源来进行统计分析，但这一过程并不等同于加法或除法，正确的技术不一定能够得到“正确的”答案，电脑也不一定比人脑更加准确和无懈可击，统计分析更像是完成一个警探所要干的工作（我可没有为《犯罪现场调查：回归分析》打广告的意思）。数据总是想要告诉我们一些信息，但是面对这些信息，聪明又诚实的人经常有不同的看法。

但谁告诉过你，只要是使用统计学的人就一定是聪明又诚实的呢？正如之前所述，本书是向1954年发行、销量超过百万的经典作品《统计数据会说谎》致敬的成果。现实就是，你既可以用统计数字撒谎，也有可能因为统计数字而不小心犯错。无论是哪种情况，统计分析所包含的数学精度都会被亵渎。本书将会带你认识那些最常见的统计学方面的错误，这样你就不至于犯了错还被蒙在鼓里。

那么，让我们再次回到本章中反复出现的那个问题：学习统计学的意义是什么？

总结大量的数据。

做出正确的决定。

回答重要的社会问题。

认识并运用那些能够改善我们日常做法的模型，卖更多的尿片、抓更多的罪犯……

识别作弊者，让作恶者受到法律的审判。

评价政策、项目、药品、医疗程序和其他创新的有效性。

揪出那些运用相同的统计学手段干坏事的败类。

如果你在做这些事情的同时，还能得体地穿着波士西装或黑色紧身短裙散发魅力，那么你将会成为《犯罪现场调查：回归分析》的下一位明星。

第2章 描述统计学

你一直想买的一条连衣裙，商场售价为 4 999 元，先降价 25% 后再提价 25%，你能算出这条连衣裙的最终售价是多少吗？

让我们先来思考两个看上去毫不相干的问题：（1）美国中产阶层的经济健康状况出了什么问题？（2）谁是有史以来最伟大的棒球运动员？

第一个问题极为重要，几乎构成了每次美国总统选举和社会运动的核心。中产阶层是美国的心脏，这一群体的经济状况是整个国家经济运行健康与否的关键性指标。相比之下，第二个问题就显得微不足道了，但棒球爱好者或许会持有不同的意见。这两个问题的共同之处就在于，当谈到运用数字和数字运算来总结原始数据的描述统计学时，它们都能用来说明其优点和局限所在。

如果我想证明德瑞克·基特是一位多么伟大的棒球手，我可以先让你坐下，然后向你娓娓道来基特在每场职业联盟比赛中的每一次击球，这就是原始数据，而且你需要花很长一段时间来消化，因为基特为纽约洋基队效力了17个赛季，上场击球的次数累计达到了9 868次。

或许我也可以告诉你，在2011赛季结束的时候，德瑞克·基特的击球率为0.313，这是一个描述性数据，即一个“统计量”。

显而易见，击球率是对基特参加的所有17个赛季的简化统计，不仅易于理解，而且简单，但所能传达的信息却十分有限。棒球运动专家们的手中还有很多在他们看来比击球率更有价值的描述性数据。史蒂夫·莫耶是一家为客户提供大量原始数据的棒球信息解决方案公司的老总，之前我与他通了电话，特地向他咨询了几个问题：（1）哪些是评价棒球天才最重要的数据？（2）谁是史上最伟大的棒球手？在介绍完背景之后，我会向大家公布莫耶的答案。

现在让我们回到那个更加重要的问题上来，谈谈美国中产阶层的经济健康状况。当然如果我们能够找到类似于击球率这样言简意赅的，甚至更好的经济衡量指标，那是最理想的，我们需要一个简单且准确的数字，来说明一个典型的美国工人最近几年的经济状况，那些我们称之为“中产阶层”的人到底是更富了、更穷了，还是在原地踏步？一个合理的答案——肯定不会有“正确”的答案——就是，计算一代美国人（大约为 30 年）的人均收入，观察其变化趋势。人均收入是一个简单的平均数：总收入除以人口数。这样得出的结果就是美国的人均年收入从 1980 年的 7 787 美元上升到 2010 年的 26 487 美元。你看，真是一个值得庆祝的成就！

但只有一个小问题，我的计算方法在技术上是正确的，但是对于我一开始提出的那个问题来说，却是完全错误的。首先，上面的数据没有考虑通货膨胀因素，1980 年的 7 787 美元相当于 2010 年的约 19 600 美元。但仅进行通货膨胀因素的处理还不够，更大的问题是，我们需要知道的是普通美国人的收入，而不是泛泛的人均收入，这两者有本质上的区别。

人均收入仅仅是将整个国家所有人的收入加起来再除以总人口数，我们无法从这个计算结果中得知各阶层收入所占的比例，无论是 1980 年还是 2010 年。正如“占领华尔街”运动的示威者所指出的，处于收入排行榜顶端的那 1% 的人，他们收入的爆炸性增长能够显著地拉动人均收入水平的整体提升，但同时不需要往剩下的那 99% 的人的口袋里多放一分钱。也就是说，在普通美国人的生活陷入水深火热的同时，美国的人均收入依然能够节节攀升。

与之前有关棒球的问题一样，这次我又请教了专家，咨询我们应该如何看待美国中产阶层的经济问题。我找到了两位知名的劳动经济专家，其中包括美国总统奥巴马的高级经济顾问，询问他们会采用哪些描述性数据来评价一个典型美国人的经济状况是否良好。是的，作为读者，你也会读到他们的答案，不过在那之前，我们还是要对描述统计学有一个大体的认识，这样才能更好地理解专家的观点。

从棒球到收入，对大量信息进行归纳是处理数据时最基本的任务。美国有 3.3 亿名居民，一张记录每位美国人的姓名和收入的电子表格包含了我们衡量这个国家经济健康状况所需的所有信息，但这张信息过量的表格其实相当于什么都没有告诉我们。这就是让人觉得讽刺的地方：经常是数据越多，事实越模糊。因此，我们需要简化，将一系列复杂的数据序列减少为几个能够起到描述作用的数字，正如奥运会体操比赛中，我们将一套多难度组合的复杂动作浓缩为一个得分：9.8 分。

好消息是，这些描述性数据为我们提供了一个针对某一现象的可操作、有意义的概括，这也是本章所要讲的。但坏消息是，任何一种简化都会面临被滥用的危险。描述性数据就像是在线交友网站上的档案：虽然每一条都是准确的，但同时也相当具有误导性。

假设你在上班，此刻正无所事事地浏览网站，无意间你浏览了一篇报道，是关于美国娱乐界名媛金·卡戴珊和职业棒球手克里斯·亨弗里斯的感情生活的，这篇报道里详细记录了他们两个人 72 天“短命”婚姻的点点滴滴。你正津津有味地看到他们结婚第 7 天的生活时，你的老板手里拿着两份厚厚的文件出现在你的办公桌前。其中一份文件包含了你所在公司前一年售出的 57 334 台激光打印机的保修信息（每售出一台打印机，文件中都会记录下这台打印机保修期内的质量问题和返修次数）；另一份文件记录了公司最主要的竞争对手在前一年售出的 994 773 台激光打印机的保修信息。老板想让你对两家公司的打印机质量做一个对比。

幸运的是，你用来阅读卡戴珊婚姻生活报道的这台电脑里恰好安装了基本统计软件包，但应该从哪里入手呢？听从直觉的召唤一般来说总是没错的：描述任务的第一步通常是估量某套数据的“中间位置”，也就是统计学家所说的“集中趋势”。在比较的过程中，你所在公司打印机的质量体验总体如何？对于数据分布的“中间位置”，最基本的估量方法就是求平均数，具体到这个案例，我们需要知道你的公司和竞争对手公司平均每台打印机的质量问题分别有多少个。简单来说，你先数出保修期内所有记录在案的质量问题，再除以打印机的销售总数就可以了（同一台打印机在保修期内可能会出现多个质量问题）。之后再算出另一家公司的数据，这样就能得出一个重要的描述性数据：已售打印机的平均质量问题数。

假设竞争对手售出的打印机在保修期内平均每台反馈的质量问题数为 2.8 个，而你的公司所售打印机的平均质量问题数为 9.1 个，这样说够直白了吧？通过计算，两家公司共计 100 多万台打印机的信息就被你提炼浓缩为问题的核心所在：你公司的打印机经常出现问题。现在你就可以给你的老板发一封简短的邮件，用数据告诉他两家公司打印机的质量差距，然后点开之前的网页继续看那位名媛金·卡戴珊婚后第 8 天的生活。

或者，你也可以等会儿再浏览网页。刚才谈到数据分布的“中间位置”时我并没有展开，其实所谓的平均数、平均值在这里是有一些问题的，即它们容易受到远离中心区域的“异常值”的干扰而出现失真。为了能够让大家更好地理解，我来举个例子，在西雅图的一家中档酒吧的吧台前，坐着 10 个人，他们每年的平均收入都是 3.5 万美元，也就是说，这组人的人均年收入为 3.5 万美元。这时候，比尔·盖茨走进了这家酒吧，肩膀上立着一只会说话的鹦鹉（其实这只鹦鹉与这个事例一点儿关系都没有，之所以要提一下鹦鹉是想给这个案例增加点儿乐趣），假设他在这个案例中的年收入为 10 亿美元。当比尔·盖茨在吧台前的第 11 把凳子上坐下后，这组人的平均年收入便迅速上升到了将近 9 100 万美元。很显然，之前的那 10 个人丝毫没有变得更富有（尽管比尔·盖茨很有可能会帮他们付一两次酒账，但仅此而已）。如果我说吧台前的这群人平均年收入为 9 100 万美元，这句话在数据上是正确的，但同时也相当具有误导性。这里不是一个亿万富翁会经常光顾的酒吧，只不过正好有一群收入不高的普通人坐在了比尔·盖茨和他的会说话的鹦鹉旁边。平均数必须对“异常值”有足够的敏感性，这也是为什么我们不应该用人均收入来衡量美国中产阶层的经济健康状况。因为在收入分配的顶端，有着一群收入暴涨的美国人——公司高管、对冲基金经理，以及像德瑞克·基特这样的运动员，普通美国人的收入会被这些巨富的光环掩盖，就像一群失意的普通人坐在比尔·盖茨身边一样。

出于这个原因，我们还有一个数据可以用来表示分配的“中间位置”，但与平均数有所不同，这个中间位置就是中位数。中位数正好将一组数字一分为二，1/2 位于中位数之前，另外 1/2 位于中位数之后（如果遇上一组数字的数量为偶数，那么中位数就是中间两个数的平均值）。回到刚刚酒吧的那个例子，原先坐在吧台前的 10 个人的年均收入中位数为 3.5 万美元，当比尔·盖茨和他的鹦鹉入座之后，这 11 个人的年收入中位数依然为 3.5 万美元。如果你将他们按照收入多少来排座的话，那么坐在第 6 把凳子上的人的收入就代表了整组人收入的中位数。假如此时沃伦·巴菲特走了进来并坐在了比尔·盖茨的身边，他们的中位数还是不会改变。[①]

① 吧台前一共有 12 个人，那么中位数应该是收入排在第六位和第七位的两个人的平均值，而这两个人的收入都是 3.5 万美元，因此中位数也是 3.5 万美元。如果一个人挣 3.5 万美元，另一个人挣 3.6 万美元，那么整组人的收入中位数则为 3.55 万美元。

如果一组数据分布中没有特别离谱的异常值，那么它们的中位数和平均数将会是差不多的。在图 2–1 中，我模拟了一张对手公司打印机质量数据的统计图，需要特别注意的是，我列出了“频率分布”的数据。每台打印机出现质量问题的次数被依次排列在 x 轴上，每根柱子的高度代表售出的这批打印机中出现相应数量质量问题的打印机占总数的百分比，即 y 轴上的频率，例如，在保修期内，36% 的打印机出现过两次质量问题。这一数据分布涵盖了所有可能出现的质量问题的数量，包括零故障，因此所有频率相加的结果肯定等于 1（或 100%）。

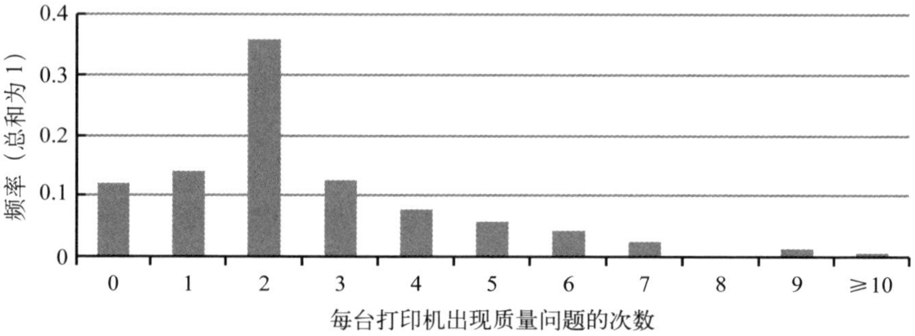

图 2–1　对手公司打印机质量问题频率分布

由于图 2–1 的数据分布情况基本上是对称的，因此平均数和中位数两者相对接近。坐标轴的右边还有一小部分故障数量较多的打印机，这些异常值将会拉高平均数，但是对中位数没有影响。假如在你准备将质量统计结果发给老板之前，你决定对两家公司打印机的质量问题求一下中位数，在敲击几下键盘之后，你得出了结果。对手公司的质量投诉中位数为 2，而你所在公司的这一数字则为 1。

你瞧怎么样？你所在公司每台打印机的质量问题的中位数实际上要小于对手公司。此时，由于卡戴珊的婚姻生活已经开始变得枯燥乏味，而且你也深深地被你刚才的发现所吸引，于是你忍不住为自己公司的质量问题画了一张频率分布图（见图 2–2）。

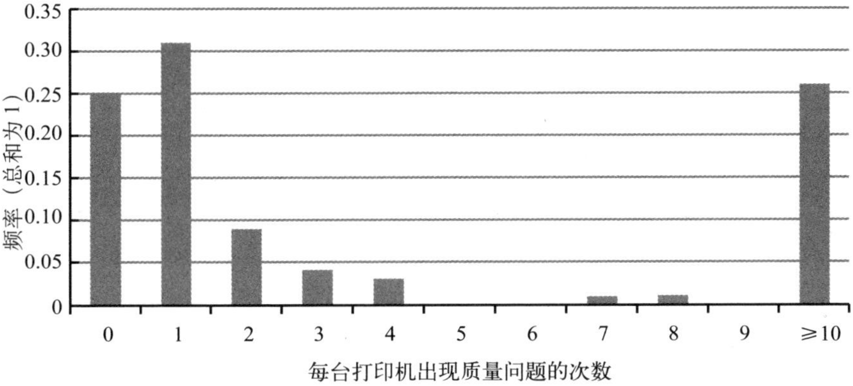

图 2–2 你所在公司打印机质量问题频率分布

从图 2–2 中可以清楚地看到，你所在公司的产品并不存在一个普遍的质量问题，但却有一个棘手的麻烦：一些数量不多的打印机存在大量的质量问题。这些异常值抬高了质量问题的平均数，但没有对其中位数造成影响。从生产的角度看，更为重要的一点是，公司无须更新或重组整个生产流程或生产设备，唯一需要做的就是调查这批问题很多的劣质打印机，找出源头并予以解决。

无论是中位数还是平均数，要求出它们并不难，关键在于根据具体情况确定哪一个“中间位置”能够更准确地反映问题的实质。与此同时，中位数还有一些有用的“亲戚”，正如我们之前已经讨论过的，中位数将一组数据从中间分为两部分，这组数据其实还可以继续分为四部分，我们称之为“四分位数”。第一四分位数由处于底部的 25% 的数据构成，往后的 25% 的数据构成了第二四分位数，以此类推。同样的，收入分配数据还可以分为“十分位数”，每组包含 10% 的数据。如果你的收入属于美国人均收入分配顶层的那 10%，那么这意味着你要比 90% 的美国人挣得都多。我们还可以细分下去，将收入数据分为 100 份，也就是“百分位数”，每个百分位数都代表 1% 的数据，也就是说，第一百分位数表示位于底部的 1% 的人的收入，第 99 百分位数代表收入分配数据中收入最高的那 1% 的人。

这类描述性数字的好处在于，它们描述了某个具体的值在与其他数据进行比较时所处的位置。如果我告诉你，你的孩子在阅读考试中的成绩处于班级的第三百分位数（有 97% 的孩子的分数比你的孩子高），你该即刻意识到全家人应该在学习方面多辅导孩子。你没必要知道任何有关考试本身的内容，以及你的孩子在考试中答对了多少道题目。一个以百分位数显示的成绩就已经告诉你，你的孩子的得分在所有考生中的排名。如果考试题目比较简单，那么大多数考生都会获得一个高分，而你的孩子答对的题目数量还是少于其他同学；如果考试题目特别难，那么所有考生的正确率都不会高，而你的孩子的答题正确率比其他孩子要更低一些。

现在我来穿插介绍几个有用的统计术语。一个“绝对”分数、号码或数字具有一些与生俱来的意义，比如，我在一场 18 洞高尔夫球比赛中打出了 83 杆，这就是一个绝对分数；或许那天的气温正好是 14 摄氏度，这也是一个绝对数字。通常来说，在没有任何背景或额外信息的前提下，绝对数字依然能被理解。当我告诉你我在 18 洞高尔夫球比赛中的成绩是 83 杆的时候，你不需要知道其他高尔夫球球员取得的成绩，就可以对我的表现给出一个评价（除非那天的环境极为恶劣，又或者场地条件有所限制）。又比如，在一场高尔夫球锦标赛中我的排名是第 9 位，这是一个相对数据。一个“相对”值或数字只有在比较或处于一个更大的背景中时才有意义，比如说有 8 位球手在比赛中发挥得比我出色。绝大多数的标准化考试给出的结果都只具有相对意义，如果我告诉你伊利诺伊州某小学的一个三年级学生在满分为 60 分的数学考试中的成绩是 43 分，这一绝对分数并没有太多的意义。但是，当我将其转换为一个百分位数，也就是将这一原始分数代入全伊利诺伊州所有三年级学生的数学成绩中做对比，那么其含义将会得到大大的丰富。如果 43 分的成绩处于第 83 百分位数，就代表这个学生的成绩要优于全州大部分的同龄人。

如果他处于第 8 百分位数的位置，那么他真的要加点儿油了。在这个例子中，百分位数（相对分数）比答对题目的数量（绝对分数）要更有意义。

标准差也是一个能够帮助我们在一大堆杂乱无章的数字中发现真理的统计数值，我们用它来衡量数据相对于平均值的分散程度。根据标准差，我们可以知道所观察数值的分散情况。如果我要收集某班飞往波士顿的航班上的 250 名乘客的体重数据，还有 250 名有资格参加波士顿马拉松比赛的运动员的体重数据，假设这两组人的平均体重差不多都是155磅[①]。任何一个曾经在拥挤不堪的飞机里费劲地挤进自己座位和争抢扶手的人都清楚，一架典型的商用客机上有许多人的体重都超过 155 磅，但同时你或许也能回忆起在这些乱哄哄、人挤人的航班上还有不少啼哭的婴儿和不听话的孩子，他们的肺活量不小，但是体重就很轻了。在计算航班上乘客的平均体重时，尽管坐在你身边的足球运动员的体重高达 320 磅，但平均体重仍有可能被前排正在尖叫的婴儿和后排正在踢你座椅靠背的 6 岁小孩的体重拉低。

目前为止，用我们所学的描述统计学的工具来看，航班乘客和马拉松运动员的体重几乎是相等的，但事实并非如此。是的，两组人的体重有着相差无几的平均数，但是航班乘客的体重距离平均数的标准差要远大于马拉松运动员，也就是说前者的体重分布要更加分散。连我 8 岁大的儿子都会说，马拉松运动员们的体重看上去都差不多，但飞机上的乘客就很难说了，有抱在怀里的婴儿，也有胖得离谱儿的人。航班乘客们的体重“更加分散”，这是在形容两组人的体重时需要提到的一个重要特征。标准差这一描述性数据能够让我们用一个独立的数字来表示距离平均数的离散程度。用于计算标准差和方差（另一个由标准差推导而来的用于衡量离散程度的指标）的公式在本章后面的内容中可以找到。现在，首先让我们来谈谈衡量离散程度的重要性。

---

① 1 磅 ≈0.45 千克。——编者注

我们再来做一个情景假设。自从被提拔为北美地区打印机产品的质量总监后，你就一直倍感疲惫，于是你决定去看医生。医生给你验了血，几天后他的助手在你的电话答录机上留言，告知你的HCb2值（一个虚构的血液指标）为134。你立刻打开电脑，搜索你这个年纪的人的HCb2平均值是多少，结果网页上显示是122（而且中位数也几乎是这个值）。我的天！如果换作我，我可能就要开始写遗嘱了，然后噙满泪水地给我的父母、爱人、孩子和挚友们写告别信。做完这些之后，我会想想自己还有什么未完成的心愿。我要去跳一次伞，还要用我余下的时间写一部小说。最后，我还要写一封令人声泪俱下的控诉信给我的老板，用恶狠狠的措辞把这几年在他那里受的气都发泄出来——而且从头到尾都要用大写的英文！

然而，上面这些事情中没有一件是必要的（那封发给老板的信带来的后果可能会很严重）。当你回拨医生的电话，打算安排你的临终事宜时，他的助理告诉你，你的指标在正常范围内。但这怎么可能呢？“我的HCb2值比平均值足足高出12！”你不断地跟电话那头的人重复着这句话。

“HCb2值的标准差是18。”对方淡淡地说了一句。

这又是什么？

HCb2值与其他大多数生理现象（如身高）一样，都存在天然差异。尽管这一虚构指标的平均值为122，但大多数健康的人体检时得到的结果都会有高有低，只有在HCb2值特别高或特别低时才会对健康构成威胁。那么，对于HCb2值来说，上下浮动多少才算是数值异常呢？正如我们之前提到的，标准差是衡量离散的指标，反映了分散在平均值周围的数据的聚合程度。对于许多典型的数据分布来说，有很大比例的数值都位于它们的平均数的某个标准差范围以内，也就是说，这些数值有的比平均值大，有的比平均值小，但都是在一个正常范围之内的。举个简单的例子，美国成年男性的平均身高为70英寸，标准差约为3英寸，这意味着有很大一部分美国成年男性的身高在 67 英寸到 73 英寸之间。

换言之，任何一个身高介于上述区间内的美国成年男性都不会被认为身高异常。让我们再回到刚刚那个困扰你的 HCb2 的问题上。是的，你的指标是比平均值高了 12 个数值，但还没有超过标准差范围，这就好比你的身高为 72 英寸一样——这没有什么好奇怪的。当然，距离平均值两个标准差的数值会减少，3~4 个标准差的数值就更少了。以身高为例，如果一个美国成年男性高于平均身高 3 个标准差，那么他的身高至少为 79 英寸。

不同群体对象的数据分布的离散情况是不同的。可以这么说，航班上 250 名乘客体重的标准差要比 250 名马拉松运动员的大，如果将两组人的体重数据画成频数分布图的话，前者肯定要比后者更“胖”（分散）。对于任何一组数据来说，只要知道了平均数和标准差，我们就能进行简单的统计学分析，得出一些可以信赖的结论。比如，我告诉你美国 SAT 中数学部分的平均分为 500 分，标准差为 100，与身高的例子一样，大部分参加测试的学生的成绩都会在一个标准差范围内浮动，比如 400~600 分。那么，你觉得又有多少名学生的成绩会高于 720 分呢？估计不会有很多，因为这比平均分高出两个标准差还要多。

事实上，我们能做的不仅只是“学生人数不会有很多”这样的回答。现在就向大家隆重介绍统计学里最重要、最有用、最常见的分布之一：正态分布。数据的分布一般来说都是对称的，以平均数为中轴呈现类似于“钟”的形状，我想大家对此应该不会感到陌生。

正态分布可用于描述许多常见的现象。如果我们要给爆米花的“爆炸”过程画一张频数分布图，那么分布图的情况应该是：一开始的时候只有少量玉米粒爆开，每秒可能只有一两颗玉米粒爆开；在 10~15 秒之后，玉米粒就进入了疯狂“爆炸”的阶段，然后慢慢地，每秒爆开的玉米粒的数量又变少了，重新回到了一开始每秒只有一两颗玉米粒爆炸的状态。美国成年男性的身高分布也是对称的，要么比 70 英寸的平均身高略高，要么略低，而且越接近平均身高，人数越多。每一次 SAT 都经过精心设计，以得到一个平均分为 500 分、标准差为 100 的成绩的正态分布。根据《华尔街日报》的报道，美国人甚至连在购物商场停车都呈现出正态分布，正对着商场入口的地方停车数量最多，也就是正态曲线的“峰值”，在入口左右两侧的停车数量逐渐变少，即曲线两端下滑的“尾巴”。

正态分布的“美”好比迈克尔·乔丹在球场上的力量、灵巧和优雅，它来源于一个事实，那就是我们通过定义就能够清楚地知道，有多少数值位于平均值一个标准差的范围之内（68.2%），有多少数值位于两个标准差的范围以内（95.4%），还有多少数值位于 3 个标准差的范围以内（99.7%），以此类推。这听上去似乎挺傻的，但事实上这就是统计学的基础之一。本书将会在之后的篇章中谈到更深层次的问题时再对正态分布展开讨论。

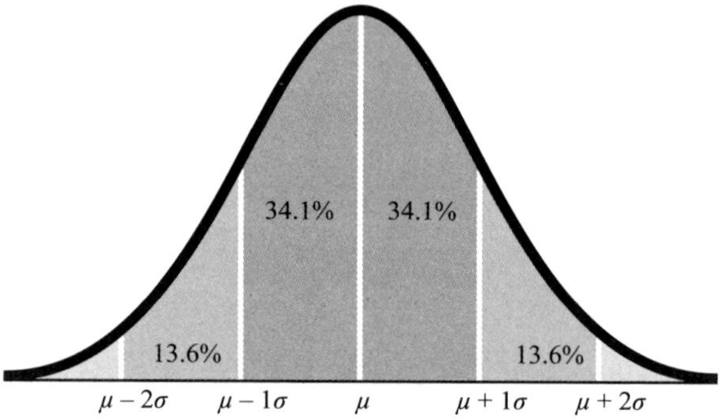

图 2–3　正态分布

中间的那条线代表平均值，通常由希腊字母 μ 表示；标准差通常由希腊字母 σ 表示；每条色带均代表一个标准差。

描述统计学经常会比较两个数据或数量。例如，我比我的哥哥高 1 英寸，今天的气温比历史平均值高 9 摄氏度等。这些比较之所以易于理解，是因为我们大部分人都对其中所包含的数量单位并不陌生。当形容身高时，1 英寸并不是很多，因此你可以推测我和我的哥哥的身高看上去其实差不多；相反的，无论是在一年中的哪个季节哪个时刻，9 摄氏度都是一个非常引人注目的温差，因此我们可以说那一天比平时要热很多。但如果我告诉你，某品牌麦片中 A 配方的钠含量要比 B 配方高 31 毫克，除非你恰好懂得很多关于钠的知识（以及该品牌麦片的食用分量），否则上面这句话并不能给你带来特别具体的信息。又或者我对你说，我的外甥阿尔在 2013 年比 2012 年少挣了 5.3 万美元，我是不是应该对他表示担心呢？阿尔也许是一位对冲基金经理，5.3 万美元只不过是他年薪的一个零头。

在钠含量和收入这两个例子里，我们都缺少背景资料。赋予这些比较型数据意义的最简单的方法就是使用百分比。如果我跟你说，某品牌麦片 A 配方的钠含量比 B 配方高了 50%，我的外甥阿尔 2013 年的收入与 2012 年相比减少了 47%，是不是就更容易理解了？用百分比来表示变化，可以让我们有一种用刻度测量的感觉。

或许你在小学四年级的时候就已经学会如何计算百分比了，所以如果你想跳过接下来的几段文字，我表示理解，但在此之前，请帮我做一道简单的练习题。假设某家百货商场正在出售一款连衣裙，售价为每条 100 美元，随后该商场的副经理将所有商品的价格都下调了 25%。但这位副经理很快就被解雇了，原因就是有人举报他在一家酒吧里跟比尔·盖茨喝酒。新来的副经理将所有商品的价格又上调了 25%。那么那一款连衣裙最终的售价为多少？如果你说（或想说）100 美元的话，那我建议你还是不要跳过接下来的任何一段话了。

连衣裙的最终售价应该是 93.75 美元。这不只是一个在鸡尾酒派对上用来逗乐和炫耀学问的把戏。百分数是一个非常有用的工具，但同时也容易产生混淆，甚至具有欺骗性。计算百分数差（或变化）的公式是这样的：（新数据 – 原数据）

/ 原数据。分子（分数的上半部分）就是变化的绝对值，分母（分数的下半部分）的作用是将这一变化与原数据进行比较，也就是为变化添加背景。我们可以用这个简洁明了的公式解答刚刚提出的那个问题。前任副经理将每条价格为 100 美元的连衣裙的价格下调 25%，那么原价 100 美元的 25% 就是 25 美元，这一折扣导致连衣裙的售价降为 75 美元。将这些数字带入公式也可以得到相同的结果：（100 美元－75 美元）/100 美元＝0.25=25%。

当连衣裙的价格为 75 美元时，新来的副经理将价格上调 25%，这里就是许多人容易犯错的地方。上浮的 25% 参照的是连衣裙的新价格，而非最开始的价格，所以上涨的价格应该是 25%×75 美元 =18.75 美元，最后的售价为 75 美元＋18.75 美元＝93.75 美元（而不是很多人认为的 100 美元）。这个例子的关键在于，百分数变动表示的是某个数字相对于其他事物的变化值，因此我们最好先弄清楚其他事物到底是什么。

我曾投资过大学室友开的一家公司。由于这是一家私营公司，因此在向股东披露信息方面并没有什么硬性要求。转眼几年过去了，我的这笔投资的命运如何，我毫不知情，我的这位前室友对于这个话题也是只字不提。最后，我终于收到了一封信，信上说公司的利润相比前一年提高了 46%。但到底提高了多少美元，信上没写，也就是说我还是完全不知道自己的投资到底表现如何。假设上一年公司盈利 27 美分（基本等同于没有），那么这一年公司的盈利就为 39 美分（还是基本等同于零），但就从 27 美分到 39 美分来说，公司的利润的确上涨了 46%，这一点没有问题。如果告诉你公司两年的累计盈利还不够买一杯星巴克咖啡，那么收到这样的股东信件可真够晦气的。

但是，我的室友是这样的人吗？显然不是。他最终把公司卖掉了，换回了数亿美元的资金，我的那份投资的回报率也高达 100%。但你还是不知道我最后赚了多少钱，因为我并没有告诉你我最初投了多少钱，这不是更加能证明我的观点吗？读到这里，你是不是对什么是“其他事物”有点儿感觉了？

需要注意的是，百分差和百分率是不同的，我们千万不能混为一谈。比率通常会以百分数的形式体现，例如伊利诺伊州的消费税率为 6.75%，我出书所得版税的 15% 要支付给我的代理商，诸如此类的比率都是基于某个定量来计算的，如所得税就是基于收入来征收的。可见百分率可以上浮，也可以下调，但百分差的描述方式就完全不同了，虽然两者的表述形式十分接近。最近就有一个绝佳的例子：伊利诺伊州的个人所得税税率由原来的 3% 上调到了 5%。我们看到有两种不一样的说法来描述这一税率的变化，而且这两者在技术上都是正确的。主张并促成这次个税改革的民主党（正确无误地）指出，伊利诺伊州的个人所得税税率上升了两个百分点，从 3% 上涨到 5%；共和党（同样正确无误地）指出，该州的所得税税率上升了 67%，我们可以用刚刚学会的公式验证一下，（5–3）/3=2/3，即 67%。

美国民主党将重点放在了税率的绝对变化上，而共和党则更关注税率的百分差。如刚才所说，两党在技术上都是正确的，但我可能会觉得共和党的描述更加准确地传达了税率变化所带来的影响，因为我以后要缴纳给政府的个人所得税（一笔我真的会在乎的钱）正如共和党所说的那样，确确实实上涨了 67%。

许多现象都无法用一个数据来完美描述。就比如橄榄球比赛四分卫亚伦·罗杰斯的传球距离为365码[①]，但没有触地得分；而另一个四分卫佩顿·曼宁的传球距离仅为 127 码，却完成了 3 次触地得分。曼宁创造了更多的得分，但按照常理，罗杰斯的长传球让他的队友得以突破对方球员的防守、在场上跑得更远。这两位四分卫谁的表现更好？在第 1 章中，我介绍了美国职业橄榄球大联盟采用“传球效绩

① 1 码≈0.91 米。——编者注

指数”来解决这一统计难题，它是一个描述性数据，而且是由许多其他描述性数据构成的。我们将这些从不同角度对比赛进行评价的数据浓缩成一个数字，并用这个数字进行比较，得出四分卫在某个比赛日中的排名，甚至整个职业生涯的四分卫排名等结论。如果棒球比赛也有一个类似的指数，那么本章一开始提出的历史上最伟大的棒球手是谁的问题是不是就有答案了？

将一系列复杂的信息浓缩成一个数字，这是所有指数都具备的优点。我们可以因此对原先无法进行简单比较的事物进行排名，从四分卫的表现到大学的优劣，再到选美比赛。在美国小姐选美比赛中，所有胜出者的成绩都是由 5 个部分的成绩组成的：个人面试、泳装展示、晚礼服展示、才艺表演和现场问答（“亲善小姐”称号的评选则单独由参赛者们相互评选产生）。

同时，将一系列复杂的信息浓缩成一个数字，这也是所有指数的缺点所在。我们有各种各样的方式来浓缩信息，每种方式都有可能导致一个不同的结果。马尔科姆·格拉德威尔在《纽约客》上发表了一篇批评性文章，用睿智的语言犀利地指出我们对排名的狂热（他尤其对大学排名嗤之以鼻）。格拉德威尔以《名车志》杂志对 3 款跑车的排名为例，这 3 款跑车分别是保时捷卡曼、雪佛兰科尔维特和路特斯。《名车志》设计了一个计算公式，其中包含了 21 项评价指标，最终保时捷卡曼跑车拔得头筹。但格拉德威尔却指出，“外观”项在公式中的分量仅占到了 4%，这一指标对于评价跑车来说简直低得离谱儿。如果将跑车外观的权重上调到 25%，那么路特斯跑车将会是第一名。

接下来，格拉德威尔还指出，跑车标价的分量在《名车志》的评价过程中相对来说也被低估了，如果上调标价比率（这样就能保证价格、外观和性能这三项指标在评价时各分秋色），那么雪佛兰科尔维特就将成为新的“跑车之王”。

所有指数均取决于其构成的描述性数据以及它们的权重，任何一点儿微小的变化都有可能引起结果的改变，因此，最终得到的那个指数，可能是情况不完美但有现实意义的工具，也可能是完全不合理的字谜。举一个前一种情况的例子——联合国的人类发展指数（HDI），这是一个比单纯的收入更加广泛的经济健康衡量指数。人类发展指数将收入作为评价的组成部分之一，同时还考虑到了寿命和受教育程度。美国在人均经济产出方面位居世界第11位（排在卡塔尔、文莱、科威特等几个石油国家之后），但在人类发展方面位居全球第4名。的确，如果人类发展指数里的组成指标发生变化的话，最终的排名也会不一样，但可以肯定的是，只要是符合常理的调整，无论如何都不会出现津巴布韦超越挪威的结果。当我们想要了解全世界各地人民生活水平的差异时，人类发展指数为我们提供了一个简单方便且相对准确的排名。

描述统计学为我们所关心的现象打开了一扇窗，让我们更加接近事实的真相。好了，现在我们终于可以回到本章一开始提出的那些问题了。谁是史上最伟大的棒球运动员？结合本章所讲的主要内容，我们首先会问：哪些描述性数据最能帮助我们回答上述问题？根据棒球信息解决方案公司总裁史蒂夫·莫耶的说法，评价任何一个非投手运动员的3个最有价值的数据（除了年龄）是：

1. 上垒率（OBP或OBA），就是球员上垒的概率，包括保送上垒在内（这一点是不包含在击球率的计算内的）。

2. 长打率（SLG），就是衡量球员的长打得分能力的指标。一垒记1分，二垒记2分，三垒记3分，本垒记4分。也就是说，如果一个球员在5次打数中，打出了一个一垒和一个三垒，则其长打率为（1+3）/5=80%。

3. 打数（AB），构成上垒率和长打率的比较背景。球技不佳的球员也会有发挥超常的时候，但仅限于某几场比赛。只有通过打数的积累，将成千上万次的击打表现综合起来，我们才能认定谁是真正的超级球员。

在莫耶看来，最伟大的棒球运动员非贝比·鲁斯莫属，因为贝比拥有无可比拟的击球和投球能力。直到今天，贝比·鲁斯创下的69%的长打率依然是大联盟球员难以撼动的生涯纪录。

那么，美国中产阶层的经济健康状况又是如何呢？我再一次将问题抛给了专家。我给杰夫·戈洛格（我在芝加哥大学的同事）和艾伦·克鲁格（研究恐怖分子的普林斯顿大学经济学家、美国总统奥巴马的高级经济顾问）发送了一封邮件，他们基本上给出了相同的答案，只有一些细节上的区别。要评价美国“中产阶层”的经济状况，我们需要了解（通货膨胀调整后的）工资中位数在过去几十年中的变化，他们还建议我留意一下处于第25百分位数和第75百分位数人群的工资变化，因为这两拨人通常被认为是中产阶层中的高收入和低收入人群。

还有一组必须分清楚的概念就是，在评价经济状况的过程中，不能将收入和工资等同起来。这两者是不同的，工资是我们付出的固定份额的劳动所得，如时薪或周薪；收入是全部所得的总和，来源有多种。如果一个工人找了一份兼职，或者加班很多个小时，那么这个人的收入会增多，但工资却没有发生变化。这就说明，即使一个人的工资下降，他的收入依然有可能上升，如果他加班足够多的话。但如果这些人不得不付出更多的劳动来取得更多的收入，那么我们很难评价他们的整体生活质量到底是更好还是更糟。因此，相比于收入来说，工资是评价美国人劳动收益的一个更加直观的指标，工资越高，工人们每工作1小时能领到的钱也就越多。

说了那么多，下面我们来看一幅过去30年美国人每周工资水平的变化图（见图2–4），在图中我还加入了第90百分位数人群的数据，以此对比相同时间内中产阶层工人和10%最富裕人群的工资增长水平。

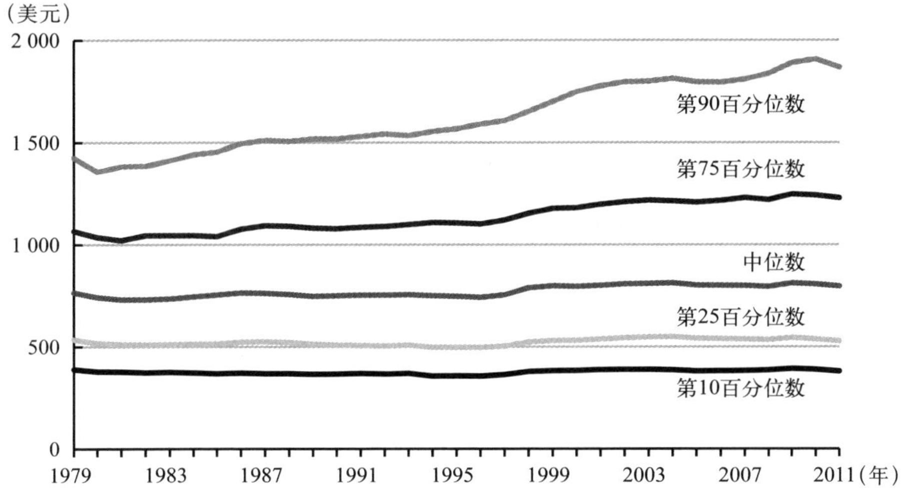

图2–4　不同收入群体的周薪变化

资料来源：《1979—2009年美国工人时薪分配变化》，美国国会预算办公室，2011年2月16日。图中具体数据参见 http://www.cbo.gov/sites/default/files/cbofiles/ftpdocs/120xx/doc12051/02-16-wagedispersion.pdf。

从这些数据中，我们可以得出有关中产阶层经济状况的各种结论，但都不会共同指向一个唯一"正确"的答案。从中我们能看到，典型的美国工人挣着中位数工资，在原地踏步了将近30年；但处于第90百分位数的富人就好多了。幸好有描述统计学，我们终于在这个问题上构建出了一个框架，如果还要接着往下做点什么的话，那就是其他理论家和政治家的事情了。

本章补充知识点

表 2–1　打印机质量问题统计表

	0	1	2	3	4	5	6	7	8	9	≥10
对手公司的故障频数	12	14	36	13	8	6	5	3	0	2	1
你所在公司的故障频数	25	31	9	4	3	0	0	1	1	0	26

方差和标准差的运算公式

方差和标准差是测量和描述数据分布的离散情况最常用的统计学技巧。方差通常用符号 σ^2 表示，体现各个数值距离它们的平均值的距离远近。但要注意的是，在计算时需要对具体数值和平均值之差进行平方，然后再用平方数之和除以数值的个数。

举例说明：

假设有一组数量为 n 的数字 x_1、x_2、$x_3 \cdots x_n$，它们的平均值为 μ。

它们的方差 $\sigma^2=[(x_1-\mu)^2+(x_2-\mu)^2+(x_3-\mu)^2+\cdots+(x_n-\mu)^2]/n$。

由于在计算方差时对每个数值和平均值之差都进行了平方，因此那些远离平均值的数值即异常值就会被放大，下面以学生身高为例。

表 2–2 身高统计

第一组	身高（$\mu=70$ 英寸）	与平均值之差的绝对值 $(x_n-\mu)$ *	$(x_n-\mu)^2$	第二组	身高（$\mu=70$ 英寸）	与平均值之差的绝对值 $(x_n-\mu)$ *	$(x_n-\mu)^2$
尼克	74	4	16	萨哈	65	5	25
艾莲娜	66	4	16	玛吉	68	2	4
蒂娜	68	2	4	费萨尔	69	1	1
瑞贝卡	69	1	1	泰德	70	0	0
本	73	3	9	杰夫	71	1	1
察鲁	70	0	0	纳西索	75	5	25
		共计 14	共计 46			共计 14	共计 56
			方差 = 46 / 6 = 7.7				方差 = 56 / 6 = 9.3
			标准差 = $\sqrt{7.7}=2.8$				标准差 = $\sqrt{9.3}=3$

* 与平均值之差的绝对值表示两个数值之间的距离，不考虑方向（正负）因素，因此绝对值总是为正。这里的绝对值表示的是每个人的身高与平均身高之间相差的英寸数。

两组学生的平均身高都是 70 英寸，每一组学生个体与平均值的差异之和也都是 14，到目前为止，这两组学生身高的离散程度是完全相同的。但是，第二组学生身高的方差要大些，这是因为萨哈和纳西索两个学生的身高数值距离平均值比其他学生都要远，从而导致了方差计算公式中的分子值变大。

在描述统计学中，方差很少被直接用于结论当中，往往是作为计算标准差的中间环节，而标准差才是一个更为直观的描述性数据。

标准差就是方差的平方根，计算公式如下：

假设有一组数量为 n 的数字 x_1、x_2、$x_3\cdots x_n$，它们的平均值为 μ。

它们的标准差 $\sigma=\sqrt{[(x_1-\mu)^2+(x_2-\mu)^2+(x_3-\mu)^2+\cdots+(x_n-\mu)^2]/n}$。

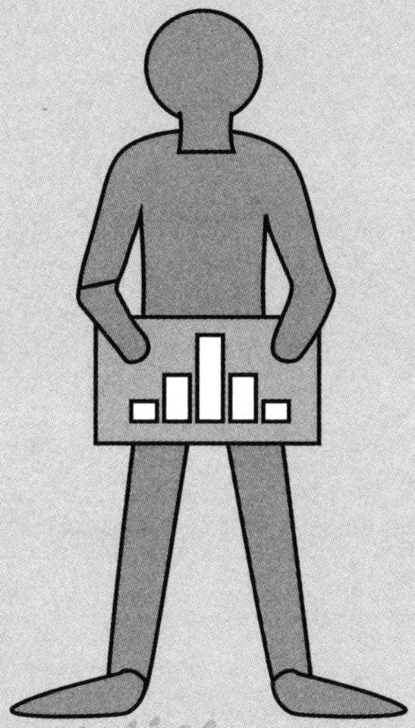

Naked Statistics

第3章
统计数字会撒谎

1950 年人们的平均时薪是 1 美元，2012 年人们的平均时薪是 5 美元，你觉得我们的工资水平涨了吗？

对于任何一个约会过的人来说，通常会对“他这人还不错”这类表述引起警惕，不是因为这句描述一定是错误的，而是因为这句话中还有其他潜台词，诸如其实这个人曾经坐过牢，或者他的离婚手续“还没完全办妥”等。我们丝毫不怀疑他的人品不错，只不过担心这么一句看似正确的陈述，其用意可能在于掩饰或淡化其他信息，从而误导听者（我想不会有人愿意与一个还没离婚或有重罪案底的人约会吧）。这类陈述严格来讲并不能被称作谎言，哪怕你跟人说了也不会被判伪证罪，但由于其准确性实在不敢恭维，所以最好不要相信。

统计学也是如此。虽然统计学是扎根于数学土壤里的，而且数学又是一门以准确著称的学科，但使用统计学来描述复杂现象的这一过程并不是精确无误的，这就为掩盖真相创造了大量的空间。马克·吐温有一句名言是这样说的，“谎言有三种：谎言、该死的谎言，以及统计学”。正如前一章所讲的，我们关心的大多数现象都可以用多种方式进行描述。如果对某一事物的描述存在多种方式（如“他人不错”或“他曾经因证券欺诈罪被判入狱”），那么我们所选择使用（或回避）的描述性数据就会影响别人对此事的印象。一些别有用心的人甚至会用光鲜的事实和数据来支持真假存疑或完全不成立的结论。

首先，我们应该弄明白“精确”和“准确”这两个词之间至关重要的区别。这两个词不可以相互替代。“精确”反映的是我们描述事物的精度，比如在描述你从家到公司的距离时，“41.6 英里[①]”就比“大约 40 英里”更精确，当然比“相当长的一段路”更精确一些。如果你问我最近的加油站在哪里，我会告诉你往东 1.265 英里，这就是一个精确的回答。但问题也随之而来：如果加油站在西边，那么这样的一个回答就是完全不准确的。也就是说，如果我告诉你：驾车大约 10 分钟，当你看到一家热狗售卖摊点时，加油站就在你的车右前方几百码的地方，如果你经过猫头鹰餐厅，就说明你的车开过了。这样的一个回答虽然没有“往东 1.265 英里”那么精确，但显然更好，因为我为你指明了前往加油站的正确方向。一个数据的准确与否表明了其与真相是否一致，因此将“精确”和“准确”混为一谈是要付出代价的。如果一个答案是准确的，那么在这个基础上当然是越精确越好；但如果答案从一开始就是不准确的，那么再精确也毫无意义。

让我意识到“精确”和“准确”的区别的，是一件发生在某个圣诞节的事情。那一天，我的妻子给我买了一个高尔夫测距仪，以便让我测量高尔夫球到球洞之间的距离。这个设备是通过某些激光原理进行工作的，我站在高尔夫球旁，然后将测距仪对准远处草地上的球洞杆，之后仪器上就会显示我应该击球的精确距离。相比起原始的标准码数标记来说，这个设备在性能方面有了很大的提升，因为原先我们只能通过看场上的标记来估算出测量位置与球场中心的距离（因此，测距仪让高尔夫球这项运动变得更加精确，但却更加不准确）。通过这个高尔夫测距仪，我终于知道了我的球离球洞还有 147.2 码。我期待这一先进的技术能够助我提升球技，但事实是，我打得越来越差。

---

① 1 英里 ≈1 609.34 米。——编者注

这里有两个问题。第一，在我用了这个设备3个月的时间之后，我才猛然意识到计量单位是“米”而非“码”，因此，每一次看似准确的测量（147.2）都是错误的。第二，有些时候我会不小心地将激光束对准球场后面的树干，而非球洞杆，因此我的“完美”击球就会导致“完美”的结果——在空中划出一道漂亮的弧线，然后越过整个球场落入森林里。这个例子告诉我，即使是最为精确的计算或测量都应该检查一下是否符合常识。这一点适用于所有的统计分析。

再举一个严肃一点儿的例子。在2008年金融危机爆发之前，华尔街的许多风险管理模型都非常精确，“风险值”的概念让这些公司得以将其在不同情况下可能损失的资产进行精确量化，但问题是，这些超级复杂的模型就好比是将我的高尔夫测距仪的长度单位设置成“米”而不是“码”。数学运算极为复杂和晦涩，得出的结果精确到几乎没有人会怀疑其真实性。但嵌入这些模型中的有关全球市场可能会发生的风险假设其实是错误的，因而精确计算所得出的结论从根本上说就是不准确的，这不仅坑苦了华尔街，更是把全球经济都“拖下水”。

即使是最为精确和精密的描述性数据，都有可能面临一个根本性的问题：缺乏清晰度，不知道我们到底要定义、描述或解释什么。统计参数与失败的婚姻有着许多共同点，争论双方往往都说服不了对方。思考一个重要的经济问题：美国的制造业有多健康？人们经常能够听到，美国的制造业正在失去大量的工作机会，这些工作岗位源源不断地流向中国、印度以及其他低工资国家。人们还能够听到，美国的高科技制造业依然坚挺，美国依然是世界上最大的商品出口国之一。到底哪个说法才是对的？这就涉及统计学的另一个方面：对优质数据的合理分析能够有效地调和对立的观点。美国的制造业是有利可图且在国际上有竞争力，还是面临激烈的外国竞争正处于萎缩的过程之中？

答案是两者兼有。英国新闻杂志《经济学人》通过图3–1将看上去似乎矛盾的两个观点融合在了一起，为我们展现出一幅关于美国制造业的趋势图。

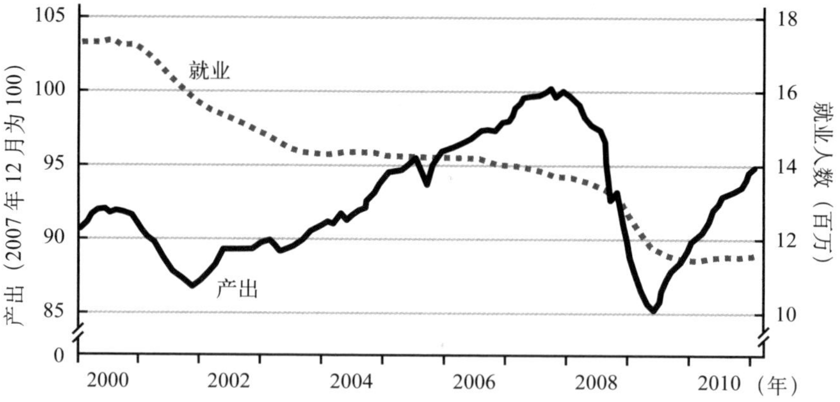

图 3–1 “铁锈地带”的复苏

这一对看似矛盾的观点取决于我们如何定义美国制造业的“健康状况”。从生产和所售商品的总价值——产出来看，美国的制造业自 2000 年以来一直保持稳定增长，直到 2008 年的经济大衰退才遭受重创，而此后又出现了强劲反弹。这一点与美国中情局的《世界概况》里的数据相吻合，美国是世界上第三大制造业出口国，排在中国和德国之后。如今，美国依然是一个制造业大国。

但《经济学人》杂志刊登的曲线图上还有一条曲线，展示了美国制造业的就业状况。美国制造部门的岗位数量一直处于下降之中，在过去 10 年时间里有差不多 600 万人丢了饭碗。这两个故事（增加的产出和减少的工作岗位）共同组成了关于美国制造业的一个完整的故事。美国制造业的生产力在不断提升，也就是说，工厂可以通过雇用更少的工人来完成更多的产出。这一点从国际竞争的角度来说是有利的，因为美国制造的商品相比低工资国家来说更具市场竞争力（与一家仅能支付时薪两美元的公司抗衡的方式之一，就是提高生产效率，让自己的公司在支付时薪 40 美元的同时，将工人的生产效率提高到对手公司的 20 倍）。如果这样的话，制造行业所需的岗位就会大大减少，这对于那些亟须这点儿工资养家糊口的失业工人来说是一个巨大的打击。

既然本书讲的是关于统计学而非制造业的知识，那么就让我们言归正传，来谈谈美国制造业的“健康状况”。如何评价一个行业是否健康，这一点量化起来似乎并不难，就看我们如何选择了，是选择以产出量还是就业率为衡量标准？在这个例子（以及许许多多其他的例子）中，最完整的故事往往都会包含两方面，《经济学人》在上图中就做了明智的示范。

即使我们对成功的衡量标准达成了某个共识，比如说学生的考试分数，仅此一项统计还是会有充裕的欺骗空间。举个例子，下面的两个陈述句都可以说是正确的，但看看你是否能够将这两者调和在一起。

> 政客甲（挑战者）：“我们的教育水平正变得越来越糟！2013年有60%学校的考试成绩低于2012年。”
>
> 政客乙（在任者）：“我们的教育水平正变得越来越好！2013年有80%学生的考试成绩高于2012年。”

给大家一点提示：并不是所有学校的学生人数都是一样的。如果我们回过头来再看这两句似乎相互矛盾的陈述，你会发现政客甲将学校当作其分析单位（“有60%的学校……”），而政客乙则是将学生作为其分析单位（“有80%的学生……”）。在统计学中，分析单位是作为比较或描述的对象而存在的——其中一位政客选择了学校的表现，而另一位政客选择了学生的表现。如果成绩上升的学生正好来自办学规模非常大的学校，那么大部分学生在学业上有所进步而大部分学校的成绩正在退步，这两者是完全有可能同时发生的。为了让这个例子更加直观，我们可以用美国各州的经济情况进行说明。

政客甲（平民主义者）：“我们的经济一塌糊涂！2012年有30个州的收入都出现了下滑。”

政客乙（更接近精英派）：“我们的经济走势一片光明。2012年有70%的美国人的收入都增加了。”

从这两句话中，我能读出的信息是：诸如纽约、加利福尼亚、得克萨斯、伊利诺伊等州的经济形势最好，而收入下滑的那30个州更有可能是规模比较小的州，如佛蒙特、北达科他、罗得岛等。由于各个州的面积大小不同，大部分州的经济下滑和大部分美国人的收入上升是完全有可能同时存在的。关键就在于分清分析单位，描述的对象到底是谁（或什么），以及不同的人口中的谁（或什么）是不是存在差异？

刚刚举了两个虚构的例子，而接下来的这个例子是一个真实且至关重要的统计学问题：世界各地人民的收入不均衡因为全球化的到来是改善了，还是恶化了？一种理解是，全球化只是加剧了现有的收入不均状况，1980年时的富裕国家（以人均国内生产总值为参考）在之后的20年间的增长速度超过了贫困国家。富国会变得更富，这说明贸易、外包、外国投资以及其他全球化的组成部分沦为了发达国家扩大经济霸权的工具。

如果换一种分析单位，同样的数据也可以（也应该）以一种完全不同的方式来解读。我们不关心穷国，我们只关心穷人。恰巧世界上有绝对比例的穷人生活在中国和印度，这两个国家都是人口大国（人口数量均超过10亿），而且在1980年的时候这两个国家都处于相对贫穷的发展阶段。但是，在过去的几十年时间里，中国和印度的经济都经历了高速发展，这在很大程度上要归功于它们与世界上其他国家日益加深的经济一体化。《经济学人》这样评价中国和印度："它们都是'迅速的全球化者'。"考虑到我们的目的是改善人类本身的穷困，因而在衡量全球化给全世界穷人带来的影响时，将中国（13亿人口）和毛里求斯（130万人口）当成是比重相同的两个国家来看待是不合理的。

上述例子的分析对象应该是人，而不是国家。1980—2000年这20年的时间到底发生了什么？回想一下刚刚那个虚构的学校例子。世界上的大部分穷人恰好都生活在两个大国里，而这两个大国在融入全球化的过程中都经历了经济的飞速发展。正确的分析得出了一个截然不同的结论：全球化有利于全世界的穷人。《经济学人》杂志指出："如果你考虑的是人而不是国家，那么全球不平等现象正在迅速减少。"

美国的两家电信业巨头美国电话电报公司和威瑞森电信最近卷入了一场广告之争，说白了也是因为模棱两可的描述所引发的。这两家公司都提供移动通信服务，对于绝大多数的手机用户来说，他们最关心的问题无非就是服务网络的覆盖范围和通话质量，最不愿看见的就是在需要拨打或者接听电话时却没有信号。因此，从逻辑上讲，要比较这两家公司孰好孰坏，只要看它们各自通信网络的规模和质量就行了。为了迎合消费者对于更大、更好的网络覆盖的需求，两家公司在衡量这一看不见、摸不着的需求时采取了不同的分析指标。威瑞森电信公司发动了一场声势浩大的广告战略，四处兜售其无所不在的网络覆盖，给消费者留下这样一个印象：在辽阔的美国国土上，威瑞森电信公司的基站几乎遍布全美国的各个角落，而与之形成对比的，是美国电话电报公司的相对零碎的地理覆盖。威瑞森电信公司所选择的分析单位是网络覆盖的地理范围，这是因为这家公司的确在这方面要强一些。

与此同时，美国电话电报公司也发动了反击战，选择了另一个分析单位。在其巨大的广告牌上赫然写着"美国电话电报公司能够满足97%的美国人的通信需求"，注意这里的用词是"美国人"，而不是"美国"。美国电话电报公司所强调的重点在于，绝大多数的美国人并不住在蒙大拿州的偏远乡村或是亚利桑那州的沙漠之中，既然美国的人口在地理上来说并不是平均分布的。这则广告的言下之意就是，一个好的通信服务网络的关键就在于，将服务重点放在那些手机用户真正生活和工作的区域，而不是他们偶尔才会去野炊的地方。但由于我经常要回新罕布什尔的乡下，因此在这个问题上，我可能还是会选择威瑞森电信公司作为我的移动电话服务商。

我们的“老朋友”平均数和中位数同样会被心术不正的人利用。在上一章的内容中我们介绍了这两个概念，希望大家还能回忆起来，无论是平均数还是中位数，都是用来衡量一组数据的“中间位置”或“中心趋势”。平均数就是所有数据求和之后再除以个数（3、4、5、6、102 的平均数是 24）。中位数就是一组数据最中间的那个点，有一半数据位于这个点之前，有一半数据位于这个点之后（3、4、5、6、102 的中位数是 5）。现在，聪明的读者一定会注意到 24 和 5 之间存在着巨大的差异。所以，如果出于某种考虑，想要让这组数据在描述时显得数值大一些，那么我会选择求它们的平均数；但如果我想让数值看上去小一些，我肯定会将关注点放在中位数上。

现在，我们来看一下这在现实生活中是怎么操作的。以美国前总统小布什的减税政策为例，根据小布什政府的说法，这一政策将惠及绝大多数的美国家庭。相关政府官员指出，在这项政策推行之后，将会有 9 200 万美国人享受减税待遇，人均减税额超过 1 000 美元（具体数字应该是 1 083 美元）。但这个关于减税政策的概括准确吗？《纽约时报》评价说：“数据本身并没有撒谎，只不过有些数据没有发出声音罢了。”

是不是会有 9 200 万美国人将享受减税待遇？答案是肯定的。

那么，这些人中的大部分人都可以少缴纳约 1 000 美元的税款吗？不是的。因为减税额的中位数还不足 100 美元。

只有数量相对少的巨富们才有资格享受大额减税，而正是这些人拉高了平均值，让人均减税额看起来比绝大多数美国人真正享受到的要高。中位数对异常值并不敏感，因此在这个例子中，如果要看小布什政府的减税政策对普通家庭的影响，中位数可能会是一个更为准确的描述性数据。

当然，也正是因为中位数对异常值不敏感，所以在某些情况下中位数同样会掩盖事实真相。假设你患上了某种不治之症，好消息是有一种新药刚刚研发出来，可能会对你的病产生积极疗效，坏消息是这种药的价格非常昂贵，而且副作用有很多。“真的有效吗？”你会对这种药充满疑惑。医生告诉你这种新药能够使患此疾病的病人的寿命的中位数延长两周。这根本就算不上是什么好消息，相比起那么贵的药价和不良反应，这两周的寿命不要也罢。同时，你的保险公司也拒绝为这项治疗承担费用。这是一个基于中位预期寿命的典型案例。

但在这个例子中，中位数或许会成为一个相当有误导性的数据。假设有许多病人对这种新药完全没反应，但同时也有相当数量（30%~40%）的病人完全治愈了。然而，后者的成功并不能在中位数中得到体现（虽然接受新药治疗的病人的平均寿命看上去非常令人振奋）。对你而言，与你自己高度相关、真正影响你决定的反而是那些接受了新药治疗并活了很多年的病人，也就是统计学里的异常值。而且，这并不是一个虚构的例子。进化生物学家史蒂芬·杰·古尔德曾经被诊断出患有某种癌症，他的中位预期寿命只有区区 8 个月。但 20 年过去了，古尔德死于另一种不相关的癌症。古尔德生前写过一篇非常有名的文章，题目为“中位数不等于真信息”，他在文章里指出了他只能活 8 个月是一个错误结论，并表示是他头脑里积累的统计学科学知识将他从错误的结论中拯救了出来。中位数的定义告诉我们有 1/2 的病人活不到 8 个月，但另外 1/2 的病人至少可以活 8 个月，或者比 8 个月的时间更长（甚至是活到老），其死亡分布是“右偏”的。因此，如果你恰好患上了这种病，这一数据的意义要比一个单纯的技术术语丰富得多。

上述例子表明，中位数的决定性特征——不考虑数据距离中间位置有多远或是多近，而是关注它们是高于中间位置还是低于中间位置——反而成为它的弱点。与之相反，平均数恰恰是由数据分布决定的。从准确性的角度来看，平均数和中位数孰取孰舍，关键就在于这个数据分布里的异常值对事实的真相是起到扭曲的作用，还是其重要的组成部分。再次强调，判断比数学更重要。当然，没有人强制你一定得选中位数或平均数，任何一个复杂综合的数据分析都会包含这两个数据。所以，当只有其中一个数据出现的时候，你就要注意了，有可能只是出于言简意赅的考虑，但也有可能是某些人别有用心地想用数据“说服”你。

上了一定年纪的人或许会记得一部《疯狂高尔夫》的电影，里面的两位主演分别是谢维·蔡斯和泰德·奈特，他们在高尔夫球场的更衣室里有过这么一段对话：

泰德：刚刚打得怎样？

谢维：啊，我没记数。

泰德：那你用什么跟别人比啊？

谢维：身高。

我引用这段电影台词的目的不是想说明它有多幽默，而是想说其实统计学里也有很多这类“苹果和橙子”做比较的把戏。如果你想比较伦敦和巴黎的酒店房间价格，可能会让你6岁大的孩子登录网站搜索——电脑方面你永远不是孩子的对手，然后你的孩子向你汇报巴黎的房价更贵一些，每晚的价格约为180欧元，而相同档次的房间在伦敦每晚只需要150英镑。

此时，或许你会滔滔不绝地向孩子解释英镑和欧元之间的区别，然后让他回去重新查找这两种货币之间的汇率，这样你就能对两个城市的房价做一个有意义的比较。这个例子其实在现实中也挺常见，我的女儿看见我在印度用100卢比买了一壶茶，于是她就问我为什么在印度无论买什么东西都那么贵。显然，在我们将不同国家的货币转换成同一种货币单位之前，比较这些货币上印着的数字是没有意义的。英镑和欧元的汇率是多少？美元和卢比的汇率又是多少？

这似乎是一节痛苦的启蒙课，虽然事实很明显，但却经常被忽略，尤其是被政客和好莱坞制片商忽略。这些人当然知道欧元和英镑之间的差别，但就好比苹果和橙子的例子，他们反而会忽略一个更为细微的因素：通货膨胀。今天的1美元和60年前的1美元的价值是不一样的：今天的1美元能买到的东西更少。由于通货膨胀的存在，1950年花1美元能买到的东西在2011年可能要花9.37美元。因此，在没有考虑通货膨胀因素的情况下，任何有关1950年与2011年的金钱比较都是不准确的，而且比欧元与英镑的比较更加离谱儿，因为欧元和英镑的价差比1950年的美元与2011年的美元的价差还小。

经济学家甚至为这一重要的现象冠以专业术语，以表示相关数据是否考虑了通货膨胀因素。名义数据就是没有就通货膨胀做出调整的数字，比较1970年某项政府项目的名义花费与2011年政府在相同项目上的名义花费，实际上看的仅仅是政府财政部在这两年所开出的支票的票面金额，并没有考虑1970年的1美元能买的东西比2011年买到的东西多。假设政府在1970年时为老兵的住房补助项目投入了 1 000 万美元，到了 2011 年，政府在此项目上投入了 4 000 万美元，联邦政府在这个项目上的努力实际上是退步了。花费的金钱在名义上的确是增多了，但这并没有反映出美元价值的变化。1970 年的 1 美元相当于 2011 年的 5.83 美元，也就是说，政府 2011 年需要在老兵的住房补助项目上投入 5 830 万美元才是与 1970 年的 1 000 万美元持平。

实际数据是考虑了通货膨胀因素并做出调整的数字。最常见的方法就是将所有数据统一换算成一个相同的单位，如 2011 年的美元，这样就可以将“苹果与橙子”之间的比较变为“苹果与苹果”的比较。包括美国劳工统计局在内的许多网站，都提供简易的通胀计算器，供我们对不同时期的美元价值进行比较。图 3–2 是一张美国政府最低工资标准图，上面标出了最低工资的名义值及其实际购买力（都换算成 2010 年的美元）。通过图 3–2，我们不难发现考虑了通货膨胀因素并做出调整的数据会产生非常不一样的效果。

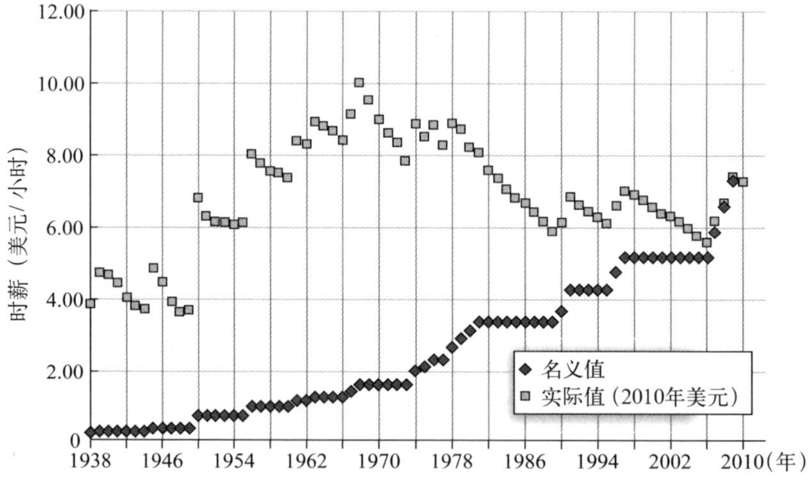

图 3–2　美国政府最低工资标准图

资料来源：http://oregonstate.edu/instruct/anth484/minwage.html。

美国最低工资标准是由美国国会制定的。如果你在美国工作，你就会在办公室的某个偏僻角落的公告板上看到最低工资标准。当前的最低工资标准为每小时7.25美元，这是一个名义值。你的上司才不会理会现在的7.25美元能买到的东西是不是和两年前一样多，他只需要保证能够支付给你的时薪不少于7.25美元。上司只跟你谈支票上的数字，而非该数字背后的购买力。

随着时间的推移，通货膨胀会逐渐削弱最低工资的购买力（以及其他名义工资的购买力，这也是为什么工会代表在与雇主谈判时总会谈到“生活成本调整”的问题）。如果商品价格的上涨速度快于美国国会调高最低工资的速度，那么每小时能够获得的最低工资的实际价值就会缩水。最低工资标准的支持者们应该关注这一工资的实际价值，因为这项法律出台的初衷就是为了保护低收入工人的利益，保证他们每小时的劳动所获得的报酬能够换来一定水平的购买力以维持生活，而不是让他们在付出劳动后却得到一张什么都买不起的大额支票。如果这都不能保证，那就相当于给这些低收入工人支付的是卢比，而非美元。

好莱坞在比较不同年份的电影票房时，总是会对通胀因素视而不见，或许是因为无知，但更有可能是出于对利益的考虑。截至2011年，史上最卖座的5部电影依次为：

1.《阿凡达》（2009）。

2.《泰坦尼克号》（1997）。

3.《蝙蝠侠：黑暗骑士》（2008）。

4.《星球大战IV》（1977）。

5.《怪物史莱克II》（2004）。

这个排名看上去是不是有点儿奇怪？的确，里面绝大部分的电影都堪称经典，但是，《怪物史莱克 II》应该列入其中吗？这部电影真的在票房成绩上要好过《乱世佳人》《教父》《大白鲨》吗？当然不是这样的。好莱坞最常做的事就是让最新的大片看上去比上一部的场面更大、更加成功。为达到这个目的，一种方法就是用印度卢比来计算票房成绩，以此来成就令人振奋的报纸头条，如“《哈利·波特》周末票房破 1.3 万亿卢比，打破票房纪录”。但即使是对金钱最不敏感的某些影迷，也能识破这类用购买力较差的货币统计的“注水”票房成绩。事实上，好莱坞（以及负责媒体电影报道版块的记者）很少用名义数据，因为这一做法会让现在的电影在票房上很轻易地超过 10 年、20 年或者是 50 年前的电影——谁都知道现在的票价比以前贵多了（当《乱世佳人》在 1939 年上映的时候，那时美国某地的一张电影票售价只有 0.5 美元）。比较不同时期电影的商业成功最准确的方法就是，考虑了通货膨胀因素后做出调整的票房成绩。1939 年 1 亿美元的票房可比 2011 年 5 亿美元的票房壮观多了。这样来看，将通货膨胀考虑在内，美国史上最卖座的 5 部电影到底是哪些？

1.《乱世佳人》（1939）。

2.《星球大战 IV》（1977）。

3.《音乐之声》（1965）。

4.《E.T. 外星人》（1982）。

5.《十诫》（1956）。

以剔除通胀因素的实际票房成绩来看，《阿凡达》只排到了第 14 位，《怪物史莱克 II》则落到了第 31 位。

有的时候即使是拿苹果与苹果进行比较，也可以毫不费力地欺骗他人。上一章的内容里曾经讲过，统计学的一个重要作用就是描述数量随着时间推移所发生的变化。我们缴的税是不是越来越多？与2012年相比，2013年的汉堡销量如何？饮用水中的砷含量到底降低了多少？我们经常使用百分率来描述这些变化，因为百分率能够让我们相对直观地有一个比例和背景的感受。很多人会理解饮用水中的砷含量降低了22%是什么意思，但能感知每一单位水中减少1微克砷（绝对减少量）到底是多是少的人就没几个了。百分率不会撒谎，但它们会夸大其辞。让增长出现“爆炸”的方法之一就是与一个非常低的起点进行百分率比较。我住在伊利诺伊州的库克郡，一天我得知我缴纳的税款中用于支持库克郡郊区肺结核疗养院的比例上升了527%！我着实吃了一惊。愤怒的我马上开始筹划一场大型的抗税集会，而就在此时，我才知道这一变化给我增加的负担还不够一个火鸡三明治的钱。肺结核疗养院每年接收的病人才100多例，并不是一个规模庞大或昂贵的机构。据《芝加哥太阳报》报道，对于一个普通家庭来说，其支付的税额仅仅是从1.15美元上升到了6美元。研究人员有时候会特别指出某项增长数据是由“一个较低的基数”得出的，哪怕是很小的一点儿增长在进行百分率比较时，看上去都会很可观。

除此之外，百分率的另一面也是很可怕的，那就是一个庞大数额的微小比例也会是一个很大的数字。如果美国国防部部长说，2013年的军费开支仅增长4%——这看上去可是一条好消息啊！作为纳税人的我们，是不是应该庆祝？其实并不尽然，因为美国的国防预算是在7 000亿美元左右，4%的比例就是280亿美元，这笔钱能买多少个火鸡三明治啊！事实上，区区4%的军费开支就已经超过了美国国家航空航天局（NASA）的全部预算，相当于美国劳工部和财政部预算的总和。

同样的，想象一下你有一个菩萨心肠的老板，出于公平的考虑，他决定2013年为公司的每一位员工加薪10%——多么慷慨的决定啊！只不过有一点，老板的年薪是 100 万美元，而你每年只挣 5 万美元，老板将会得到 10 万美元的加薪，而你只有 0.5 万美元的加薪。“2013 年每个人都将获得 10% 的加薪”听上去要比“我的加薪是你的 20 倍”好受太多了——虽然这两句话都没错。

只要是对一段时间内的数字变化进行比较，就肯定离不开一个起点和一个终点，但我们有时候能通过操纵这些点来影响信息的表达。曾经有一个教我的教授，他对美国共和党和民主党操纵数据的伎俩十分清楚，尤其是在军费开支的问题上，他指出就算是面对完全相同的数据，不同的分析方法也能够产生不同的效果，既可以用来取悦民主党的支持者，也不会让共和党的拥护者失望。因此，在准备课件时他会做两个版本的幻灯片，当为共和党人上课时，就拿出“共和党版”的课件，为民主党人上课时，自然就会换成“民主党版”的课件，但里面的数据是完全相同的，不同的只是组织数据的方式。就比如今天的这节课他的听众主要是共和党人，他的幻灯片上就会出现下面有关罗纳德·里根（共和党人）总统执政期间的军费开支统计图。大家都清楚里根为美国赢得了冷战，对国防安全做出了卓越贡献。在看着这些数字的时候，无人不为里根总统处理政务时所表现出的钢铁般的决心击掌喝彩。

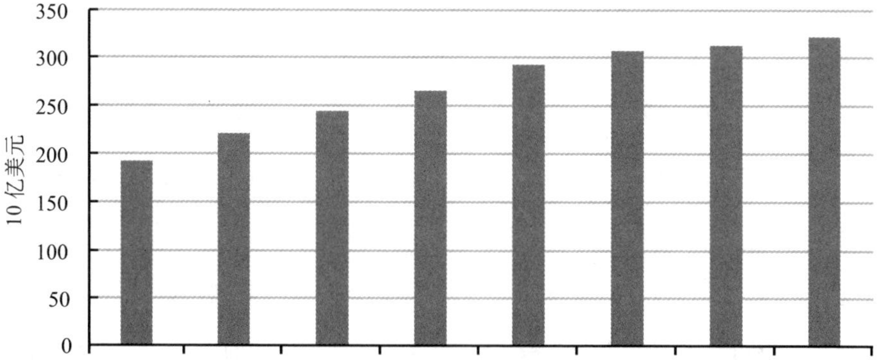

图 3–3　美国军费开支，1981—1988 年

面对美国民主党人时，我的这位教授还是用相同的（名义）数据，但在时间跨度上稍长一些。他对这群听众指出，吉米·卡特（民主党人）总统是开启国防建设的当之无愧的先驱。正如下面的这张“民主党版”的幻灯片所示，卡特掌权的1977—1980年间，美国的军费增长趋势与继任的里根总统大同小异，感谢上帝让来自安纳波利斯的前海军军官吉米·卡特带领美国走上了军事自强之路！

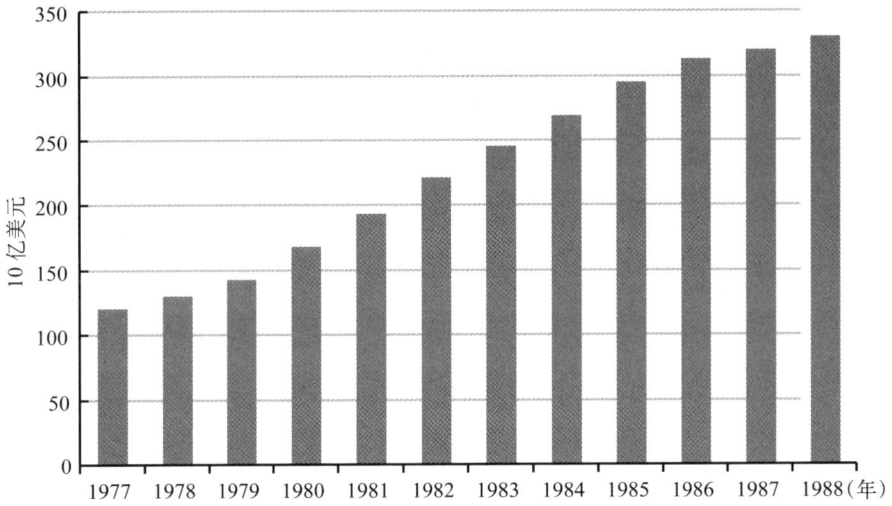

图 3–4　美国军费开支，1977—1988 年

资料来源：http://www.usgovernmentspending.com/spend.php?span=usgs302&year=1988&view=1&expand=30&expandC=&units=b&fy=fy12&local=s&state=US&pie=#usgs302。

虽然统计学的要点在于为我们所关心的事物描绘一幅有意义的画面，但是在许多时候我们同样希望能够为这些数字做些什么。美国职业橄榄球大联盟的球队希望获得四分卫成绩的简单统计，这样他们就能在众多大学生中寻找到天才球员；企业通过考核指标来提拔那些有价值的员工、开除那些纯粹混日子的人。在商界流传着一句至理名言：“你无法管理你无法衡量的事物。”这句话千真万确，但你最好要保证你所衡量的，正是你努力想去管理的。

谈到学校的质量，这是一个必须予以衡量的关键问题，因为我们都希望奖励并效仿“好”学校，惩罚或整顿“差”学校（具体到学校内部，我们在衡量教师的教学水平问题上也面临类似的难题）。考核学校和教师最常用的方法就是看学生的考试分数，标准化考试结束后，学生的优异成绩就是教师和学校最好的金字招牌；与之相反的，糟糕的成绩无疑会释放出一个清晰的信号：相关教师应该被辞退，而且越早辞退越好。这样看来，仅凭考试分数我们就能彻底改善公共教育系统了，对吗？

错。在评价教师和学校时，如果只看考试分数是会铸成大错的。不同学校的学生，他们的背景和能力是很不一样的，比如说，学生父母的教育程度和收入会对孩子的成绩产生不可忽视的影响，不论孩子上的是哪所学校。在这里，我们所缺少的那个数据恰好就是解答这个问题唯一需要的：学生的学业表现有好有差，但其中有多少比例要归功或归咎于学校（或所在的班级）呢？

从小就生活在衣食无忧、书香门第家庭里的孩子，一般来说从进入幼儿园的第一天起就有可能会比别的孩子的成绩好。相反的情况同样成立，有些学校的学生天资平平，虽然教师教得很好，但是学生的成绩还是处在一个低水平上，如果没有这些老师的付出，那些学生的成绩会更加惨不忍睹。所以，我们需要在学校，甚至班级层面上将一些“附加值”纳入考核。学生成绩的绝对水平对于解答我们的问题没有意义，我们想知道的是这些学生的表现中有多少是受到了学校和教师的影响，我们想要评估的其实是这些教学因素。

有人会说这并不难，只需要在开学时给学生安排一场摸底考试即可，再将这次考试的成绩与入学之后的考试成绩进行对比，就能够判断学生的学业是进步了还是退步了，并由此对其所在的学校或班级进行评价。

但这种方法还是错误的。不同能力或背景的学生在学习上的进步程度也是不同的。一些学生在领会知识点方面就是比其他学生快，而这与老师的教学质量没有关系。假如让优质学校A的学生和各方面都稍差的学校B的学生同时开始学习相同难度的代数课，一年以后，A校学生的代数成绩更理想，原因可能是A校的教师教学能力更强，也可能是A校学生的学习能力更强，还有可能二者兼有。研究人员正在致力于开发一套针对不同能力和背景的学生的教学质量统计评价方法，在此期间，我们所有关于寻找“最佳”学校的努力都有可能适得其反，误导大众。

每年秋天，芝加哥的几家当地报纸和杂志都会对该区域内的高中进行一次排名，其主要参考依据通常是州考成绩。从统计学的角度看，这些排名难免会有一些让人捧腹的地方，比如常年位居榜单前几位的都是一些选择性招生的学校，意思是说学生要进入这些高中，就必须提出申请，申请者中只有很小一部分的人能够如愿，而这些学校在挑选学生时最重要的参考依据就是学生的标准化考试成绩。我们就这个问题做个小结：(1) 这些学校因其学生在州考中的出色发挥而被认为是“优质”学校；(2) 要进入这些学校学习，首先学生要有非常高的考试分数。这一逻辑就好比是给一支篮球队颁奖，理由是这支篮球队的训练在促进学生长高方面贡献卓著。

面对你想要衡量和管理的对象，就算你找到了一个有效的评价指标，挑战也并未结束。好消息是“用统计学进行管理”能够让相关个人或组织的潜在行为往好的方向改变。如果能够计算出一条生产线上生产出的产品的不合格率，而且这些不合格产品是由组装工人自身的原因造成的，那么对那些生产出的产品不合格率低的工人给予某些奖励，能够在一定程度上激励全厂工人积极工作，这就是一个统计学优化工作的例子。无论是谁，都不会对激励措施（哪怕仅仅是几句赞扬或一个地段好一点的停车位）无动于衷。统计学帮我们得到重要的结果，激励措施给我们改善结果的理由。

坏消息则是，在某些时候，统计学的功能仅仅是让数据看上去更顺眼。

如果某个高中是根据其毕业生占所在学区毕业学生总数的比例来评估校领导的能力，甚至是奖金分配方案，那么这些领导的工作重心肯定会放在提高学生的毕业人数方面。当然，他们或许也会抽出一点精力放在提升本校学生的毕业率，但归根结底毕业人数和毕业率并不是一回事。例如，还没毕业就离校的学生可以被归类为"转校"而不是"辍学"。这不是一个虚构的例子，美国教育部前部长罗德·佩奇就因为这个问题而备受指责。美国前总统小布什之所以提名佩奇掌管美国教育部，就是因为他成功地降低了休斯敦地区的学生辍学率、提高了学生的考试分数。

如果你一直默默地记下我引用的为数不多的商业警句，那么请在笔记本上写下这么一句话："当《60 分钟》电视新闻杂志栏目剧组敲你家门的时候，肯定没有什么好事。"之前丹·拉瑟和《60 分钟》栏目组专门去了一趟休斯敦，发现教育部对统计数据的操纵远比教育水平的提升更令人印象深刻。将辍学的学生归类为转学、出国或攻读高中同等学力（GED）文凭，在当地高中是一个极为普遍的现象，在官方的统计数据中，这些学生都不会被统计到辍学率中。休斯敦市公布的辍学率为 1.5%，而《60 分钟》栏目组暗访计算出的实际辍学率为 25%~50%。

在考试分数的统计过程中，也出现了同样恶劣的作弊现象。在休斯敦（或是其他任何一个城市），提高考试成绩的方式之一就是改善教学质量，这样学生就能学到更多的知识，并且在考试中取得进步，改善教学质量确实是较好的方法。而比较差的方法则是想办法让那些成绩最差的学生"远离"考场，即使剩余参加考试的学生的成绩没有任何长进，最终考试的平均成绩也会有所提升。在得克萨斯州，10 年级学生需要参加全州标准化考试，有证据表明休斯敦的中学有意让学习能力较差的学生留级，不让他们升为 10 年级生。休斯敦曾曝出过一个令人震惊的事情：一个学生连续3年当9年级生，然后直接升到了11年级——通过这样一种狡猾的运作，既能让一个成绩较差的学生免于在10年级标准化考试中使总体分数下滑，又不至于让他因辍学而影响到升学率。

罗德·佩奇到底有没有在他的任期内参与策划这些操纵统计数字的阴谋，我们并不清楚，但有一点是肯定的，他曾颁布了一个严格的问责政策，用以奖励那些达到升学率目标和考试分数目标的学校校长，同时对那些没能达标的校长予以解聘或降职处理。可想而知，整个休斯敦的校长们必然会积极响应，在这堂“课”上他们可不愿落后。但我们必须清醒地认识到，要想在评估报告上大放异彩，这些校长必须时刻将目标放在心中，任何与其有冲突的管理方法都会被抛弃。

纽约州就因为类似的统计陷阱而栽了大跟头，付出了惨痛的代价。州政府之前出台了“记分卡”制度，对接受心脏搭桥手术的病人的死亡率进行统计，以便让公众在选择心脏科医生时有一个参考。这似乎是对描述性统计的一个非常合理和有帮助性的应用。心脏搭桥手术是治疗心脏病最常用和有效的方法，心脏病人在搭桥手术过程中的死亡比例当然是一个非常重要的数据，而作为个人根本没有办法了解到确切数据，因此政府出面收集并向公众公开这一数据是合乎情理的。但就是这么一个“好”政策，却导致了更多病人的死亡。

心脏科医生肯定会在意他们的“记分卡”。但是对于一个外科医生来说，降低病人死亡率最简单的方法并不是降低病患死亡人数，因为大部分医生在救死扶伤方面已经竭尽全力了。降低死亡率最简单易行的方法是拒绝为那些病况最严重的病人动手术。罗彻斯特大学医学与牙医学院的一项调查表明，以服务病人为初衷的记分卡，到头来反而会给病人造成伤害：在参与调查的心脏科医生中，有83%的医生表示正是由于公开了死亡率数据，一些本来可以从搭桥手术中获益的病人最终没能被安排进行手术；79%的医生表示收集并公开死亡率数据或多或少地影响了他们的治疗决策。这一看似有用的描述性数据存在一个可悲的矛盾，而心脏科医生也只能理性地接受并采取自己的对策，就是让那些最需要心脏搭桥的病人远离手术台。

一个统计指数，不仅时常会“携带”其他描述性数据可能存在的陷阱，而且就其自身而言，将许多指标融合为一个单一的数字，这多少都会对现实和真相产生扭曲。从定义来看，任何一个指数对其构成都是十分敏感的；无论是所采用的指标数据的变化，还是各个数据的权重变化，都会对指数的最终呈现产生影响。举例而言，为什么美国职业橄榄球大联盟在计算传球效绩指数时不将第三次触地完成率考虑在内？在计算某个国家的人类发展指数时，识字率和人均收入两者的权重该如何确定？最终，我们必须面对的重要问题就是，如果计算过程的不准确性无法克服，那么花那么大气力将众多数据压缩成一个数字就只是为了简单和易于使用，这一切是否值得？有些时候，这样做的确不值得，就比如（我们之前提到的）《美国新闻与世界报道》的大学排名。

这份排名使用了16个统计指标为美国的学院、大学和专业院校打分、排名。以2010年为例，在为综合性大学和文理学院排名的过程中，“录取新生”占15%。基于大学录取率的“录取新生”指标，是指所录取学生中成绩占其所在高中年级前10%的学生的比例，以及录取学生的SAT和ACT（美国大学录取考试）的平均分。《美国新闻与世界报道》刊登大学排名的好处在于，这份榜单以一种简单易懂的方式囊括了全美几千所大学的海量信息，就连其批评者也承认，其中收集的有关美国大学的很多信息都是有价值的。许多有远见的学生都会想要知道心仪大学的毕业率和班级平均规模。

当然，提供有意义的信息与将这些信息浓缩成一个权威排名完全是两码事。在批评家的眼里，这份排名设计粗糙、误人子弟、对高中毕业生的长远发展有百害而无一利。明尼苏达州麦卡利斯特学院前校长迈克尔·麦弗逊说：“问题之一就在于将教育机构以数字顺序进行排名，而原始数据本身并不支持如此精确的操作。”凭什么“校友捐赠”要占学校综合得分的5%？如果这项指标真的很重要，那么为什么不干脆占10%的比例？

按照《美国新闻与世界报道》的说法：“每一项指标都存在一个权重（表现为百分比的形式），我们会根据这些指标的重要程度来判断不同指标的权重大小。”可是，有时候判断和专断的界线就是那么模糊。在这个美国高等院校的排名系统中，权重最大的指标是“学术名誉”，该指标是基于其他院校的负责人所填写的一份“同行评估调查”以及高中升学指导员的调查统计得出的。马尔科姆·格拉德威尔向来对排名持怀疑的态度，大学排名更是他猛烈抨击的对象，特别是同行评估法，在他看来就是一个笑话。马尔科姆·格拉德威尔举了一个例子，密歇根最高法院的一位已经退休的大法官曾经向100多位律师寄发了一份问卷，让他们选出心目中最好的10所法学院。宾夕法尼亚州州立大学法学院的名字也出现这份问卷上，最后的统计排名结果是宾夕法尼亚州州立大学法学院的教学质量居中等偏下。但问题出现了，在那个时候，宾夕法尼亚州州立大学法学院还没有成立。

面对《美国新闻与世界报道》收集的所有数据，我们不知道这些排名到底是想给那些即将跨入大学校门的高中毕业生们哪方面的指导。站在学生的立场，最值得关注的方面应该是学业本身：如果我申请了这所大学，我能在学业上获得怎样的帮助？橄榄球迷聚在一起时经常会抱怨传球效绩指数的构成，但却没有人否认其组成部分——完成率、码数、触地得分和截球——同样是评估一名四分卫的整体表现不可或缺的重要参考。但回到大学排名上来，情况就完全不同了。《美国新闻与世界报道》过于强调“输入”（例如，录取了哪些学生、教职员工的薪资待遇、全职教授所占的比例等），反而忽略了教学“输出”，除了仅有的两个例外——新生留级率和毕业率，但实际上就连这两个指标也不是衡量教学质量的。

正如迈克尔·麦弗逊所指出的："从这份排名中，我们无从知晓进入某所大学经过四年的学习之后，学生的能力是否提高了，他们的知识是否增长了。"

虽然大学排名看上去是一些无伤大雅的统计数据，但事实上，它会导致一些对学生或高等教育无益的行为。举例说明，用以计算排名的数据之一就是每个学生能够获得的资助，可这些钱花得值不值得，排名中却没有一个相应的衡量数据。那些花更少的钱却给予学生更好的教育（因此学费也会低很多）的大学，却在排名中体现不出优势。此外，高等院校都希望申请本校的学生人数越多越好，包括那些根本没有任何希望的学生，因为这可以让它们变得非常热门，有助于提升自己的排名。但提高排名无论对学校还是对学生都是一种浪费，学校方面要花大量精力来吸引学生，而大部分学生到最后发现自己做的也是无用功。

鉴于下一章的内容与概率有关，我不妨在此打一个赌：《美国新闻与世界报道》的大学排名时日不多了。巴德学院的院长莱昂·波特斯坦说得很精辟："人们喜欢看到简单的答案。什么是最好的？当然是第一名。"

本章内容一直在强调，统计陷阱与数学能力的关系不大。哪怕是令人叹为观止的精确计算也会混淆视听，甚至成为不良动机的掩护。有时候哪怕你准确无误地计算出平均数，也无法改变中位数对真相的描述中更加准确这样一个事实。判断和正直成为关键所在，就好比一个人非常懂法也不能阻止其犯下罪行一样。渊博的统计学知识无法遏制不道德的行为，无论是统计学还是法律，坏人总是清楚地知道自己在做什么！

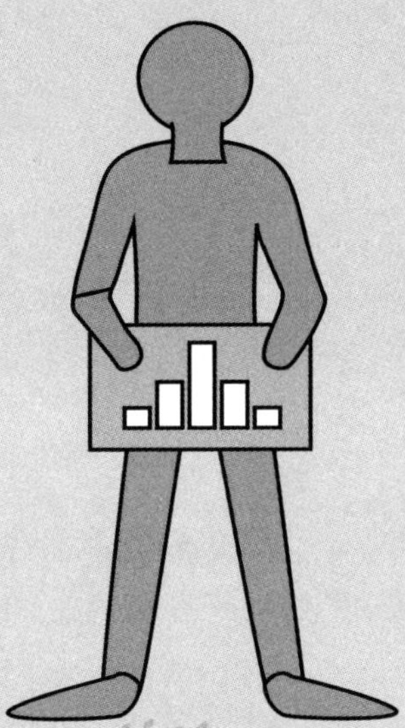

Naked Statistics

第4章 相关性与相关系数

视频网站根本不知道我是谁，但它又是怎么知道我喜欢看人物纪录片而不是电视连续剧、动作片或科幻片的？

有一段时间，每当我打开网飞视频的页面，总是会弹出一条收看提示，建议我观看纪录片《布托》——一部“深入，有时甚至煽情地揭示巴基斯坦前总理贝娜齐尔·布托的生平和悲惨的死亡”的电影。我对这部电影的印象不错，而且也把《布托》加入了我的观看列表中。最神奇的是，在那些网飞推荐给我的影片中，如果是我之前看过的影片，那么毫无疑问这些影片都是我非常喜爱的。

网飞公司是如何做到这一点的？在其公司总部是不是有一大群实习生，整天在谷歌网站上搜索有关我的信息，并综合了我的家人和朋友的观影兴趣，得出我可能会对一位巴基斯坦前总理的纪录片感兴趣的结论？当然不可能。网飞公司只不过是掌握了一些非常复杂、精密的统计学手段。网飞公司甚至根本不知道我是谁，但却知道我过去喜欢看什么类型的电影（因为我曾经在网站上为这些电影打过分）。基于这一信息，再加上其他用户的评分以及一台强大的电脑，网飞公司对于我的电影品位的预测精准得令人震惊。

我将会告诉大家网飞公司做出这些预测的具体算法，现在最重要的一点是：这所有的一切都基于相关性。网飞向我推荐的电影与我喜欢的其他影片类似，此外，该网站还向我推荐得到某些网友高度评价的影片，而这些网友的打分恰恰与我的打分非常接近，可以说这些网友是一群与我“臭味相投”的观影者。纪录片《布托》之所以会出现在我的网页上，是因为我给另外两部纪录片打了满分五颗星，这两部影片分别是《屋内聪明人》和《战争之雾》。

相关性体现的是两个现象之间相互关联的程度，例如在夏天，温度的高低与冰激凌的销量就存在相关性，当温度升高时，冰激凌的销量也会相应提高。如果其中一个变量的改变引发另一个变量朝着相同的方向变化，那么我们说这两个变量存在正相关性，就比如身高与体重之间的关系，（一般来说）个子高的人体重会重些，个子矮的人体重会轻些。如果一个变量的改变引发另一个变量朝着相反的方向变化，那么这两个变量就存在负相关性，比如锻炼与体重。

凡事都没有那么简单，有些时候也会出现与上述相关性相违背的现象。有些个子矮的人就是比个子高的人重一些，有些从来不运动的人甚至比运动爱好者苗条，但无论怎样，身高与体重、锻炼与体重之间总是存在着有意义的关联。

如果对美国成年人的身高、体重进行随机取样，我们会得到一幅散点分布图（见图 4–1）：

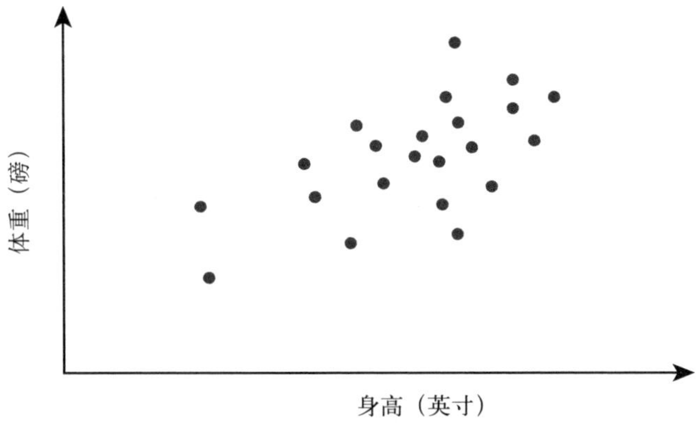

图 4–1　身高与体重散点分布图

如果我们要绘制一幅关于锻炼（每周进行剧烈运动的分钟数）和体重的散点分布图，就会看到一个相反的趋势，即运动量越大体重越轻。但是，这样一张完全由分散的点构成的图怎么看都不像是一个简便易行的统计工具。设想一下，如果网飞公司是以这种方式向我推荐影片的，那么公司总部估计早已被数百万名用户的评分散点淹没了。与之相反，相关性作为一个统计工具的魅力就在于将两个变量的关联精炼成一个描述性数据：相关系数。

相关系数拥有两个无与伦比的优势。第一个优势体现在数学表达上，从本章后面的内容中我们能够发现，相关系数是一个区间为 –1 到 1 的常数。如果相关系数为 1，即完全相关，表示一个变量的任何改变都会导致另一个变量朝着相同方向发生等量的改变。如果相关系数为 –1，即完全负相关，代表一个变量的任何变化都将会引发另一个变量朝着相反方向发生等量的改变。

相关系数越接近 1 或 –1，变量间的关联性就越强。如果相关系数为 0（或者接近 0），则意味着变量之间不存在有意义的联系，就比如一个人的鞋码和高考成绩之间的关系。

第二个吸引人的优势在于，相关系数不受变量单位的限制。我们可以计算身高和体重之间的关联性，哪怕身高和体重的单位分别是英寸和磅。我们甚至还可以计算出高中生家里的电视机数量和他们的考试成绩之间的关联性，而且我敢保证是正相关（之后的内容中我会给出解释）。这就是相关系数能够为我们完成的一件非常神奇的事情：将大量芜杂无序、单位不统一的复杂数据（就比如上面的身高、体重散点分布）加工成一个简洁、优雅的描述性数据。

实现过程是怎样的？

跟之前一样，我已经在本章后面的内容添加了一个常用的相关系数计算公式。相关系数通常不是一个要手工计算出来的统计参数。你只需要输入数据，微软

Excel 办公软件或其他办公软件就会自动求得两个变量之间的相关系数。整个过程理解起来并不是很难，相关系数的计算过程如下：

1. 计算出两个变量的平均数和标准差。还是以身高和体重为例，我们会得出样本人群的平均身高和平均体重，以及它们的标准差。

2. 对所有数据进行转换，表现为距离（也就是标准差）的形式。请紧跟我的讲述，这一步并没有你想的那么复杂。假设样本的平均身高为 66 英寸（标准差为 5 英寸），平均体重为 177 磅（标准差为 10 磅）。如果你的身高为 72 英寸，体重为 168 磅，就表明你高于平均身高 1.2 个标准差，用公式来表述即为 [（72–66）/5] =1.2，轻于平均体重 0.9 个标准差，即 [（168–177）/10]=–0.9。的确，如果你的身高高于平均身高，体重却轻于平均体重，我们可以用“异常”来形容，但是既然你花钱买了我的书，那我就不能不手下留情——暂且说你又高又苗条吧。注意了，在此之前你的身高和体重数据后面还紧跟着单位——“英寸”和“磅”，现在却被转换成了简简单单的 1.2 和 –0.9，单位神奇地消失了。

3. 到了这一步，我只需要，让电脑来完成剩下的工作。通过公式，电脑会整合样本里所有人的身高和体重的标准差数据，并最终为我们揭示身高和体重之间的关系。假如样本中有些人的身高高于平均值 1.5 或 2 个标准差，那么他们的体重相对于平均值来说会呈现一种什么状况？那些身高接近平均值的人，他们的体重又会有什么变化？

如果一个变量和平均值之间的距离与另一个变量和平均值之间的距离在相同方向上高度吻合（例如，身高特别高或矮的人的体重一般也会特别重或轻），那么我们就可以断言这两个变量之间存在着强烈的正相关关系。

如果一个变量和平均值之间的距离与另一个变量和平均值之间的距离在相反方向上高度吻合（例如，锻炼时长大大高于平均值的人，他们的体重也大大低于平均值），那么我们就可以断言这两个变量之间存在着强烈的负相关关系。

如果两个变量无论在什么分析模式下都无法呈现出规律（例如鞋的尺码和锻炼时长），那么这两个变量之间就不存在或基本不存在相关性。

上述的内容让大家受苦了，好消息是我们马上就要谈到轻松的付费电影话题了。但在此之前，我们先来聊聊生活中另一个与相关性息息相关的事物：SAT。是的，就是大名鼎鼎的美国学术能力评估测试，也叫 SAT。这一标准化测试由 3 部分组成：数学、阅读和写作。或许你曾经参加过 SAT，或者很快你将参加这项测试，但是你很有可能从来没有想过参加这个测试到底有什么意义。该测试的目的在于，检验学生的学术能力，并预测他们进入大学后的表现。当然，有人会问（尤其是那些不喜欢标准化测试的人）：这难道不是高中应该做的事吗？难道在大学招生老师的眼里，一场历时 4 个小时的考试难道比高中 4 年的成绩都重要？

这些问题的答案其实都隐藏在第 1 章和第 2 章的内容里。高中时期的成绩是一个有缺陷的描述性数据。一个选修了数学、科学等挑战性较大的课程的学生，可能期末成绩很一般，但其学术能力和潜力可能要优于那些虽然成绩很好但选的课程都较为简单的同校同学。如果将多个学校进行横向比较，那么这类差异就会更大了。美国大学委员会负责 SAT 的出题和管理，据委员会成员介绍，SAT 的初衷就在于“让每位学生在申请大学时都能得到公平的对待”。说得对！ SAT 将学生能力进行了标准化加工，让大学在录取学生时有了一个简单明了的参考标准。但 SAT 究竟是不是一个好的能力评价标准呢？想要找一个评价学生的统一标准并不难，我们可以让所有的高中毕业生参加 100 码短跑测试，也能分出优劣，而且比 SAT 花费少和易于操作。不过有一个问题，百码短跑的成绩与大学表现可以说毫不相关，这是两个不相关的变量，虽说数据收集并不费劲，但它也不会告诉我们有意义的情况。

那么，SAT 在这方面的表现如何？我有一个不幸的消息要告诉未来的高中毕业生，SAT 成绩在预测大学一年级学生的成绩方面表现得相当不错。美国大学委员会定期会发布相关性报告。0 代表毫不相关，1 代表完全相关，学生的高中平均成绩与大学第一年的平均成绩之间的相关系数为 0.56（为了让大家有一个直观的比较，我为大家提供一个数据，那就是美国成年男子身高和体重之间的相关系数大约为 0.4），而 SAT 综合成绩（阅读、数学和写作）与大学第一年的平均成绩之间的相关系数同样为 0.56。既然 SAT 在预测学生大学表现方面并没有比高中的平均成绩更优秀，那为什么还要设立这样一个考试呢？事实上，如果将 SAT 成绩和高中平均成绩综合起来，就能得到一个相关系数为 0.64 的最佳预测指数。所以，亲爱的同学，我只能说抱歉了，乖乖地准备 SAT 吧。

在本章的讨论过程中，我们必须牢记一点，那就是相关关系并不等于因果关系。两个变量存在正相关或负相关的关系，这并不代表其中一个变量的改变是由另一个变量的变化引起的。举个例子，之前我提了一句，学生的 SAT 成绩和其家里的电视机数量呈正相关关系，但这句话的意思并不是说望子成龙的家长多买 5 台电视机摆在家里，孩子的成绩就能提高了，也不是说，学生在家多看电视有助于提高学业成绩。

对这样一个相关性最符合逻辑的解释应该是，受过良好教育的家长既能买得起多台电视机，也能很好地辅导孩子的学习，使其在考试中发挥出色。电视机的数量和考试分数很可能都是由第三个变量——家长的受教育程度决定的。我无法证明家中拥有电视机的数量和孩子的SAT分数之间的相关性（因为教育委员会并没有提供这方面的数据），但我能证明家境殷实的孩子的SAT分数要普遍高于家庭生活条件相对困难的学生。美国教育委员会提供的数据显示，家庭年收入超过20万美元的学生，他们的SAT数学平均分为586；而家庭年收入低于2万美元的学生，他们的SAT数学平均分仅为460。与此同时，年收入高于20万美元的家庭也极有可能（在多个房产内）拥有多台电视机，电视机数量势必要多于年收入低于2万美元的家庭。

○○○○○○

几天前，我开始了本章内容的创作，也借此机会观看了纪录片电影《布托》。太精彩了！这是一部关于一个伟大家庭的伟大电影。详细的影像资料，囊括了从1947年印度和巴基斯坦分治一直到2007年贝娜齐尔·布托遇刺期间的主要历史事件，让人看来荡气回肠。布托的演讲和采访原音穿插全片。观毕此片，我毫不吝啬地打了5颗星，完全符合网飞的预测。

归根结底，网飞运用的还是相关性的概念。我在网站上给以前看过的电影评分，网飞将我的评分与其他用户进行比较，从中筛选出与我相关性最高的用户，这些人的电影品位可以说与我是最接近的。数据库一旦建立，网飞就会向我推荐那些与我品位相同的用户打了高分，而我又恰好没有看过的电影。

当然，这只是简略的介绍，真正的方法要比这个复杂得多。2006年，网飞公司发起了一场比赛，邀请公众参与设计影片推荐机制，以帮助网飞在现有的推荐方案上提高至少10%的准确率（即用户在观看完推荐影片后给出的评分正好对应网站之前的预测），比赛赢家可以获得100万美元的奖励。

报名参赛的个人或团队都会收到一套“训练数据”，包含了48万名网飞注册用户对 1.8 万部电影共计 1 亿多次的评分，但其中有 280 万个评分是“保密”的，即只有网飞公司知道评分的具体结果，参赛者是不知道的。参赛者需要通过自己的算法和程序，来预测出这些“保密”评分的内容，网飞公司会根据每位参赛者所提交的内容来判断其准确程度。在超过 3 年的时间里，有来自 180 多个国家的团队提交了改进方案，但在参评之前他们必须满足两个条件：第一，获胜者必须将算法程序授权给网飞公司；第二，获胜者必须“向全世界描述你是如何做到的”。

2009 年网飞公司终于宣布了比赛的最终结果：获胜者为一个 7 人团队，由统计学家和计算机专家组成，他们分别来自美国、奥地利、加拿大和以色列。遗憾的是，我无法在这里向各位介绍他们的获胜系统，就算本章的补充知识点对此也没有提及，因为他们的成果介绍长达 92 页纸。网飞影片推荐系统的品质毋庸置疑，但无论包装如何精美，说到底还是一件十分普通的事，甚至早在电影工业初期就已经出现了：找几个跟你有相同趣味的人并让他们向你推荐一些电影。既然你那么爱看我喜欢的电影，厌恶我认为不好看的电影，那么你觉得乔治·克鲁尼的新片怎么样？

这就是相关性的真谛。

本章补充知识点

要计算两组数据的相关系数，我们需要按以下几个步骤进行。为了让大家能够更好地理解，这里每个步骤的讲解都是基于一张 15 个学生的身高与体重的数据表（见表 4–1）。

1. 将每个学生的身高转换为标准值：（身高 – 平均身高）/ 标准差。
2. 将每个学生的体重转换为标准值：（体重 – 平均体重）/ 标准差。

3. 将每个学生的体重标准值和身高标准值相乘，你会发现，当一个学生的身高和体重都偏离平均值较远时，乘积的绝对值也会较大。

4. 将第三步求得的乘积相加，再除以统计对象的数量（在这个例子中为15），就可以得到相关系数。

这一组学生的身高与体重的相关系数为0.83，考虑到相关系数的范围是从–1到1，因此我们可以认为身高和体重之间存在着较强的正相关关系。

表4–1　某组学生身高与体重数据表

A	B	C	D	E	F
学生	身高（英寸）	体重（磅）	身高标准值	体重标准值	体重标准值 × 身高标准值
尼克	74	193	1.21	0.99	1.19
伊莱娜	66	133	–0.63	–0.67	0.42
黛娜	68	155	–0.17	–0.06	0.01
瑞贝卡	69	147	0.06	–0.29	–0.02
本	73	175	0.98	0.49	0.48
查鲁	70	128	0.29	–0.81	–0.24
萨哈尔	60	100	–2.00	–1.59	3.18
玛吉	63	128	–1.32	–0.81	1.07
费萨尔	67	170	–0.40	0.35	–0.14
泰德	70	182	0.29	0.68	0.20
纳西索	70	178	0.29	0.57	0.17
卡特里娜	70	118	0.29	–1.09	–0.32
C. J	75	227	1.44	1.93	2.77
索菲亚	62	115	–1.54	–1.17	1.81
威尔	74	211	1.21	1.49	1.80
平均值	68.73	157.33			共计 12.39
标准差	4.36	36.12		相关系数 = 12.39/15=0.83	

在我们介绍相关系数的公式之前，有必要了解几个数学符号。求和符号 Σ 是一个常用的统计学运算工具，表示跟在其后的数据的总和。假设有一组数据 x_1、x_2、x_3 和 x_4，那么 Σ（x_i）就意味着我们应该将 4 个数相加：$x_1+x_2+x_3+x_4$，即 $\Sigma\ (x_i) = x_1+x_2+x_3+x_4$。那么，这组数据的平均值公式就为：平均值 $=\Sigma\ (x_i)\ /n$。

如果用更符合数学规范的格式来表述，那么求和公式就应该写成：

表示 $x_1+x_2+x_3+\cdots+x_n$，求和公式的第一项为 x_1（当 $i=1$ 时），最后一项为 x_n（当 $i=n$ 时）。对于 n 个数据来说，其平均值公式就可以表示为：

$$\sum_{i=1}^{n}(x_i)/n$$

再加上其他通用符号，变量 x 和 y 的相关系数 r 的运算公式可以表示为：

$$r=\frac{1}{n}\sum_{i=1}^{n}\frac{(x_i-\bar{x})}{\sigma_x}\frac{(y_i-\bar{y})}{\sigma_y}$$

其中，n 代表数据个数，$\bar{x}$ 代表变量 x 的平均值，$\bar{y}$ 代表变量 y 的平均值，σ_x 代表变量 x 的标准差，σ_y 代表变量 y 的标准差。

所有统计软件都具备计算两个变量的相关系数的功能。例如，用微软 Excel 办公软件来解决之前 15 个学生的身高和体重的相关性问题，电脑运算得到的相关系数与手动计算的结果是一致的，都是 0.83。

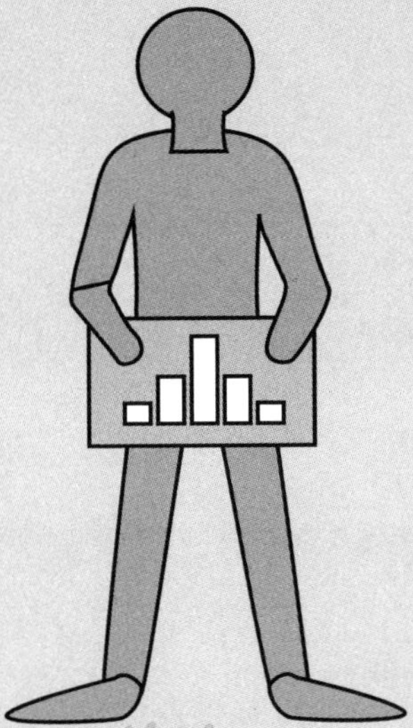

第5章

概率与期望值

买福利彩票，去赌场豪赌，投资股票或期货，哪种方式让你跻身《福布斯》富豪排行榜的可能性更大？

1981年，美国约瑟夫·施利茨酿酒公司斥170万美元巨资为该公司旗下的旗舰品牌——施利茨啤酒开展了一场大胆而冒险的市场营销活动。当美国橄榄球超级杯大赛（即“超级碗”）的中场休息时间一到，施利茨公司就会当着全球亿万电视观众的面，现场直播一场别开生面的啤酒品鉴会，而挑选的对手不是别人，正是施利茨的死对头——米凯罗啤酒，更让人大跌眼镜的是，参加品鉴会的不是别人，正是100名米凯罗啤酒的忠实用户。这样的广告从始至终出现在季后赛的每一场比赛当中。类似的电视直播啤酒品鉴会总共有5场，每场都会邀请100名某品牌啤酒（百威、米勒、米凯罗）的“拥趸”，让这些啤酒爱好者在自己最钟爱的啤酒和施利茨啤酒之间进行“盲品”。一边是如火如荼正在进行的职业橄榄球季后赛，一边是同样激烈的啤酒品鉴会，那时的广告标语甚至打出了“看季后赛，喝施利茨啤酒”的字样。

广告噱头很明确：即使是那些自认为喜欢另一种品牌的啤酒爱好者，在盲品时也会发现自己更偏爱施利茨啤酒。啤酒公司甚至还请了一位橄榄球职业联赛的前裁判来监督整个活动过程。考虑到在数量众多的电视观众面前举办这样一场充满风险的啤酒品鉴会，你肯定会觉得施利茨啤酒的口感一定特别好，否则哪会有勇气搞这样的宣传，是吗？

那可不一定。施利茨只需要生产出口感平平的啤酒，再掌握一些扎实的统计学知识，就能确保这项计谋肯定会成功——注意，我在写作时通常会非常谨慎地使用“计谋”这样的词，尤其是列举啤酒广告这样的例子。施利茨所生产的这种啤酒喝起来没什么特别的，跟绝大多数其他品牌的同类啤酒几乎没有太大差别；但讽刺的是，正是这一点成为施利茨啤酒广告营销的核心。可以假定的是，如果在街上随机找几个喜欢喝啤酒的人，他们基本上区分不出施利茨、百威、米凯罗或米勒啤酒。因此，取其中任意两种品牌的啤酒进行盲品测试，猜对品牌的概率基本上和扔硬币差不多。大体来看，有 1/2 的人会选择施利茨，剩下 1/2 的人会选择“挑战”品牌的啤酒，单看这样的结果可能无法构成一个有说服力的广告营销（我们总不能说“既然口感都差不多，就选择施利茨吧”）。而且，施利茨啤酒公司绝对不会拿自己的忠实用户做试验，因为差不多有 1/2 的用户会“不小心”挑选其他品牌的啤酒。如果一群原本忠实于某品牌啤酒的消费者在盲品时竟然觉得竞争对手的啤酒好喝，这个品牌该有多悲哀啊，所以，施利茨就让这样的事情发生在其他品牌身上。

施利茨的高明之处在于，只邀请那些声称自己偏爱另外一个品牌啤酒的消费者参加测试。如果盲品的结果果真如抛硬币一样，那么就会有 1/2 的百威、米勒或米凯罗啤酒的爱好者最终选择施利茨。这下施利茨扬眉吐气了，因为有 1/2 的百威啤酒爱好者更喜欢喝施利茨！

更妙的是，这一切都在橄榄球联盟决赛的中场进行直播，而且由一位身穿裁判服的橄榄球前裁判执法整个盲品过程。毕竟是电视直播，就算施利茨已经私底下进行了大量试验，并证明了有 1/2 的米凯罗啤酒爱好者会选择施利茨啤酒，又有谁能够保证在最终直播的时候不出岔子？万一“超级碗”直播时选取的 100 名米凯罗爱好者的味觉特别灵敏呢？虽然盲品测试在概率上等同于抛硬币，但万一就是有绝大部分人恰巧选择了米凯罗呢？如果我们让100个人排成一队，逐个抛硬币，出现85个或90个硬币反面向上的可能性也是完全存在的。对于施利茨公司来说，在直播时碰上这样的情况将会对它们的品牌造成毁灭性的打击（更不必说用于购买广告时段的那170万美元了）。

统计学的威力在这种时刻就体现出来了。如果这个世界上存在一个统计学领域的“超级英雄”，那么这时的画面就会是这个英雄俯身飞入施利茨公司总部，并向在场的高层揭开被统计学家称为二项分布（又名伯努利试验）的奥秘。二项分布的主要特点有，试验次数是固定的（例如100位啤酒盲品者），每一次试验都有两个可能的结果（施利茨或米凯罗），而且每一次“成功”的概率都是相等的（假设选择任意一个品牌啤酒的概率为50%，如果选择施利茨的概率高就表示试验“成功”）。我们同时还假定所有的试验都是各自独立的，即一位盲品者的决定不会影响其他人的选择。

有了这些信息，这位统计学的“超级英雄”就能计算出所有可能出现的不同结果的概率，如52人选择施利茨，另外48人选择米凯罗，或者是31人选择施利茨，另外69人选择米凯罗，这种情况发生的概率是多少。当然，对于我们这些不具备超级运算能力的凡人来说，借助一台电脑同样也可以办到。所有100位盲品者都选择米凯罗的概率是1/1 267 650 600 228 229 401 496 703 205 376，这可能比这些人在中场休息时被陨石砸中的概率还低。重要的是，重复这些基本运算，能够让我们知道某个结果范围内的累积概率，如有不多于40位盲品者选择施利茨的概率是多少。这些数据足以让施利茨的市场营销人员松一口气。

让我们假设，要让施利茨公司满意，100位盲品者中至少要有40位选择施利茨啤酒。这是一个非常可观的数字，因为所有参加盲品直播的人都曾信誓旦旦地声明自己是米凯罗的忠实用户。而要达到这样的效果，其实一点儿都不难。如果盲品会果真如抛硬币一样，那么运用概率学的基本知识，就能得出至少有 40 人选择施利茨的概率为 98%，至少有 45 人选择施利茨的概率为 86%。从理论上来看，这场电视营销活动其实并没有很大的风险。

那么，现实中的结果又如何呢？在 1981 年“超级碗”中场休息的现场，正好有 50% 的米凯罗啤酒的消费者在盲品测试中选择施利茨，不多不少，正好 1/2。

从这个例子中，我们可以得到两个重要的启示：第一，概率是一个非常强大的统计学工具；第二，20 世纪 80 年代的许多畅销品牌的啤酒确实在口感上没有什么区别。本章将主要就第一个启示展开叙述。

概率学是一门研究不确定事件和结果的学问。投资股市存在着不确定性，抛硬币同样也存在着不确定性，因为有的时候你得到的是硬币的正面，有的时候是硬币的反面。连续 4 次抛一枚硬币更是增加了这种不确定性，因为每一次都有可能是正面或反面，如果你手里有一枚硬币并且连续抛了 4 次，我事先无从得知 4 次的准确结果（你也不能），但我可以事先告诉你一些结果（如 2 个正面、2 个反面）出现的概率要大于另一些（如 4 个正面）。从施利茨的例子里我们已经看到，像这类基于概率推导出来的结论会发挥意想不到的作用。事实上，如果你弄清楚了为什么连续 4 次抛同一枚标准硬币结果是正面的概率为 1/16，那么你（再稍微做一点功课）就能理解生活中那些与概率相关的现象，从保险业的运作原理到橄榄球队的排兵布阵和赛场取舍。

我们先从简单的部分开始讲起。许多事件的概率是明确的，如抛一枚标准硬币结果是正面的概率为1/2，掷一粒骰子得到1点的概率为1/6，还有一些事件的概率能够从过去的数据中推导出来。在美国职业橄榄球比赛中，触地得分后踢定位球再得一分的平均概率为0.94，也就是说，每100个定位球中有94个会成功。当然，这一数据会随着不同球员、不同天气环境以及其他因素的改变而有所不同，但不会发生剧烈变化。在获得并信任此类信息的前提下，决策者常常能够看清风险、做出决定。举个例子，澳大利亚运输安全局发布了一份有关乘坐不同交通工具致死风险的量化报告，大家都觉得飞行非常可怕，但实际上商业航空旅行的风险是微乎其微的。澳大利亚自20世纪60年代起就再没有发生过一起商业航空致死事故，因此航空旅行每一亿千米的致死率基本为0。汽车每一亿千米旅行的致死率为0.5，真正吓人的是摩托车的致死率，如果你立志成为一名器官捐献者，那么你就选择摩托车出行吧，因为摩托车的致死率比汽车整整高出35倍。

2011年9月，美国航空航天局的一颗重达6.5吨的卫星退役，预计在进入地球大气层后开始分解。那地球上的人被卫星残骸砸中的概率有多大呢？我们是不是应该让孩子们待在家中不去上学？据美国航空航天局的一名火箭科学家计算，任何一个人被坠落的卫星残骸砸到的概率是21万亿分之一。要知道，在地球上任何一个角落不幸被车撞到的概率可是1/3 200。最终，卫星在坠落地球的过程中解体，科学家们无法确认所有碎片的具体位置，当然，也没有出现任何人员伤亡的报告。概率并不会确凿地告诉我们将会发生什么，但我们通过概率计算能够知道很有可能发生什么、不太可能发生什么。聪明的人会使用这类数据为自己的事业和生活指明方向，比如说当你从广播里得知将要有一颗卫星坠落时，不会骑上一台摩托车全速开回家提醒家人不要出门。

当涉及风险的问题时，恐惧会让我们忽视数字背后的真相，反而对那些真正的危险视而不见。在史蒂芬·列维特和史蒂芬·都伯纳所著的《魔鬼经济学》一书中，提到了一个惊人的发现，那就是后院的游泳池远比柜子里的枪危险。列维特和都伯纳计算，10 岁以下的儿童在游泳池溺死的概率要比枪击事故中意外中弹身亡的概率高100倍。康奈尔大学的三位研究人员嘉瑞克·布雷拉克、维琳达·卡地亚丽和丹尼尔·西蒙在一篇引人入胜的论文中这样说道，可能有数以千计的美国人在“9 · 11”恐怖袭击事件发生之后由于害怕坐飞机而死于非命。我们永远都不知道遭受恐怖袭击的真正风险到底有多大，但我们知道开车确实是一件危险的事。在“9 · 11”恐怖袭击事件发生之后，越来越多的美国人选择自驾出行，而不选择乘坐飞机。据统计，在考虑平均死亡率和天气等导致路面交通事故因素的前提下，2001 年 10~12 月，平均每个月因交通事故致死的人数比以往多了 344 人。该效应随着时间的推移逐渐减弱，这是因为大家对恐怖主义的恐惧在慢慢消退，但这项研究的作者认为，“9 · 11”恐怖袭击事件导致的驾车死亡人数或已超过 2 000 人。

概率有时候还可以在事后告诉我们，什么情况是最有可能发生的，而什么情况是最没有可能发生的，比如 DNA 分析。电视剧《犯罪现场调查：迈阿密》里有这样一个场景，技术人员在谋杀案现场附近收集到一个丢弃的苹果核，上面残留着唾液，当然唾液上不可能写着杀人凶手的名字，就算让一位英俊的技术员用最先进的显微镜也观察不出什么。但是，唾液（或头发、皮肤、骨头碎片等）里却能找到 DNA 片段，这里面包含着独一无二的基因信息——每个人的基因都是不同的（除非是共享相同 DNA 的同卵双胞胎）。如果医学专家证实 DNA 样本吻合，就说明检方的取证工作取得了重要进展，但这还远不是全部。是的，从犯罪现场收集回来的DNA样本必须与犯罪嫌疑人身上的DNA相匹配，但检方同时还必须证明这两个DNA样本相吻合不是一个巧合。

人类的DNA序列中有很多片段是相同的，就像我们中有很多人拥有相同的鞋码、相同的身高、相同颜色的眼睛，事实上我们的DNA序列中有超过99%的片段都是完全一样的。如果研究人员只能获得一小部分DNA样本，那么这上面的基因数量也是有限的，很有可能有数百万人的基因片段与实验室中的这部分DNA样本完全吻合。因此，基因数量越多，上面的自然遗传变异也就越多，取证的准确率也就越高。换言之，DNA样本与多个人的DNA相吻合的概率也就越低。

不知道大家是否看明白了。让我们来想象一下，假设你的“DNA数据”由你的手机和社保号码组成，这19个数字组成了独一无二的你。每一个数字都代表一个有10种变化可能的基因：0、1、2、3等。如果在犯罪现场，调查人员发现的“DNA数据”残留片段为：_ _ 4 5 9 _ _ _ 4 _ 0 _ 9 8 1 7 _ _ _，而且正好与你的“DNA数据”相吻合。你认罪吗？

你应该明确3件事。首先，除非是全部19个数字都吻合，否则总会有不确定性存在；其次，数字发现得越多，不确定性就越少；最后，不要忽略背景和事件的来龙去脉。如果警察发现你的时候，你正在超速驾驶汽车逃离事故现场，而且口袋里还装着受害者的信用卡，那你的这个“DNA数据”尽管不能完全确定，但也足以说服检方将你绳之以法了。

在资源和时间都非常充分的情况下，研究人员会对DNA中的13个不同区域进行一一比对，两个人的DNA在所有13次比对中都吻合的概率是非常低的。“9·11”恐怖袭击事件发生以后，美国政府就是用DNA技术来核实遗体身份的。收集袭击现场找到的DNA样本，再与受害者家人提供的DNA样本进行比对，在这个过程中认错遗体的概率是10亿分之一，甚至更低。随着越来越多的遗体被识别并认领，剩下的遗体数量越来越少，出现混淆的概率也在下降，因此 DNA 比对的标准也逐渐放宽。

但在很多时候我们的资源是有限的，可能是收集到的 DNA 样本太小，也有可能是样本已经被污染，导致无法检测出全部 13 个基因片段，许多趣闻和争议由此引发。《洛杉矶时报》在 2008 年的时候连载了一组报道，讨论检方是否应该将 DNA 检测结果纳入刑事案件的举证范围内。该报特别提出了一项疑问，在法律实施过程中概率的使用是否低估了巧合的可能性，因为收集到全世界每一个人的 DNA 信息毕竟是不现实的，可以说美国联邦调查局和其他调查机构提交给法庭的 DNA 证据都是估计出来的概率。亚利桑那州一个犯罪实验室的分析员在测试本州 DNA 数据库时，发现两个没有血缘关系的重罪犯的 DNA 序列中的第 9 组基因相吻合，这一发现引发了轩然大波，因为根据美国联邦调查局的说法，无血缘关系的两个人第 9 组基因相吻合的概率仅为 1 130 亿分之一。在随后的调查中，其他州的 DNA 数据库也发现了第 9 组甚至更多组基因吻合的人，数量超过 1 000 对。这个问题将如何解决，还是留给法律执行机构及辩护律师去思考吧。我现在想说的是，头戴科技耀眼光环的 DNA 分析，归根结底仍然是一个概率问题。

很多时候，了解多重事件同时发生的概率是很有价值的。停电且备用发电机失灵的可能性有多大？两个独立事件同时发生的概率取决于这两个事件各自的概率，也就是说，事件 A 与事件 B 同时发生的概率是这两个事件发生概率的乘积。举个例子可能会更直观一些，抛一枚标准硬币得到正面朝上的概率为 1/2，连续抛两次都得到正面朝上的概率为 1/2 × 1/2 = 1/4，连续抛 3 次都得到正面朝上的概率为 1/8，连续抛 4 次都得到正面朝上的概率为 1/16，以此类推。同样，连续抛 4 次硬币都得到反面朝上的概率也应该为 1/16。这也解释了为什么学校或办公室的电脑总会弹出一个对话框，提醒你提高开机密码的“安全级别”。假设你的开机密码为 6 位，而且用的全是数字，那么总共有 $10 \times 10 \times 10 \times 10 \times 10 \times 10 = 10^6$ 种数字排列组合，不要以为这种组合很复杂，对于计算机来说，不到一秒钟，就可以将这些数字排列组合全都试一遍。

所以，假设在你的系统管理员向你发表长篇大论之后，你终于同意将字母加入密码设置的范围内，那样的话，6 位密码就有了 36 种选择：26 个字母加上 10 个数字。可能组合出的密码数量也上升到了 $36 \times 36 \times 36 \times 36 \times 36 \times 36 = 36^6$ 个，超过 20 亿个。如果系统要求将密码长度增加为 8 位，而且强烈建议你使用 #、@、%、! 等符号——芝加哥大学就是这样做的，那么可能组合出的密码数量便跃升至 46^8，超过 20 万亿个。

有一点必须再次强调：这一公式只适用于相互独立的事件，也就是说，一个事件的发生及其结果对另一个事件不会造成任何影响。例如，你第一次抛硬币得到正面朝上的概率并不会影响你第二次抛硬币得到正面朝上的概率。相反的，今天下雨的概率与昨天是否下雨并不是相互孤立的，因为下雨作为一种天气现象具有连续性，有时候经常连续几天都下雨。同样的，你今年出车祸的概率与明年出车祸的概率也不是相互孤立的，今年导致你出车祸的原因很有可能也会导致你明年发生类似的车祸，比如你有可能经常酒后驾车、喜欢跟别人飙车、习惯开车时发短信，或者车技很差。这也是为什么你的车险费率会在发生车祸后上升，并不仅仅是因为保险公司想要从你这里挽回一点儿它们为你支付的赔偿金，更重要的是，它们拥有了关于你未来发生车祸概率的新信息——当你开车撞向你的车库大门之后，这个概率就上升了。

假如你对发生这个事件或发生那个事件的概率感兴趣，也就是出现结果 A 或出现结果 B 的概率（再次假设两个事件是相互独立的），这个概率就是 A 和 B 各自的概率之和：A 概率 + B 概率。举个例子，掷一次骰子得到 1 点、2 点或 3 点的概率就是它们各自的概率之和：1/6 + 1/6 + 1/6 = 3/6 = 1/2。这个问题理解起来应该不难，掷骰子会得到 6 种可能的结果，点数 1、2 或 3 出现的概率占了所有出现概率的 1/2，因此我们有 50% 的概率掷出 1 点、2 点或 3 点。如果我们在拉斯维加斯赌双骰，掷出 7 点或 11 点的概率就是两颗骰子点数相加为 7 或 11 的组合数除以总共可能出现的点数组合数，得到的答案是 8/36。

通过概率的计算，我们还可以得到在所有管理决策的过程中，尤其是在金融领域最实用的统计工具：期望值。期望值是基础概率学的升级版。某个事件如买彩票的期望值或收益，实际上就是所有不同结果的和，其中每个结果都是由各自的概率和收益相乘而来。跟往常一样，我们还是用例子来说明这个问题。假设你参与了一个掷骰子的游戏，游戏规则是掷出 1 点可以获得 1 美元，掷出 2 点可以获得 2 美元，掷出 3 点可以获得 3 美元，以此类推。那么在这个游戏中，掷一次骰子的期望值是多少？每一个结果都有 1/6 的概率，因此期望值为：

1/6 (1 美元) + 1/6 (2 美元) + 1/6 (3 美元) + 1/6 (4 美元) + 1/6 (5 美元) + 1/6 (6 美元) = 21/6，即 3.5 美元。

粗略看一下，3.5 美元的期望值似乎是一个无效数据，毕竟你不可能掷一次骰子就获得 3.5 美元（因为所有收益都是整数）。但事实上，期望值是一个非常有用的参考数据，通过比较成本投入和期望收益，你就能知道做这件事是不是“值得”。如果在上述游戏中，每掷一次骰子需要缴纳 3 美元，你还玩吗？当然，因为期望回报（3.5 美元）要高于游戏成本（3 美元）。这虽然并不代表你第一次玩就保证能赚到钱，但至少可以帮助你认清哪些事情值得冒险。

在上面这个例子的基础上，我们可以进一步将期望值延伸到美国职业橄榄球领域。之前提到，在比赛中触地得分之后，球队将会面临两个选择，要么直接射门再得一分，要么进行一次两分投球的尝试。如果选择前者，则在三码线处定点踢球穿过球门柱即可；如果选择后者，则需要从三码线处将球带到或传到球门区把对方逼成死球，可以想象其难度之大。因此，球队可以选择简单的打法得 1 分，也可以选择难度高的打法得 2 分。应该怎么选？

统计学家或许不玩橄榄球，也从不和啦啦队队长约会，但他们却能够为球队教练提供指导。在前文中已经提到，触地后成功点射的概率为 0.94，也就是说这一尝试的期望值为0.94，因为回报（1分）乘以成功概率（0.94）得到的结果为0.94分。没有队伍能在比赛中打出 0.94 分，但这个数字能够量化触地后的一种选择，从而与另一种选择——2 分尝试进行直观的比较。2 分尝试的期望值要低得多，才 0.74 分，虽然回报很高（2 分），但成功率却低得可怜（0.37）。由此可见，如果比赛只剩下一秒钟的时间，一支队伍在触地得分后还落后对手 2 分，这支队伍别无选择，只能进行 2 分尝试；但如果某支队伍处于领先，其目标只是在比赛中扩大比分优势，那么就应该采取得 1 分策略。

运用与上述例子相同的基础性分析，我们还可以解释为什么永远不要买彩票。在伊利诺伊州，每张彩票的背面都印着不同玩法和等级的中奖概率，假如我买了一张 1 美元的即开型彩票，在彩票背面印着的细小文字里我可以找到不同等级奖金的中奖概率：1/10（1 美元，即免费再来一张）、1/15（2 美元）、1/42.86（4 美元）、1/75（5 美元），一直到概率为 1/40 000 的 1 000 美元。我将每一个等级的中奖概率乘以奖金额度，最后将得到的结果相加，计算出购买此类彩票的期望值。结果是这种 1 美元彩票的回报期望值约为 0.56 美元，所以这绝对是一项糟糕的投资。但我的运气还不错，中了 2 美元。

虽然我中了 2 美元，依然无法改变购买彩票是一种愚蠢行为的事实，这就是概率教给我们的重要经验之一。通过概率计算得出的好决策，有时会得到坏的结果；而坏的决策——如在伊利诺伊州购买 1 美元即开型彩票——有时还是会有好处，至少从短期来看是这样。但最终“笑傲江湖”的还是概率，因为谁也打败不了概率。有一个重要的定律叫作大数定律，即随着试验次数的增多，结果的平均值会越来越接近期望值。是的，我今天买彩票的确中了 2 美元，我明天也有可能再中 2 美元，但如果长年累月地买下去，每天买的都是这种预期回报为 0.56 美元的 1 美元即开型彩票，那么赔钱将是毋庸置疑的事，到了买齐 100 万张彩票的那一天（也就意味着我花了 100 万美元），我最终的中奖金额约为 56 万美元。

我们也可以用大数定律来解释为什么赌场从长期来看总是挣钱的问题。赌场内所有项目的概率都是有利于赌场老板的（出“老千”的赌客不考虑在内）。如果赌场的营业时间足够长，吸引的下注人数也足够多，那么赌场从赌桌赚到的钱肯定比付出的要多。通过大数定律，我们还可以解释为什么施利茨要在“超级碗”中场休息时邀请 100 位而不是 10 位啤酒爱好者来参与啤酒盲品测试。下面是“施利茨型”测试的“概率密度函数”，测试人数分别为 10、100 和 1 000。不要被这个函数的名称吓到，其实函数本身并不复杂，x 轴罗列了各种可能出现的结果，y 轴表示的是对应结果出现的概率。需要在这里重申一遍的是：我们的前提是所有品牌啤酒的口感是差不多的，品尝选择的过程类似于扔硬币，每位盲品者选择施利茨的概率都为 50%。我们可以从图 5–1、图 5–2、图 5–3 中看到，随着盲品者人数的增多，越来越多的预期结果向中间（也就是有一半的人选择施利茨啤酒）集中；与此同时，位于曲线两端的极端结果出现的概率则下降得非常厉害。

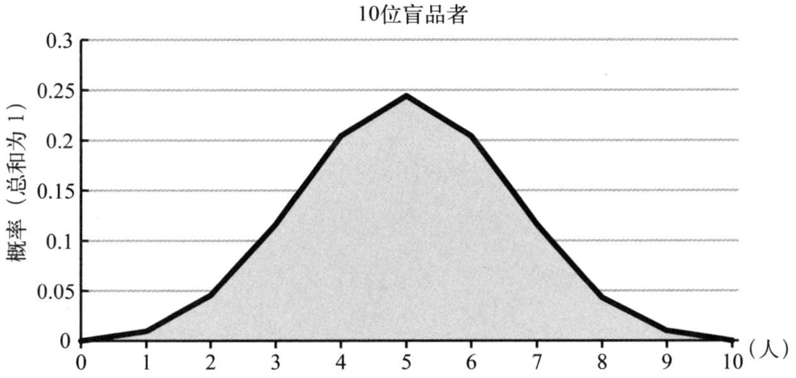

图 5-1 选择施利茨啤酒的盲品者人数

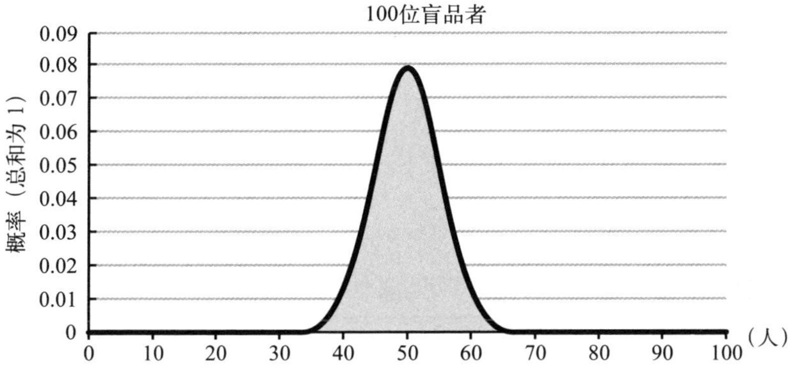

图 5-2 选择施利茨啤酒的盲品者人数

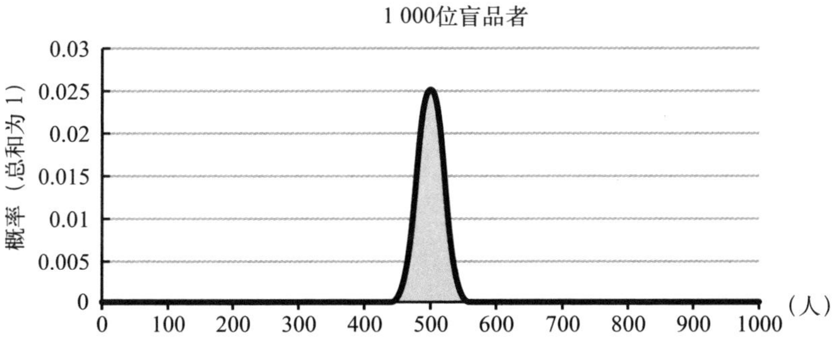

图 5-3 选择施利茨啤酒的盲品者人数

在前文中我说过，如果有大于或等于 40% 的米凯罗啤酒爱好者在盲品测试中选择了施利茨啤酒，那么施利茨的高层就满意了。下面就列举了不同盲品人数的条件下得到满意结果的概率：

10 人：0.83。

100 人：0.98。

1 000 人：0.999 999 999 9。

1 000 000 人：1。

读到这里，我想很多人已经能够领会“千万别为标价 99 美元的打印机购买保修延长服务”的含义了。整个保险行业都是建立在概率的基础之上，保修只不过是保险的一种表现形式而已。为某件东西上保险也就意味着与保险公司签订了合同，明确规定当某些意外发生时，投保人能够获得一定数额的赔付。例如，在你的汽车被盗或撞到树上之后，你就可以根据所购买的车险合同进行索赔。但在享受到这一项保障服务之前，你需要支付一笔费用，以换得一定期限的保障。对于保险公司来说，为了从你这里获得定期定额的保费，它们需要承担你的车被盗、撞毁，甚至因为你的差劲儿的驾驶技术而引起的各种车辆损坏风险。

为什么这些公司愿意承担这些风险？原因就在于，如果保险公司制订的保费标准正确合理，从长期来看将会给公司带来不菲的收益。好事达保险（《财富》500 强公司之一）承保的车辆中肯定有一些会被盗，还有一些车会因车主驾车撞到消防栓而送进修理厂，我高中时的女朋友就遇到过这种情况，不仅她的车辆撞坏，她还要赔偿那个被撞坏的消防栓——贵到令人无语。但无论是好事达还是其他任何一家保险公司，它们承保的车辆中绝大部分都不会发生事故。为了挣到钱，保险公司只需要保证收取的保费多于付出的赔偿金就行了，为了做到这一点，公司必须清楚地知道合同里每一项条款可能会带来的赔偿金额，行业术语叫作“预期损失”。这和预期值是完全相同的概念，只不过是套上了保险的外衣。假设车的赔偿额度为4万美元，每年被盗的概率是1/1 000，那么该车的年预期损失为40美元，车险保费组成中盗窃险种的定价就应该高于40美元，这样看来，保险公司和赌场、伊利诺伊州彩票的性质是一样的，它们都需要付出，但从长期来看，得到的肯定要比付出的多。

作为消费者，你应该知道，从长远来看，保险并不能为你省钱。保险能为你做的是，当你遭遇一些难以承受的巨大损失时，如价值4万美元的汽车被盗、35万美元的房子被烧毁等，为你提供赔付，帮你渡过难关。从统计学的角度来看，购买保险是一项“糟糕的投资”，因为平均来看，你支付给保险公司的钱永远要比得到的赔付多。但如果想防止一些足以毁掉你生活的结果出现，保险就是一个理性的工具。讽刺的是，一些巨富如巴菲特倒是可以不用买车险、房屋险，甚至医疗保险，从而省下不少钱，因为就算有再糟糕的事情发生在他的身上，他都能承担得起。

最后，我们来说说你那价值99美元的打印机。假设你刚刚从百思买或其他地方精挑细选了一台好评如潮的激光打印机。当你结账的时候，销售人员会向你提供一份详细的保修延长清单，比如说额外支付25美元，可以延长一年的免费修理或更换服务，支付50美元可以延长维修服务两年。现在你对概率、保险以及基础经济学已经有了一些基本的了解，你可以很快联想到以下几点：（1）百思买是一个以盈利为目的的商家，因此追求利润最大化是它不变的追求；（2）销售助理正在竭尽所能地劝你购买保修延长服务；（3）从前两点能够推测出，购买保修延长服务的代价要高于商家为你修理或更换打印机的预期成本，如果不是这样，那么商家就不可能会如此卖力地推销了；（4）就算价值99美元的打印机坏了，你需要自掏腰包来修理或换一台新机器，也不会给你的生活造成太大的困扰。

一般来说，你为延长保修服务所支付的金额要高于打印机的修理费。你应该时刻谨记为那些你无法轻松承受的意外上保险，而其他情况就不要浪费钱了，这是个人理财的核心原则之一。

○○○○○○

有些事情可能会在不同时间段出现各种不同的意外状况，在面临这类复杂抉择时，预期值同样能够帮助我们理清思路。假设你的一个朋友建议你向一家研究中心投资100万美元用于开发男性防脱发产品，你或许会问成功的概率有多大，而你的朋友的回答很复杂。由于这是一个研发项目，因此研发团队研制成功的概率只有30%，如果最终产品研制失败了，那么你将收回25万美元，因为这部分资金原本是留着用于市场推广（用户测试、广告宣传等）的；即使最终产品研制成功了，美国食品和药物管理局认为这一神奇的治疗脱发的产品对人体安全并批准进入市场的概率也只有60%；到了那个时候，即使我们的产品安全有效，依然还有10%的概率会出现一个强劲的竞争对手，带着更好的产品与我们一同进入市场，占据全部的市场份额。如果一切顺利——产品安全、有效，而且竞争者也没有出现，那么你将获得最多2 500万美元的投资回报。

你动心了吗？

朋友提供的信息量令人眼花缭乱。潜在的回报很诱人，回报的金额是投资额的整整25倍，在这一过程中，同样充满了各种潜在的陷阱和失败。如果每一个结果的出现概率都是准确的，那么画一张决策树形图，能够帮助我们理清信息，决定下一步应该做什么、怎么做。决策树形图标出了每一个不确定因素的来源，还有所有可能出现的结果及其概率。在树形图的下方，给出了所有回报可能的金额和概率。如果我们将每一个回报额乘以概率，再将得到的结果相加，就可以算出这一投资机会的期望值。通过观看图 5–4 能够帮助我们更好地理解问题。

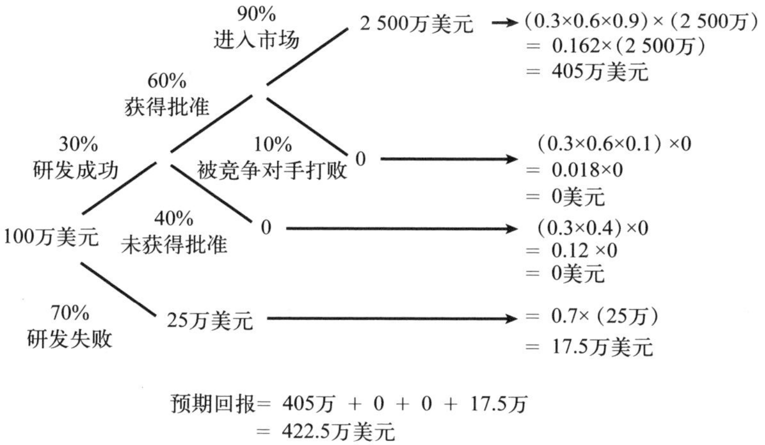

图 5–4　投资决策

如此看来，这项投资的预期回报是非常诱人的，高达 422.5 万美元。但我还是不建议你用辛辛苦苦积攒的、准备将来给孩子读大学的钱来进行投资。观察决策树形图，你会发现预期回报大大高于一开始的投资额，但不要忘记，最有可能发生的结果是研发失败，以致治疗男性脱发的产品最终没有面世，而你只能拿回剩下的 25 万美元。至于你对这项投资的胃口到底有多大，就要取决于你的风险倾向了。对此，大数定律给出的建议是，对于一家投资公司或像巴菲特这样富可敌国的个人投资者来说，应该尽可能地发掘上述例子这类结果不确定但预期回报很丰厚的投资机会，而且数量越多越好，几百个项目里面肯定有一些会成功，一些会失败，但平均来看，这些投资者最终会像保险公司或赌场那样挣到大钱。如果预期收益对你有利，那么涉足的项目越多，赚钱的机会就越大。

同样的道理，我们还可以用来解释一个有违直觉的现象。有时候，针对全美国人口监测如艾滋病这类罕见但严重的疾病是行不通的。假设我们对某种罕见病的检测拥有相当高的准确度，举例来说，每 10 万人中会有一个人患上某种疾病，检测准确率为 99.999 9%，可以保证在检测过程中不产生一例伪阴性（也就是从不漏过任何一个患上该病的人），但产生伪阳性（也就是一个没有患上该病的健康人被误测为阳性）的概率为 1/10 000。这样就会导致一个棘手的状况，虽然这种疾病的检测准确率非常之高，但绝大部分被诊断为阳性（也就是患有该疾病）的人实际上根本没有得此病。这会在那些诊断结果为阳性的人群中产生巨大恐慌，后续的检测和治疗也会浪费有限的医疗资源。

如果我们对美国所有成年人，即约 1.75 亿人口进行检测，决策树形图如图 5–5 所示。

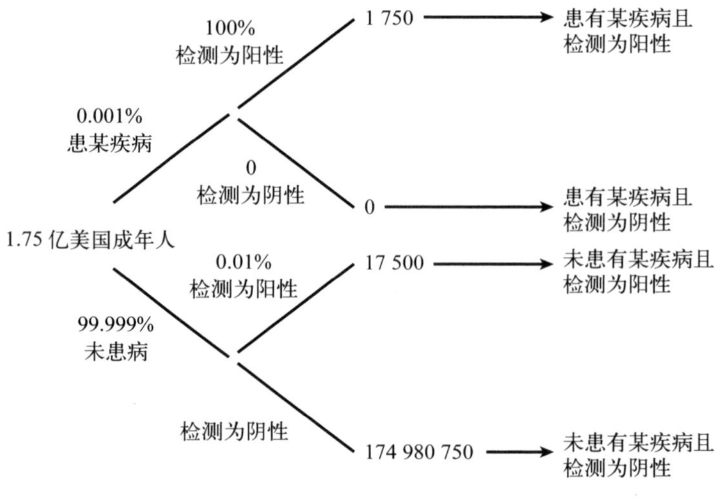

$$\frac{1\ 750}{1\ 750+17\ 500}=\frac{1\ 750}{19\ 250}=0.09=9\%$$

图 5–5　某疾病全美国筛查情况

只有 1 750 位成年人患有该疾病，他们的检测结果均为阳性。有超过 1.74 亿成年人未患病，在这部分健康人群中，有 99.999% 的人得到了正确的检测结果，只有 0.01% 的人被误检为阳性。但 1.74 亿的 0.01% 依然是一个非常大的数字，因此在实际操作中平均将会有 1.75 万健康的人被告知患有该疾病。

这意味着什么？我们一起来分析一下。总共有 19 250 人的检测结果为阳性，但真正患病的只有 9%，而且这还是一个准确性非常高、伪阳性非常低的检测。我想不需要做太多解释，大家就能理解为什么在削减医疗开支的过程中，我们该做的不是对健康人群加强疾病筛查，而是减少这类检测。以艾滋病为例，公共健康官员总是建议将有限的资源用在“刀刃”上，即用在男同性恋者、采取静脉注射的吸毒分子等高危人群身上。

有时候，我们能够借助概率发现一些可疑的事情。在第 1 章的内容里，我介绍了标准化考试过程中出现的组织作弊问题，还顺带提到了专门负责发现此类作弊行为的考试安全公司。而实际上，负责执行证券交易相关法律的美国证券交易委员会在稽查内幕交易行为的过程中，使用的也是类似的方法。（内幕交易包括非法使用内部信息来交易相关公司的股票或证券，如即将开展的公司收购——这类信息一般来说只有负责此事的律师事务所才知道。）美国证券交易委员会动用计算能力超强的电脑来分析数亿美元的股票交易，试图寻找可疑行为，如公司收购信息即将披露之前进行的大额股票购入、公司正准备宣布亏损前的大量抛售等。那些常年取得超高收益的投资经理们也是美国证券交易委员会的重点调查对象，因为无论是经济理论还是历史数据都告诉我们，对于一个投资者来说，每年的收益都超过平均水平几乎是不可能的。当然，聪明绝顶的投资者们总是能够预测到市场的走势，在法律允许的范围内设计出完美的投资策略，获得高于市场平均数的收益。一个好的投资者不一定非得使用不正当的手段，不过电脑是怎么区分好人和坏人的呢？我多次致电美国证券交易委员会的执法部门，咨询他们是借助哪些模型来确定犯罪行为的，但他们至今也没有给我回复。

在电影《少数派报告》(2002) 中，汤姆·克鲁斯扮演的是一位预防犯罪探员，借助科技手段在坏人作案之前，预测他们的犯罪行为。

2002 年，这部电影还只是一部科幻片，但到了 2011 年，这就成了现实。《纽约时报》在这一年刊登了一篇报道，标题为《在犯罪发生前派遣警力》，讲的是圣克鲁兹市警察局的电脑程序预测出闹市区的一个停车场将有可能发生汽车盗窃案件，于是自动派遣了一队警察前往现场，到场的警察随后逮捕了两个形迹可疑、偷瞟车窗的女人，其中一个人是警局的常客，另外一个人身上携带着毒品。

圣克鲁兹市的电脑程序是由两位数学家、一位人类学家和一位刑事学家共同设计的。芝加哥警察局还专门设立了一个犯罪预测分析小组，原因是这个城市的暴力犯罪主要源自团伙作案，而这些团伙的作案手段往往有规律可循。在《数据挖掘和预测分析：情报收集和犯罪分析》一书中，作者将统计学运用到执法过程中，开篇是这样写的："目前在犯罪侦查领域，预测未来已经成为可能，诸如识别犯罪趋势、判断社区热点、优化资源调度等，以求最有效率地为市民提供最多的保护。"(对了，这些内容我总结给你们看就行了，亲爱的读者们就不必费心再去读那本书了。)

"预测执法"属于预测分析学的一部分。犯罪总是带有不确定的成分，就好像没有一方能够确切地说谁会撞车、谁会还不起贷款。在面临这些风险时，概率学能够帮助我们走上正确的分析道路。此外，信息的收集和积累能够让我们更好地理解相关事件的概率。在充满不确定性的商业世界里，商人们总是希望能够将他们的风险量化，放贷者会要求查看贷款人的收入证明和信用评分，但这些迟钝的信用工具在预测未来方面的作用充其量不过是史前洞穴人手中的石器，大量的电子数据和廉价的电脑计算能力才真正能够为我们揭示人类的行为。保险推销员准确地将他们的行业描述为“风险转移”，因此他们最好先理解转移的风险究竟是什么。像好事达这样的保险公司之所以成功，是因为它们知道并重视那些在别人眼里可能毫无关联的随机事件：

- 年龄为20~24岁的司机最有可能造成致命交通事故。
- 在伊利诺伊州最经常失窃的车是本田思域（亚拉巴马州为全尺寸雪佛兰皮卡）。
- 一边开车一边发短信容易造成事故，但各州出台的禁止开车发短信的法律似乎并没有遏制这种行为。事实上，这些法律甚至有可能让情况变得更糟，因为司机在发短信时会想办法将手机藏得更为隐蔽，更加不把心思放在专心开车上。

信用卡公司一直处于这类分析法的前沿，原因有二：这些公司的数据库里保存着大量有关我们消费习惯的数据，而且它们的商业模式离不开那些信用风险适中的客户。那些拥有最佳信用记录的客户每个月总能准时付清账单，信用卡公司没法从他们身上赚得一点儿利息；那些账单数额巨大且经常忘记按时还款的客户才是信用卡公司的“金主”，高额的利息给公司带来了丰厚的利润，只要这些客户不违约就行。经营汽车产品及其他零售商品的加拿大轮胎公司有一位“爱好数学的首席执行官”J. P. 马丁，他专门研究在面对商品时，哪些人更愿意掏钱消费，而哪些人倾向于转身离开。这是一个非常有趣的课题，马丁对上一年使用加拿大轮胎联名信用卡消费的每一笔交易数据进行了数据分析，发现在综合考虑收入、信用记录等传统统计指标的基础上，观察消费者购买了什么商品能够准确地预测出他们接下来的消费行为。

《纽约时报》上一篇标题为《你的信用卡公司对你知道多少?》的文章描述了马丁发现的一些有趣现象：选择购买价格便宜、通用汽油的消费者有错过信用卡还款日期的可能，而那些选择高档名牌商品的消费者倒是经常按时还款，那些会为家里添置一氧化碳探测器或凳脚套防止刮伤地板的人几乎从来不会延期还款，所有购买骷髅头造型汽车挂饰或对汽车的排气系统进行大排量改装的人基本上不会按时还款。

当我们在生活中遇到不确定因素时，概率学是一个可靠的参考工具。你不应该购买彩票；如果你有一个长远的投资视野，那么你应该把钱投入股市（因为股票是能够带来长期收益的一种典型投资品种）；你应该为某些东西购买保险，其他东西就算了；概率学甚至还能助你在游戏竞赛节目中扩大赢面（下一章内容就会讲到）。

虽然说了（写了）这么多，但还是要再多说一句：概率并不是确定的。你不应该购买彩票，但你依然有可能通过购买彩票发财。是的，概率学能够帮助我们揪出作弊者、追踪大坏蛋，但若使用不当，我们就有可能把无辜的人送进监狱。这就是为什么我要写第 7 章的内容。

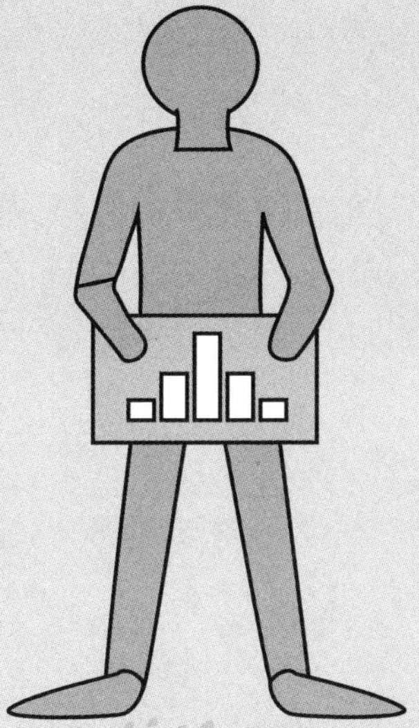

Naked Statistics

第6章

蒙提·霍尔悖论

在《让我们做个交易》节目中，主持人打开的3号门后面是一头羊，在剩下的1号门和2号门中必定有一扇门后面是汽车，你应该如何选择才能中大奖？

“蒙提·霍尔悖论”是一个著名的概率难题。在1963年美国开播的电视游戏节目《让我们做个交易》中，参赛者们就面临这个难题。这类竞赛游戏长盛不衰，至今有许多国家的电视台依然在制作并播放类似的节目。记得读小学的时候，一放学回家我就会打开电视观看《让我们做个交易》。这个节目给统计学家带来了巨大的惊喜，关于这一点我在引言里已经讲过了。每一期节目播到最后，总会有一个参赛者脱颖而出，站在主持人蒙提·霍尔旁边，在他们的眼前有3扇巨大的门，编号分别为1、2、3。蒙提会告知参赛者，其中一扇门的门后摆放着极为诱人的大奖（比如说一辆小轿车），而另外两扇门的后面各站着一头羊，参赛者需要在这3扇门中选择一扇门，并获得那扇门后面的奖品。（如果有参赛者选中了羊，我怀疑他们是否真的会把那头羊牵回家，为了我们的目的，假设绝大多数参赛者都希望能开一辆新车回去。）

游戏刚开始时，中大奖的概率一目了然，两头羊和一辆车，参赛者有1/3的概率选中那扇后面是轿车的大门。但正如之前提到的，这个节目及其主持人蒙提·霍尔之所以能够在美国概率学课本中占得一席之地，是因为这个节目还有一个精心的安排。当参赛者选择了一扇门之后，蒙提会打开剩下的两扇门中的一扇，向观众和选手展示这扇门后面的奖品——一头羊，然后蒙提会再次询问参赛者是否要改变当初的选择，也就是在最初选择的那扇门和剩下的那扇门中再选择一次。

为了让表述更加清楚，我们假设参赛者最初选择的是 1 号门，蒙提随后打开了 3 号门，发现门后站着一头活羊。此时，场上还有两扇门是关着的，1 号门和 2 号门，如果小轿车藏在 1 号门的后面，那么参赛者就中奖了，如果小轿车藏在 2 号门的后面，参赛者就会与大奖失之交臂。但就在这个时候，蒙提并不急于揭晓答案，而是再次询问参赛者是否坚持原来的选择，如果参赛者改变主意了，就相当于放弃了一开始选的 1 号门，而改选 2 号门。记住，这两扇门此时依旧紧闭着。参赛者唯一得到的新信息是，在自己刚刚没有选择的那两扇门中，至少有一扇门的后面是一头羊。

参赛者应不应该改变最初的选择？

答案是肯定的。如果参赛者坚持最初的选择，那么中大奖的概率为 1/3；如果改选剩下的那扇门，那么中奖的概率就是 2/3。如果你不相信的话，请往下读。

我承认这样的一个答案似乎有违直觉，因为在这个过程中，参赛者中大奖的概率似乎一直都是 1/3，不管这个参赛者后来有没有改变选择。一共有 3 扇关闭的大门，一开始的时候每一扇大门后面藏着大奖的概率都是 1/3，但是当参赛者改变自己最初的选择转而选择另一扇门之后，中奖的概率会随之变化吗？

问题的关键就在于，主持人蒙提·霍尔本人是知道每一扇门背后的奖品的。如果参赛者选择了 1 号门，而且恰好小轿车就在这扇门的门后，那么蒙提就可以在 2 号或 3 号门中随便选一扇门打开，向观众展示一头羊。

如果参赛者选择了 1 号门，而小轿车停在 2 号门后，那么蒙提就会打开 3 号门。

如果参赛者选择了1号门，而小轿车停在3号门后，那么蒙提就会打开2号门。

通过改变之前的选择，参赛者就能从两次选择中获益，好处自然要比一次选择多。为了说服大家，我会用3种不同的方法来证明这一分析的正确性。

第一种是从经验主义角度出发的。2008年，《纽约时报》专栏作家约翰·蒂尔尼专门就“蒙提·霍尔现象”写了一篇文章。随后这份报纸还在网站上开辟了一个互动区，读者可以亲身体验这个游戏，包括是否要改变选择，游戏的最后甚至还有可爱的小羊和小轿车从门后跳出来揭晓答案。这个游戏会记录你改变和坚持最初选择的成功率，你可以试一下。我特地让我的小女儿玩了100次这个游戏，每次都在打开一扇有羊的门后改变最初的选择；然后又找她的哥哥玩了100次，全都坚持一开始的选择。我的女儿有72次中了大奖，儿子只中了33次。他们都从我这里获得了两美元的辛苦费。

《让我们做个交易》节目每期的统计结果也印证了这一点。《醉汉的脚步》的作者列纳德·蒙洛迪诺也证实，那些改变选择并得到大奖的参赛者的人数是坚持最初选择并中奖的参赛者的两倍。

我的第二个解释从直觉出发。假设游戏规则有变，首先参赛者会在1、2、3号门中挑选一扇，然后主持人蒙提在打开一扇门之前，问道：“你是否愿意放弃你之前的选择，换取另外两扇门后面的奖品？”也就是说，如果你选择的是1号门，你可以放弃那扇门，从而获得2号和3号门后面的奖品；如果你选择的是3号门，你可以换成1号和2号门。

这并不是一个非常难做的决定。显而易见，你应该放弃一扇门换取两扇门，这样你中大奖的概率就从1/3上升到了2/3。接下来，就是见证奇迹的时刻了：蒙提·霍尔在节目中展示一扇门后的羊，其实做的是相同的事情。一个最基本的道理是，如果你能选择两扇门，那其中肯定有一扇门的门后是羊。主持人在问你是否要更换选择之前，打开了一扇门后有羊的门，实际上是为你做了一件大好事！他的言下之意就是，“你没有选的那两扇门有 2/3 的概率中大奖，而且你看，我已经帮你排除一扇门了！”

我们试想一下，假设你选择了 1 号门，蒙提接着问你是否要换成 2 号和 3 号门，然后你接受了，放弃一扇门换来两扇门，你此时得到轿车的概率也就上升为 2/3。而就在这个时候，蒙提打开了 3 号门（也就是你选择的两扇门中的一扇），发现门后是一头羊，你会有什么感受？是觉得自己中奖的希望变渺茫了？当然不是！如果轿车藏在 3 号门的后面，那么他打开的肯定会是 2 号门！蒙提可以说什么都没干。

如果游戏正常进行，蒙提实际上给你提供了两个选择，要么坚持最初选的那扇门，要么选择剩下的两扇门——只不过其中一扇后面是羊的门被打开了，在这个过程中，蒙提还告诉了你另外两扇门中哪一扇门后面没有大奖，因此在如下的两种情况中你中大奖的概率是相同的：

1. 先选择 1 号门，然后在任何一扇门打开之前同意换成 2 号和 3 号门。

2. 先选择 1 号门，然后在蒙提打开有羊的 3 号门之后同意换成 2 号门（或者在蒙提打开有羊的 2 号门之后同意换成 3 号门）。

在这两种情况下，通过改变选择，你中奖的概率都由原来的一扇门增加到两扇门，因此你的赢面也从 1/3 上升为 2/3。

我的第三种解释更像是第二种解释的极端版。假设摆在你面前的不是 3 扇门，而是 100 扇门。当你选择其中一扇门（比如说 47 号门）之后，蒙提·霍尔在剩下的99扇门中打开了98扇有羊的门，此时就剩两扇门没有打开了，一扇是你最初选择的47号门，一扇是蒙提剩下的（比如说61号门），你要换吗？

绝对要换！小轿车有99%的概率藏在你没有选的那99扇门的后面，而蒙提还好心地为你打开了其中的98扇门，他知道这98扇门的后面都没有小轿车。也就是说，如果你坚持最初的选择（47号门），那么你开着小轿车回家的概率仅为1%，牵一头羊回家的概率却高达99%；如果你的最初选择是错误的，那么小轿车就肯定藏在另外一扇门后面（61号门），如果你想中大奖，那就应该将最初的47号门换成最后剩下的61号门。

简言之，如果你有机会参加《让我们做个交易》节目，当蒙提·霍尔（或者是他的继任者）问你是否要改变选择时，你要毫不犹豫地点头。更夸张的说法是，这个例子告诉我们，你对概率的本能理解有时候会将你引入歧途。

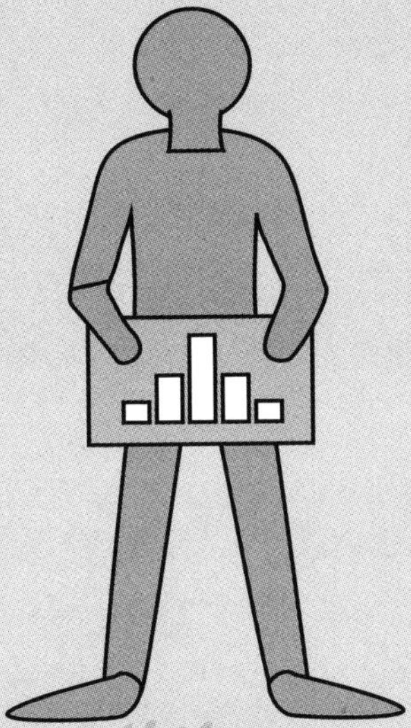

第7章

黑天鹅事件

1%的小概率风险如何在2008年成为击垮美国华尔街的“黑天鹅”，并毁了全球金融体系。

归根结底，数据只是数据，肯定没有数据使用者聪明，但有些时候，数据也会让聪明绝顶的人干蠢事。我能想到的近几年来最不负责任的数据使用案例就是2008年金融危机爆发之前华尔街的风险评估机制了。那时候，整个美国金融行业使用的都是同一个风险晴雨表——VaR（风险价值模型）。理论上说，VaR既能得出一个简洁的指标（将大量信息整合为一个单独的数字），又有强大的概率学支撑（对每家公司的资产和交易头寸都给出了预期收益和损失值），是一个不可多得的投资工具。该模型认为，公司的每一项投资都存在着大量可能的结果，比如投资通用电气的股票，这些股票既有可能升值，也有可能贬值。如果在一个相对较短的周期内（比如一周）采用VaR进行投资评估，最有可能得到的结果是购入的股票在短期内基本维持原状，上涨或下跌10%的概率很小，上涨或下跌25%的概率就更小了，也就是说，变化越大，概率越小。

在分析了以往市场变动的数据之后，公司的数量分析专家（这是行业内的称呼，但在其他地方，人们更愿意称他们为“有钱的呆子”）会给出一个数字（比如说1 300万美元），用来表示一项投资在一个特定周期内有可能让公司蒙受的最大损失，出现这种结果的概率为 1%。也就是说，这项投资在 99% 的情况下会使公司的损失低于 1 300 万美元，但还有 1% 的概率造成重大损失。

请记住上一段内容里的最后一句话，这句话至关重要。

在 2008 年金融危机爆发之前，各大公司对 VaR 模型信任有加，在量化整体风险时都会采用这一统计模型。假设一个交易商手上有 923 项不同的“敞口头寸”(即可能会出现涨或跌的投资)，每一项投资都能像通用电气股票的例子那样分析，然后再计算得出该交易商手中的证券组合的总体投资风险，该公式甚至还考虑到不同投资之间的相关性。例如，如果两项投资的预期回报呈负相关关系，即一项投资的损失会被另一项投资的收益所抵消，那么这两项投资的整体风险要小于其中任意一项投资。一般而言，投资部门的主管会知道其手下的交易员鲍勃·史密斯的 24 小时 VaR 为 1 900 万美元，即在接下来的 24 个小时内，鲍勃最多会让公司亏损 1 900 万美元，而且这一情况发生的概率仅为 1%。

更妙的是，通过将相同的基本流程向前推进一步，我们就可以在任何时间点计算出公司的总体风险。当然，其中所包含的数学运算是非常复杂的，因为要考虑到公司所参与的种类繁多的金融产品，而且还涉及多国货币，每项投资的杠杆率（进行投资的贷款额）也不一样，不同国家的资金流动率也存在差别等。但这些都不能阻碍投资经理们在任何时候得出一个看上去十分精确的风险指数，正如《纽约时报》前财经作家乔·诺塞拉所解释的那样：“VaR 最吸引人的地方，也是其最大的卖点就在于，它能将风险描述为一个单一的数字——一个美元数据，仅此而已，而那些恰好不擅长数量分析的人就会对它趋之若鹜。”摩根大通公司是 VaR 模型的创始者，经过不断的开发和完善，每日的 VaR 如今已经有了一个新的名称——4:15 报告，因为在每天下午的 4 点 15 分，即当天的美国金融市场休市没多久，每一位公司高管的桌子上就会出现 VaR 报告。

按理说这是一件好事，通常情况下信息总是越多越好，尤其当其与风险联系在一起的时候。毕竟概率是一个非常强大的工具，施利茨啤酒公司的高管们在砸重金举办“超级碗”中场盲品活动直播之前，不是也借助了概率学吗？后来的效果，大家不也看到了吗？但那时的概率计算和现在的一样吗？

这可真不好说。有人说 VaR 是“潜在的灾难”，也有人赋予其“欺诈犯”，以及其他一些不适合写入“统计学家谱”的邪恶称呼，这一模型甚至还被看作 2008 年金融危机的始作俑者和罪魁祸首，那次金融危机之所以会爆发且程度严重，就是因为 VaR。对于 VaR 最主要的诟病在于，金融市场的潜在风险并不像抛硬币或啤酒盲品会那么容易预测，该模型呈现出的“伪精准”会给投资者带来虚幻的安全感。VaR 就像是一个不准的车速表，错误的速度数据对司机来说比没有车速表更危险。如果你对一个失准的车速表过于信任，你就会忽略其他提示车速不安全的信息；但如果车里压根儿就没有车速表，你反而会小心地注意四周，寻找能够告诉你车辆当前行驶速度的参照物。

直到 2005 年，每个工作日的 4 点 15 分被放在投资经理办公桌上的 VaR 报告，见证着华尔街的飞速发展。可不幸的是，VaR 模型的风险档案里隐藏着两个巨大的问题。第一，模型构建所依据的基本概率是以过去的市场行为为基础的，然而金融市场和啤酒盲品会不一样，前者的未来不一定是历史的重复，没有任何的理论证据可以保证 1980—2005 年间的市场动态是 2005 年之后的市场表现的最佳预测参照物。从某些方面来看，这一缺乏想象力的行为类似于军方时常错误地认为即将开始的战争与上一场战争差不多。从 20 世纪 90 年代开始一直到 21 世纪初，商业银行的房屋按揭业务所使用的贷款模型都认为房价出现大幅度下跌的概率为零。在以前，美国房价从来没有像 2007 年跌得那么惨、那么快过，但这就是活生生的事实。美联储前主席格林斯潘在接受美国国会委员会质询时解释：“在 2007 年夏天，金融领域的理论大厦完全坍塌，这是因为之前的风险管理模型所收集的数据只涵盖了过去 20 年——经济快速增长的 20 年。我认为，如果我们的模型能够充分地考虑历史上出现的几次危机，让模型更加完善的话，银行在放贷时的资本要求会更高，金融世界就会在更加健康和稳定的状态下运行。"

第二，即使通过基本数据，我们能够借助 VaR 模型准确地预测未来风险，这 99% 的保证依然存在着失效的危险，因为真正把事情搞砸的正是剩下的 1%。对冲基金经理戴维·埃因霍恩解释说："这就像你的汽车配备的安全气囊，平时看不出来有什么问题，但就在你发生车祸的时候它没有及时弹出来保护你。"假设一家公司的 VaR 为 5 亿美元，也就是说这家公司在未来给定的一段时间内损失不超过 5 亿美元的概率为 99%，我们同样也可以这样理解，即这家公司有 1% 的概率遭受超过 5 亿美元的损失——而且在某些情况下的损失要大大超过 5 亿美元。事实上，这一模型根本没有办法告诉你假如那 1% 的情况发生，事态会有多严重。很少有人会关注"尾部风险"（位于分布曲线末尾的小概率事件），以及这些小概率风险所带来的灾难性后果。（如果你从酒吧出来打算回家，虽然你的血液中的酒精含量只有 0.15，撞车死亡的概率还不到 1%，但酒后驾车依然是一个不明智的决定。）更甚的是，许多公司还天真地以为自己对那些小概率风险已经做了充足的准备，这无疑是雪上加霜。美国财政部前部长保尔森解释说，许多公司觉得只要出售资产，就能在很短的时间内筹集到现金。但在危急关头，几乎所有公司都需要现金，这些公司全都在想办法出售相同类型的资产，从风险管理的角度看，这就像一个人说："有灾难降临？那也没必要事先储备净水，到时候只需要去超市买几瓶矿泉水就行了。"可是当小行星真的撞上了你所在的小镇，生活在这里的其他 5 万名居民也想着要去超市买水，那么等你赶到超市的时候会发现，超市的玻璃已经被砸了，货架上什么东西都没有。

当然，你会觉得担心行星撞地球这种小概率事件根本是杞人忧天，而这正是

VaR灌输给投资人的想法。乔·诺塞拉总结了《黑天鹅：如何应对不可预知的未来》一书的作者，同时也是VaR的强烈反对者纳西姆·塔勒布的观点："最大的风险从来就不是那些你能看得见、算得出的，而是那些你看不见从而无从估量的，那些看上去似乎远不在正常概率范围内、远远超出你的想象、你认为一辈子都不可能发生的风险，事实上，它们的确会发生，而且比你所能想到的要频繁得多。"

从某些方面来看，VaR的崩溃是施利茨啤酒案例的反面教材。施利茨的广告推广基于一个已知的概率分布模型，无论参与盲品会的观众最后选择施利茨啤酒的概率为多少，施利茨公司总能通过运作将其转化为有利于自身品牌宣传的结果。施利茨甚至专门选取了其他品牌的忠实用户参与盲品会，以此来规避不利结果，就算只有不超过1/4的米凯罗啤酒爱好者选择了施利茨（这在概率上基本属于不可能的范畴），施利茨依然可以声称每四位米凯罗啤酒支持者中就有一位会考虑更换品牌。但关于这个例子最重要的一点或许是，不管概率怎么计算和预测，终归只是啤酒的事，与全球金融体系扯不上关系。华尔街的数量分析专家犯了三个基本的错误。第一，他们混淆了"精确"和"准确"的概念。VaR模型就像是我的高尔夫测距仪，我以为它的计量单位是"码"，可实际显示的计量单位却是"米"：确实精确，但并不准确。错误的精确让华尔街的高管自以为是地认为他们对风险状况尽在掌握。第二，他们对基础概率的估算方式是错误的。正如之前格林斯潘在接受质询时所指出的，不应该只用2005年以前相对平稳和繁荣的经济数据来预测接下来几十年的市场表现。这就好像一个人去赌场玩轮盘赌，心里想着自己有62%的概率会赢，因为上次玩轮盘赌赢钱的概率就是62%，结果怎么样呢？这对他来说将会是一个难熬、难忘的夜晚。第三，公司忽略了"尾部风险"，VaR模型预测的是那些发生概率为99%的结果，这也是概率的工作原理（本书的后半部分将会不断地重复这一概念）。即使是貌似不可能的事件，也有发生的可能。事实上，放眼望去，它们并没有人们想象的那样罕见，每天都有人被雷击中，我的妈妈打高尔夫球一杆进洞的情况甚至都出现了 3 次。

供职于商业银行和华尔街的那些狂妄自负的统计专家，最终促成了自 20 世纪 30 年代大萧条以来最严重的全球金融紧缩，这场始于 2008 年的金融危机在美国导致了无法估量的美元币值蒸发，将失业率推到了 10% 以上，引发了一波又一波的房屋拍卖和商业失败的浪潮，还让世界各国政府都陷入了巨大的债务危机之中，它们在遏制经济损失的过程中苦苦挣扎。面对这样一个悲惨结局，类似于 VaR 这样旨在减少风险的精密金融工具给人们留下的除了讽刺，别无他物。

概率学提供了一系列强大且实用的工具，其中有许多都能为我们所用。如果使用得当，就能更好地辅助我们认识世界；如果使用不当，后果会不堪设想。之前我一直强调统计学是“一个强大的武器”，为此我想套用一下美国枪支权利支持者的话：概率学本身不会犯错，犯错的是使用它的人。本章接下来将会介绍一些最为常见的与概率有关的错误、误解和道德困境。

想当然地认为事件之间不存在联系。抛一次硬币得到正面的概率为 1/2，抛两次硬币结果都为正面的概率为 1/4，因为这两个事件是独立的，因此两次都得到正面的概率为各自概率的乘积。在领会了这一强大的概率学要点之后，你被正式提拔为某大型航空公司的风险管理总监，你的助理告诉你越（大西）洋航班的引擎出现故障的概率为 10 万分之一，考虑到此类航班的班次较多，因此这样的风险还是应该被极力避免。可喜的是，每一架越洋航班都配有至少两个引擎，你的助理计算得出在大西洋上空两个引擎都出现故障的概率为 $(1/100\ 000)^2$，即 100 亿分之一——一个理论上安全的风险。这个时候，你作为风险管理总监，就可以让你的助理收拾东西回家，以后再也不用来了。因为两个引擎发生故障并不是彼此独立的事件，如果飞机在起飞时迎面飞来一群天鹅，那么两个引擎都有可能损坏。同样的，许多其他的因素也会对飞机引擎的性能造成影响，如天气变化、维护不当等。如果一个引擎出现了故障，那么第二个引擎出现故障的概率肯定要大大高于10万分之一。

意识到这一点很难吗？对于20世纪90年代的英国检方来说，恐怕确实很困难，正是因为对概率的不当使用，他们做出了一次严重的司法误判。就像刚刚假设的飞机引擎的例子一样，英国检方所犯的统计学错误正是想当然地认为几个不同事件之间是彼此独立的（跟抛硬币一样），而忽略了它们之间的联系（某个特定结果的出现会增加类似结果发生的可能性）。但这次的事件却是真实的，无辜的人因此蒙受了牢狱之灾。

错误源自一种名为SIDS（婴儿猝死综合征）的疾病，具体表现为健康的婴儿无明显病症突然死亡。由于死于其他原因的婴儿的数量日趋减少，相比之下死于SIDS的婴儿变得越来越常见，因此SIDS越来越受到关注。也因为这些婴儿的死因如此神秘、难以解释，各方的猜测和怀疑始终不绝。有些时候，这一怀疑是有道理的，因为尸检并不能有效地区分自然死亡和疏忽致死，一些不负责任的家长会用SIDS作为挡箭牌，以掩盖他们对孩子的照顾不周和虐待。英国检方和法庭认为，如果一个家庭中先后发生多起婴儿猝死事件，那么就可以认定婴儿是疏忽致死，而非自然死亡。英国著名的儿科医师罗伊·麦都爵士就经常为这一观点做专家证人。英国《经济学人》杂志写道："一个婴儿的死亡是悲剧，两个婴儿死亡就很可疑，三个婴儿死亡便可断定为谋杀，这就是大名鼎鼎的'麦都定律'。其依据是如果某个事件的发生概率本来不高，那么在同一家庭里发生两次甚至多次则不可能是巧合。"麦都爵士在法庭上常常会向法官解释说，一个家庭先后有两个婴儿由于自然原因猝死的概率微乎其微，只有 7 300 万分之一。具体计算过程是：婴儿猝死本身就比较罕见，发生概率为 1/8 500，那么同一家庭里两个婴儿猝死的概率就为（1/8 500）^{2}，也就是约 7 300 万分之一。如果一个家庭中有两个婴儿猝死，基本上可以断定孩子的父母是极不负责任的家长，判他们过失致死罪一点儿都不为过。在没有任何医学证据表明存在虐待或过失行为的前提下，法官一般都会采纳麦都爵士的专家意见，家长因此锒铛入狱。一些发生过婴儿猝死的家庭，刚出生的婴儿会被强制送往其他地方抚养，以远离其亲生父母的“迫害”。

对统计事件独立性的错误理解，致使麦都爵士的证词的严密性受到挑战，《经济学人》就此写道：

> 英国皇家统计学会指出，麦都爵士的逻辑存在一个明显的漏洞。概率计算本身没有问题，但前提是必须保证婴儿猝死事件是完全随机的，相互之间不存在任何未知的联系。但由于医学界对婴儿猝死综合征还未完全了解，同一家庭中的婴儿先后猝死的事件之间非常有可能存在某种联系，例如基因等，从而让一个已经遭受婴儿夭折打击的家庭再次遭受打击。但由于那些家长已经被定罪，为了维护司法的严肃性，科学家的建议是可能存在某种联系，仅此而已。

2004 年，英国政府宣布对 258 起已经结案的家长谋杀婴儿的案件进行重审。

对两个事件的统计独立一无所知。人们犯的另一种常见错误是，对相互独立的事件浑然不觉，甚至还将它们作为相关事件进行处理。假设你正在一家赌场里

（虽然从统计学的角度看，你根本就不应该出现在这种地方），你会看到赌客们红着眼睛盯着骰子或扑克牌，嘴里念念有词“总该轮到我赢了吧”。如果轮盘球已经连续5次停在黑色区域了，有人就会想当然地认为下一次肯定会停在红色区域，大错特错！轮盘球停在红色区域的概率一直都没变，应该是16/38，与之相反的信念就是“赌徒谬误”。事实上，就算你连续抛1 000 000次硬币，并且结果全都是正面朝上，第1 000 001次抛硬币出现反面的概率依然为1/2。两个事件具有统计独立性的定义是其中一个事件的结果对另一个事件的结果不存在任何影响。就算你觉得从统计学的角度来解释不够有说服力，你也可以从物理学的角度问问自己：一枚硬币连续抛几次的结果都是反面朝上，怎么做才能使它下一次抛出的结果是正面朝上？

即使在体育领域，这种线性思维也同样会给人带来错觉。有一篇广为人知、妙趣横生、与概率学相关的学术论文就驳斥了体育迷头脑中一个根深蒂固的观念，那就是篮球运动员存在“手感”这一现象，即手感来了，怎么投都能中，一投一个准，但手感一走，投篮命中率立即下降。绝大多数的体育迷都相信，一个刚刚投篮得分的球员再次投中的概率要大于刚刚投篮失手的球员。但对于托马斯·吉洛维奇、罗伯特·瓦隆和阿莫斯·特沃斯基这三位研究者来说，根本不存在所谓的“手感”一说，为此他们用了三种不同的方式来证明。首先，他们分析了费城76人队在1980—1981年赛季主场的得分数据（当时，美国职业篮球联赛的其他球队还没有类似的数据统计），发现“没有证据表明连续进球之间存在正相关关系”。随后，他们分析了波士顿凯尔特人队的罚球数据，也得出了相同的结论。最后，他们邀请了康奈尔大学男篮和女篮队成员参与控制实验，这些篮球队队员在上一个投球命中的情况下再进一球的概率为48%，上一个投球未中的情况下投球命中率为47%。对于年龄区间在14~26岁的运动员来说，一次投篮命中和再次投篮命中之间的相关性为负。在这一点上，全场只有一位运动员表现出了强烈的正相关关系。

这和绝大部分篮球迷告诉你的情况大相径庭。举个例子，上述论文的写作者之一在斯坦福大学和康奈尔大学进行的问卷调查显示，有 91% 的篮球迷认为，当球员连续两三次投篮成功后再次投中的概率要高于他连续投失两三次球后投篮命中的概率。这篇关于“手感”的论文告诉我们，人们脑海里的观念和事实往往存在差异，论文作者写道：“人们对于随机性的直观感受与概率的相关定律之间存在着鸿沟。”我们自认为看到了规律，可实际上或许根本不存在规律。

比如，成群癌症病例。

成群病例的发生。你或许从报纸或电视上看到过，某些地区的居民接连被查出患有某种罕见的癌症，而这在统计学上被认为是几乎不可能发生的事，于是所有人都把矛头指向了当地的水源、发电厂或手机信号塔。当然，我们不能排除其中的某个因素就是罪魁祸首的可能性（后面的章节会为大家介绍，统计学是如何在众多干扰因素中辨识出存在关联的因素的）。但成群病例同样有可能只是单纯的巧合，不管发生的概率有多低。的确，在同一个学校、教区或工厂里同时有 5 个人患有某种罕见白血病的概率可能只有百万分之一，但不要忘记，学校、教区和工厂的数量也有好几百万。在其中的一个地方出现 5 位罕见白血病患者的概率并没有想象中的那么低，我们只是没有考虑到未出现白血病病例的学校、教区和工厂。换一个例子，中彩票大奖的概率可能只有两千万分之一，但当有人中奖的消息传开后，我们没有人会感到惊奇，因为毕竟彩票中心已经卖出了好几百万张彩票。虽然我个人对买彩票的行为比较反感，但伊利诺伊州彩票的广告词却深得我心："总有人会中头彩，那个人有可能就是你。"

为了证明这一相同的论点，我还和我的学生进行过一个实验。班级的人数越多，效果越好。我让班上所有人都拿出一枚硬币，并从座位上站起来，我们一起抛硬币，硬币正面朝上的学生必须坐下。假设我们一开始有100位学生，在第一次抛硬币结束之后，有大约50人坐下；然后我们开始第二次抛硬币，之后还剩下约25位学生站着；然后是第三次、第四次……通常最后总是会剩下一位学生在连续5次或6次得到硬币反面朝上的结果后，依然站在那里，我会在这个时候走到这位同学的身边问他"你是怎么做到的？""你平时都做些什么特殊训练，可以连续这么多次都做到反面朝上？""你是不是吃了什么特别的东西？"等，这些问题惹得全班同学哈哈大笑，因为他们目睹了整个过程，他们知道这位连续6次得到反面结果的同学并没有什么特殊的技能，一切只是巧合。但如果脱离了这样一个环境，当我们目睹一些异常的事件发生时，我们总是会想："没那么巧吧？背后肯定有什么原因。"但事情偏偏就是这么巧。

检方谬误。假设你是法庭陪审团的一名成员，听到如下事实：(1) 犯罪现场找到的DNA样本与被告的DNA相吻合；(2) 除了被告以外，该DNA样本与其他人相吻合的概率为百万分之一（在这个例子中，我们姑且认为检方提供的概率是准确的）。在这些证据的基础上，你会认为被告人有罪吗？

但愿你投的不是赞成票。

当统计证据的存在背景被忽视时，检方谬误就成了不可避免的事实。下面的两个场景分别解释了DNA证据是如何被用来指证被告的。

被告一：该被告是被害人生前的恋人，但被后者抛弃，在离犯罪现场3个街区以外的地方被捕，身上携带着杀人工具。在被捕之后，法医从他身上强行提取了DNA样本，该样本后被证实与在犯罪现场发现的一根头发中提取的DNA样本相吻合。

被告二：该被告于几年前在另一个州以相同的罪名遭到起诉。一个囊括100多万名暴力罪犯DNA信息的国家级数据库里恰好收集了该被告的DNA样本，警方在犯罪现场找到了一根头发，提取了其DNA信息，并在这个数据库中进行自动比对，比对结果最终指向了这名被告，而根据调查，他与被害者并无任何关系。

正如之前所说的，在这两个案例中，检方都可以义正词严地宣称，犯罪现场找到的DNA样本与被告相吻合，且该DNA样本与除被告之外的第二人相吻合的概率仅为百万分之一。但是在第二个案例中，被告完全有可能就是那个“第二人”，即100多万名DNA信息所有者中恰好与真正的杀人凶手的DNA相似的那个人。这是因为通过100万次的数据库样本对比，找到“第二人”的概率相对提升了。

回归平均数（或趋均数回归）。你或许曾经听过一个叫作“《体育画报》封面诅咒”的说法，即成为《体育画报》封面人物的运动员或团队，在之后比赛中的成绩会出现不同程度的下滑。一种解释是，成为该杂志的封面人物会对接下来的表现产生不利影响。而另一个在统计学上更加说得过去的解释是，球队和运动员在经历了一段表现异常出色（如20连胜）的时期后出现在封面上，而他们之后的比赛成绩会回归正常水平，这一现象就叫作回归平均数。概率学告诉我们，跟在异常值——在某个方向上远离平均数的数据——之后的更有可能是那些接近（长期积累得出的）平均数的数据。

回归平均数现象可以用来解释为什么芝加哥小熊队总是花大笔的“冤枉钱”，请一些之后会让球迷失望的自由球员为其效力。通常，棒球运动员在完成了一个或两个成绩极佳的赛季之后，便获得了谈判加薪的资本，换上一身小熊队的球服并不一定会让这些球员的表现变差（虽然我并不会完全排除这种可能性），但是小熊队花了大价钱买来的却是这些超级明星超常发挥的“尾端”，每个球星超水平发挥的时间段都是有限的，也就是那么一两年，过了超水平发挥的时间之后，他们的表现便会趋于正常，这也是为什么他们在小熊队效力时会让球迷大失所望——并非因为他们的技术很差，其表现只不过是正常水平而已。

同样的现象还可以用来解释为什么有些学生在考试中会超常发挥，有时候成绩又会不尽如人意；有些学生明明考得没有平时好，但重考的成绩却又稍稍提升了。要解释这一回归现象，一种思路是学生的考试成绩（无论是文化课还是体育课）基本上是由个人的努力和运气（统计学家称之为“随机误差”）构成的。也就是说，那些在某次考试中超常发挥的学生只不过是交好运了，而那些考试成绩与平时相比大失水准的考生只是运气差了一些。当好运或厄运终于结束时（总有结束的那一天），随后的表现就会更加接近平均值。

假设我正在组建一支抛硬币的明星团队（在认为扔硬币与天赋和能力有关的错误观念的驱使下），我发现了一名连续 6 次抛硬币都反面朝上的学生，于是我向他伸出了“橄榄枝”——一份价值 5 000 万美元、为期 10 年的合约。不用说，10 年之后我一定会失望至极，因为这名学生在这 10 年里抛出的硬币只有 50% 的情况是反面朝上。

乍一看，回归平均数可能会与“赌徒谬误”相排斥。当学生连续6次抛出的硬币都是反面朝上之后，下一次是不是“应该”正面朝上？他再次抛硬币得到正面向上的概率依旧没变：1/2。他已经连续多次抛出反面朝上的事实并不能增加他下一次抛出正面朝上的概率，每一次抛硬币都是一个独立事件。但是，我们可以期望接下来抛硬币的结果在总体上会和概率学所预测的一致，即半数是正面朝上、半数是反面朝上，而非之前出现的所有都是反面朝上的结果。如果一个人一开始抛硬币的结果全都是反面朝上，那么在接下来的10次、20次或100次抛硬币的过程中肯定会出现更多的正面朝上的情况。大数定律告诉我们，抛的次数越多，得到的结果就越接近平均值（如果情况相反，那我们就应该开始怀疑是不是有人作弊）。

最后还有一个有趣的情况，研究者们发现了一个与《商业周刊》有关的现象。当公司高管获得了备受瞩目的高级别奖项，包括被《商业周刊》提名为“最佳经理人”，他们的公司会在接下来的三年内遭受利润和股价的双重下挫。但是与《体育画报》效应不同的是，这一现象比回归平均数复杂得多。根据加利福尼亚大学伯克利分校和洛杉矶分校的两位经济学家乌尔里克·马尔门迪尔和杰弗瑞·塔特的研究，当公司CEO（首席执行官）坐到了“超级明星”的位置，他们会被自身的“光环”所影响。他们开始写回忆录，被邀请成为外部董事，甚至开始物色美女为自己的终身幸福做打算（其实两位经济学家只给出了前面两个解释，第三个解释是我自己加的，而且我觉得这个解释同样具有说服力）。马尔门迪尔和塔特写道：“我们的研究表明，媒体主导的超级明星文化会导致行为扭曲，而且扭曲程度要超过单纯的平均值回归。”换言之，如果某位CEO成为《商业周刊》的封面人物，请马上抛售其公司的股票。

统计性歧视。概率会告诉我们某个事件发生的可能性有多大，那么面对一个很有可能会发生的情况，我们到底应不应该做出反应？或者说，什么时候做出反应是可以的，而什么时候做出反应又是不可以的？2003年，欧盟就业和社会事务专员安娜·迪曼托波罗提出，保险公司的保费政策不得因为客户的性别不同而有所差别，因为这违反了欧洲联盟的平等对待原则。然而，对于保险公司来说，以性别区分保费的做法仅仅是出于统计学的考虑，与性别歧视无关。男性的车险费用要高一些，这是因为他们出事故的情况较多；女性需要多缴纳养老保险，这是因为她们活得更久些。当然，有的女性比男性更容易出事故，有的男性活得比女性久，但正如上一章所提到的，保险公司并不关心这些，它们只关心统计学意义上的现实，因为只要它们把平均值弄对了，公司就会挣钱。关于欧盟委员会于2012年实施的禁止保费男女有别的政策，有趣的地方在于，相关部门并没有否认性别与保险所承担的风险之间存在关联，但它们只是一直在强调这一基于性别的保费差异是不可接受的。

这样的一个政策乍看上去会让我觉得反感，因为政策制定者们似乎眼里只有政治正确性，对其他一概视而不见。但仔细一想，我又对自己的立场没那么确定了。还记得之前介绍的有关预防犯罪的知识吗？在这个领域里，概率学既可以给我们带来神奇的感觉，也会增添很多烦恼。通过概率模型，我们得知从墨西哥进入美国的冰毒贩毒者最有可能是年龄为18~30岁、21点至凌晨驾驶红色皮卡车的西班牙裔男子，但同时我们也知道符合上述标准的绝大多数西班牙裔男子都不是毒贩，那我们应该怎么办？这就是我在上一章描述得天花乱坠的预测分析方法的缺陷所在，至少是缺陷的一个方面。

概率学告诉我们什么情况更有可能发生、什么情况更不可能发生，这仅仅是基础的统计学，也就是我们在之前几章里一直探讨的，但我们不能忽视统计学的社会影响。如果我们想要捉拿暴力犯、恐怖分子、贩毒人员，以及其他有可能对社会造成巨大损害的人，我们就必须动用手中的一切工具，概率只是其中的一种，如果我们在执法过程中死守着概率不放，而忽略性别、年龄、种族、家庭、宗教以及国籍等综合因素，那将会犯下幼稚的错误。

对于这些信息（假设它们在某种程度上具有预测价值）的处理，我们能做什么、应该做什么是一个哲学和法律问题，而非单纯的统计问题。每天，我们都会收集到有关更多事物的信息，如果这些数据告诉我们，我们正确的概率要比错误的概率高，我们是否就能堂而皇之地进行歧视了（这就是“统计性歧视”或“理性歧视”概念的由来）？那些会买鸟食的人逾期还信用卡的概率较低（这是真的！），诸如此类的分析可以应用到生活的方方面面，但是分析应该做到哪种程度？如果我们建立一个能够识别毒贩的模型，这个模型的正确率为 80%，那剩下的 20% 的无辜的人该怎么办？因为这些人将会无止境地遭到这一模型的骚扰。

摆在我们面前的一个更大的问题是，数据分析对人们的行为和事件结果的影响已经大大超出了分析人员的想象。对于欧盟委员会禁止男女有别的保险费的决定，你可以表示赞成，也可以表示反对，但我可以保证这绝对不会是最后一个让人左右为难的决策。我们总是习惯性地认为数字是“冰冷、确凿的事实”，如果计算无误，那么我们就一定能够得到正确的答案。但一个更有趣和危险的现实是，有时候正确无误的计算也会将我们带往一个危险、浮躁的方向：我们可以摧毁金融体系，也可以骚扰一个恰好在某个时间出现在某个街头的 22 岁白人男子，因为根据我们的统计模型，我们几乎可以确定他打算去买毒品。尽管概率有简洁、精准的优点，也不能替代人类作为行为主体对其所进行的计算、进行计算的原因所做的思考。

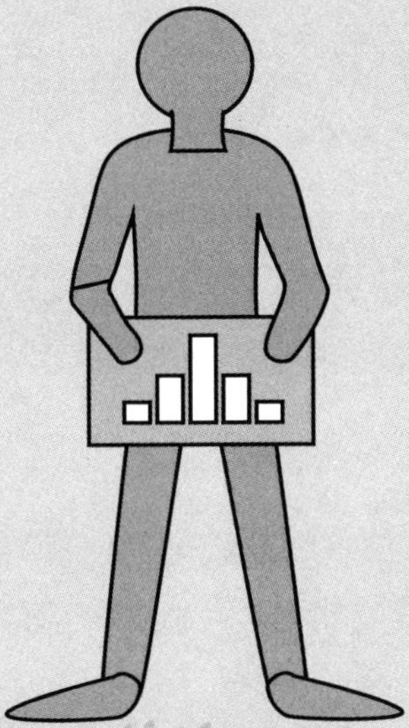

第8章
数据与偏见

2012 年，《科学》期刊刊登了一项惊人的发现：在求偶期多次遭受雌性果蝇冷落的雄性果蝇会“借酒消愁”。那么，这些果蝇是如何一醉方休的？

2012年春天，研究人员在权威期刊《科学》上刊登了一项惊人的发现。这项前沿研究表明，多次被雌性果蝇冷落的雄性果蝇也会“借酒消愁”。《纽约时报》头版对这项研究描述道：“这些急于成功的年轻雄性果蝇，在面对一群心仪的雌性果蝇时一而再，再而三地遭受打击，它们和众多屡次被拒绝的成年男子一样，借助酒精来缓解内心无处释放的欲望。”

这一研究加深了我们对大脑奖赏系统的了解，从而更好地帮助我们寻找新的治疗药物和酒精依赖的方法。一位医学专家将这项研究解读为“回到奖赏回路的起源，探究激发基本行为如性爱、进食和睡眠的原始动力”。

由于我本人并非这个领域的专家，因此在读到有关果蝇的这项发现时，我有两种略有不同的反应。首先，这篇报道让我回想起我的大学时光。其次，好奇心驱使我不得不问：这些果蝇是如何一醉方休的？是不是研究者专门定制了一个小型的果蝇酒吧？吧台里是不是有各种各样的果酒以及一只情感丰富的果蝇酒保？酒吧的背景音乐是美国乡村音乐吗？失意的雄性果蝇喜欢乡村音乐吗？

而实验的真相却简单得令人难以置信。一组雄性果蝇可以与正常雌性果蝇自由交配；另一组雄性果蝇所在空间内的雌性果蝇在此之前已经完成了交配，因此它们对雄性果蝇的“猛烈攻势”毫无兴趣。随后，研究人员为这两组雄性果蝇提供了两种喂食棒：一种是普通的果蝇食物——饲料、酵母和糖分，另一种是“硬家伙”——除了饲料、酵母和糖分，还添加了15%的酒精。那些花了几天时间想要与“性冷淡”的雌性果蝇交配的雄性果蝇，显然对烈酒更有兴趣。

尽管这个实验还存在一些不尽如人意的地方，但得出的结论对于人类来说依然具有重要的意义，实验结果表明了压力、大脑的化学反应和对酒精的欲望三者之间存在联系。但这样的一个结论并不是统计学的胜利，而是数据的胜利，正是数据让相对基础的统计分析成为可能。这项研究的天才之处在于寻找到了适当的方式，创造了一组性欲得到满足和一组“欲求不满”的雄性果蝇，然后设计了一个能够比较两组果蝇饮食区别的方法。一旦完成了这几个步骤，接下来的数据分析基本上就只有高中科学实验课的难度了。

数据对于统计学家来说，就像是一个组织有效的进攻锋线面对一个明星四分卫。每一位明星四分卫前面都会站着一群优秀的阻挡队员，虽然他们默默无闻，但如果没有他们，我们就不会欣赏到四分卫的风采。绝大多数的统计学书籍都想当然地以为读者使用的都是好数据，就像每一本烹饪食谱都觉得你不会购买不新鲜的肉和腐烂的蔬菜一样。即使是最好的食谱，面对变质的食材，也无法“化腐朽为神奇”。数据也是如此，如果基础数据本身就有问题，那么再缜密严谨的分析也是徒劳。

一般来说，我们会要求数据做3件事。第一，我们可能需要一个代表某个更大群体或总体的数据样本。如果要调查某个政治候选人的民意支持率，我们就需要对一组潜在的选民进行采访，而且他们应该能够代表所在选区的所有选民（必须明确的是，我们并不需要一个代表所有生活在该区域的居民的样本，而需要一个代表那些最有可能去投票的选民的样本）。统计学最强大的一点就在于，由一个在合理范围内足够大，并且正确抽取的样本推导出来的结论，能够准确地反映整个人口的特点，做到与对全体人口进行普查得到的结果分毫不差。关于统计学的这一神奇之处，本书会在随后的两章里详细解读。

在较大的总体中收集具有代表性的样本，最便捷的方式就是随机挑选子集（这就是大名鼎鼎的简单随机抽样法）。这一方法的关键在于，相关总体中的每一观测值被选入样本的概率必须相同，如果你在一个拥有 4 328 名成年人的社区中随机抽取 100 名成年人作为样本，那么你必须保证这 4 328 人中的每一个人都有相同的概率进入最后的 100 人抽样名单。几乎所有的统计学课本都将其描述为“袋中摸球”，假设在一个大口袋中有 6 万颗蓝球和 4 万颗红球，那么从这个大口袋中随机抽取 100 颗球组成的样本的成分最有可能是 60 颗蓝球和 40 颗红球。如果我们进行多次抽取，显然每一次的结果会有所不同——有时候是 62 颗蓝球和 38 颗红球，有时候是 58 颗蓝球和 42 颗红球。但是，出现一个极大偏离原始蓝球和红球组成比例的抽样结果的概率是非常低的。

必须承认的是，在实际操作中的确存在一些挑战。大多数我们关心的总体总是要比一口袋彩球复杂，如果要对美国成年人口进行电话调查，究竟怎么做才符合简单随机抽样的定义呢？即使是一个看似简便易行的随机拨打方案也存在潜在的缺陷，一些人（尤其是低收入者）可能家里没有安装电话，另外一些人（尤其是高收入者）可能更倾向于视频通话，因此他们会拒绝接听这类电话。之后的内容中将会介绍民意调查公司在克服这些困难时采取的策略（随着手机的普及，很多挑战变得越来越棘手和复杂）。不管采用什么策略，核心理念就在于：一个合理采集的样本会呈现其背后的总体的特点。从直觉出发，这就像从一锅汤里舀出一勺进行品尝，如果这锅汤之前被搅拌得很充分，那么这小小的一勺汤足以告诉你整锅汤的味道了。

从统计学教材中，你将会读到有关随机抽样法更为详细的介绍。民意调查和市场分析公司的员工不遗余力地投入了大量的时间来研究如何更为经济有效地从不同的总体中获得具有代表性的数据。到目前为止，你应该意识到了如下几个重点：(1) 没有比代表性样本更有用的统计学工具了，统计学要是离了它，马上会黯然失色；(2) 获得一个好样本比想象中的难；(3) 那些耸人听闻的夸张结论，其中有许多都是由于正确的统计方法被应用在了糟糕的样本上，而不是相反；(4) 样本容量很重要，而且容量越大越好。关于这一点，将会在接下来的章节中具体讲到，直觉可以告诉我们，样本容量越大，那些极端的变量对结果的影响就会越小（一碗汤要比一勺汤更能体现整锅汤的味道）。一个重要的注意事项是，如果样本组成本身存在问题，即存在所谓的“偏见”，那么无论样本容量有多大，都无法改变这一“偏见”的影响。假设现在你要对美国总统的支持率做一个电话调查，假如你的调查对象局限于华盛顿特区的居民，那么他们的意见会跟美国人民的意见有出入，无论你给 1 000 人打电话，还是给 10 万人打电话，都无法解决这一基础性的问题。事实上，一个存在偏见的大容量样本甚至要比一个存在偏见的小容量样本更具有误导性，因为人们会因为前者包含的样本数量多而盲目“崇拜”其结论。

我们经常会要求数据做的第二件事是提供比较。新药是不是比原来的治疗方式更有效？接受过职业培训的有犯罪前科的人，再次入狱的可能性会不会比没有接受过职业培训的低？在特许学校上学的孩子在学业上的表现，会不会比在常规的公立学校上学的同龄人好一些？

在这些例子中，我们的目标在于找到两组比照对象，在保证其基本相似的前提下对其中一组进行“实验”并观察结果。在社会科学的范畴里，“实验”一词的对象可谓丰富，既可以是遭受求偶挫折的果蝇，也可以是享受所得税返还的工薪族。和其他科学实验类似，我们需要将某个特定的外部干扰因素或属性隔离开，这正是果蝇实验的精妙所在。研究者们想出了一个方法，设计了一个对照组（参与交配的雄性果蝇）和一个“实验”组（备受打击的雄性果蝇），接下来这两组果蝇在饮食习惯上的区别就可以归因于它们是否遭受过求偶挫折了。

在自然科学和生物科学领域，对照组和实验组的设计都相对直接。化学家可以通过一支支不同的试管来调节变化，研究反应结果；生物学家通过培养皿也能达到相同的目的。就算是动物实验，在很多时候也比让果蝇喝酒更容易，我们可以将一组老鼠定期放在跑步机上做常规运动，然后将它们放入迷宫中观察其敏锐度，并与另外一组从来没有做过运动的老鼠进行对比。但是，当我们把人牵扯进来的时候，事情就变得复杂了。一个完善的统计分析经常要求有一个对照组和一个实验组，我们不能强制人去做那些实验室老鼠做的事（而且就连让实验室老鼠做这些事都有很多人反对）。年轻时遭受多次脑震荡会在晚年引发严重的神经问题吗？这是一个非常重要的问题，橄榄球运动（以及其他一些运动）的未来有可能会因为这个问题的答案而发生剧变。但这也是一个无法用人体实验来回答的问题，除非我们教会果蝇如何戴头盔，否则我们就必须寻找其他方式来研究头部创伤带来的长期影响。

在涉及人类主体的实验中，一个反复出现的挑战就是如何让对照组和实验组之间只存在一个不同的条件。为此，这类实验所遵循的一条“金科玉律”就是随机取样，即实验对象（可以是人，也可以是学校、医院或任何东西）被随机分配到实验组或对照组。我们无法保证所有的实验对象都是完全相同的，这时，概率便（又一次）成为我们的好朋友。通过随机取样，两组对象的所有相关特性都得到了均匀分配，其中不仅包括我们能够观察到的特性，如种族、收入等，还包括那些我们无法衡量或没有考虑到的特性，如耐力、忠诚度等。

我们收集数据的第三个原因，用我那处于青春期的女儿的话来说，就是“因为所以，科学道理”。有些时候我们面对信息时并没有一个明确的想法，但我们觉得总有一天这些数据会派上用场。这就和犯罪现场的侦探心态是一样的，收集所有可能收集到的证据，以供日后整理出线索和思路。当然，有些证据后来被证明是非常重要的，也有些证据从始至终都没有起作用。如果我们从一开始就知道什么是有用的、什么是无用的，那我们也不必大费周折地做调查了。

你大概知道抽烟和肥胖是心脏的大敌，但你可能不知道在弗雷明汉（美国马萨诸塞州东部的一个城镇）展开的一项旷日持久的研究弄清楚了它们之间的关系。弗雷明汉位于波士顿以西 20 英里，是一个郊区小镇，约有 6.7 万人。在普通人的眼里，这里是波士顿的郊区地带，不仅房价合理，而且距离大名鼎鼎的纳蒂克高级商城很近。但在研究人员的眼里，弗雷明汉是“弗雷明汉心脏研究”的所在地，这可是现代科学史上最成功、影响力最深远的纵向研究之一。

所谓纵向研究，就是对大量调查对象一生中不同时间点的信息进行收集，比如每两年进行一次采访。这类研究的参与者们会在长达 10 年、20 年甚至 50 年的时间里定期接受采访，从而创造出一个非常丰富的信息宝库。以弗雷明汉研究为例，研究者在 1948 年收集了 5 209 位弗雷明汉居民的信息，包括身高、体重、血压、教育背景、家庭构成、饮食、抽烟习惯、用药信息等。最为重要的是，从那以后，研究人员便追踪记录这些参与者的相关数据，同时还将他们的后代纳入数据库中，以观察与心脏病相关的遗传因素。从 1950 年开始，弗雷明汉研究的数据相继被 2 000 多篇学术文章采用，其中有将近 1 000 篇是在 2000—2009 年完成的。

这些研究成果在帮助人们进一步了解心血管疾病方面功不可没，一些在今天看来是常识的认识就来源于这些学术文章：吸烟提高心脏病发病风险（1960）；体育运动降低心脏病发病风险，而肥胖会提高发病风险（1967）；高血压提高中风风险（1970）；HDL胆固醇（即高密度胆固醇，之后也被称为“有益胆固醇”）含量高会降低死亡风险（1988）；父母或兄弟姐妹有心血管疾病的人，极有可能患有相同的疾病（2004—2005）。

纵向数据集好比是研究界的“法拉利”，对需要几年甚至几十年时间去求证的因果关系的探索极具价值。举一个例子，佩里学前教育研究开始于20世纪60年代末，研究人员从美国贫困的黑人家庭中挑选了123名三四岁的儿童，他们被随机分为两组，一组儿童接受了高强度的学前培训，一组则没有接受任何训练。在接下来的40年的时间里，研究人员对两组儿童的多方面表现进行了记录和比较，证明了早期教育的好处。参加学前教育的儿童5岁时的智商就超过了另一组儿童，而且他们中有更多的人从高中顺利毕业，40岁时的收入也普遍高一些。相比之下，另一组没有接受过学前教育的儿童，在40岁前累计入狱5次及以上的情况要常见得多。

但不是所有人在任何时候都能拥有法拉利跑车，很多时候丰田车也是不错的选择，研究领域的“丰田”就是所谓的“横向数据集”，即在同一时刻收集到的数据。例如，如果流行病学家正在寻找一种新型疾病（或某种已知疾病）的根源，他们可能会想到去收集所有病患的信息，希望能够从中发现规律：他们都吃了些什么？去过哪里？他们有什么共同点？与此同时，研究人员或许还会收集未患病的个体的相关信息，以凸显两组对象之间的差别。

事实上，在介绍横向数据的过程中，我回想起发生在自己身上的一件往事。在我举行婚礼前的一个星期，我不幸成为数据集的一分子。当时，我正在尼泊尔的加德满都出差，被检测出患上了一种名叫“蓝绿藻”的胃病，这是一种还未被医学界熟知的疾病，世界上也只有两个地方发现了这种病例。研究人员已经将病原体隔离出来，但由于此前从未有人进行过研究，因此他们还没有弄清楚病原体的有机构造。我给我的未婚妻打电话，告诉她这一坏消息。有关这种病的传播原理和治疗方法，当时医学界尚未给出定论，而且此病可能会导致严重疲劳和其他令人不适的反应，这些反应的持续时间从几天到几个月不等。我的婚礼马上就要举行了，这将会是一个大问题，在踏上红毯的时候我的消化系统会不会突然告急？我不敢想象。

但事已至此，我努力将注意力放在好的一面。首先，“蓝绿藻”并不是致命的。其次，远在曼谷的热带疾病专家表示对我的病例十分感兴趣，这是不是很酷？而且，我每次在与未婚妻通电话时都成功地将话题引回婚礼筹备：“不要再说我的不治之症了，现在来说说鲜花吧。”

在加德满都的最后几个小时里，我一直忙于填写一份长达 30 页的调查表，它涵盖了我的生活的方方面面：我在哪里用餐？我吃了什么？我是怎么做饭的？我会游泳吗，在哪儿游的，多久游一次？其他跟我诊断出相同胃病的人，也在做着同样的事。后来，病原体终于得到了确认，是蓝细菌的一种水生形态（此类细菌呈蓝色，是唯一一种通过光合作用获取能量的细菌，因此得名“蓝绿藻”）。研究发现，“蓝绿藻”胃病只需用传统的抗生素药物治疗，但令人感到奇怪的是，它对新式的抗生素药物却没有反应。但是，所有这些发现对于当时的我来说都太迟了，幸运的是我很快就恢复了健康，而且在婚礼那天，我近乎完美地管住了我的消化系统。

每一项重要的研究成果都有优质数据的默默支持，这些数据是分析顺利展开的基础。那么每一项糟糕的研究背后，隐藏的是什么呢？人们常说“统计数字会撒谎”，在我看来一些最臭名昭著的统计错误涉及用数据撒谎，统计分析本身并没有错，但用于计算和分析的数据要么是伪造的，要么就是不适当的。以下举几个常见的例子。

选择性偏见。据说《纽约客》的资深影评人宝琳·凯尔在理查德·尼克松当选美国总统之后曾发表过这样的看法：“尼克松不可能赢，我认识的人都没有投票给他。”虽然这句话可能不是宝琳说的，但至少能说明一点：一个不合格的样本（宝琳的自由派朋友圈）会使人对整个总体（全美国的选民）产生一个误导性的简单印象。这就引出了一个我们应该时常问自己的问题：在给出评价之前，我们是如何选择样本的？如果总体中的每一个人被选入样本的概率不是均等的，那么由这样一个样本推导出的结论就会存在问题。艾奥瓦州的民意测验是每届美国总统选举的传统事务，在总统选举前一年 8 月的某天，共和党的几位党内候选人会造访艾奥瓦州的埃姆斯，为吸引选民造势，有意愿的选民需要购买一张 30 美元的入场券来到现场进行投票。但是，艾奥瓦州的这场民意测验的结果与共和党即将诞生的总统候选人并没有多大关系（在过去的 5 届总统大选中，艾奥瓦州的民意测验只预测对了 3 位共和党候选人），这是为什么呢？因为花 30 美元来到现场的艾奥瓦州共和党选民并不能代表艾奥瓦州的其他共和党选民，而艾奥瓦州的共和党选民也不能代表美国其他州的共和党选民。

选择性偏见也会以其他方式呈现。一个针对某一机场消费者展开的调查肯定是存在偏见的，因为选择乘飞机出行的人一般来说会更加富有一些；而在 90 号州际公路旁的一个休息点展开的调查，可能会存在与机场调查结果相反的问题。此外，愿意在公共场合接受采访的人与不喜欢被打扰的人之间也有差别，因此这两个调查都有可能存在先天的偏见。假如你在一个公共场合询问 100 个人是否愿意接受一个小调查，其中有 60 人表示愿意回答你的问题，那么这 60 人与剩下那些匆匆经过你身边、拒绝跟你有眼神接触的40人之间，可能在某些方面存在巨大差别。

1936年，《文学文摘》主办的民意测验可谓是史上知名度最高的统计错误，其根源就是一个存在偏见的样本。那一年，共和党人、堪萨斯州州长阿尔夫·兰登竞选美国总统，他的民主党对手是寻求连任的富兰克林·罗斯福。《文学文摘》作为当时影响力颇大的新闻周刊，向该杂志的订阅者以及能够从公共档案中查到地址的汽车和电话所有者寄去了一份调查问卷，总共有1 000万名美国公民收到了这份问卷，这个样本容量在当时算得上是天文数字了。对于民调来说，优质样本越大，结果就越准，因为误差在减小；但是如果样本本身存在问题，那么民调规模越大，“垃圾”就会越堆越多、越堆越臭。《文学文摘》预测兰登将会以57%的支持率击败罗斯福赢得选举，而事实又怎么样呢？罗斯福获得了60%的选民投票以及多达46个州（总共48个州）的支持，以压倒性优势赢得了选举。《文学文摘》的样本就是典型的“垃圾”：该杂志的订阅者比普通美国人要富有，因此更有可能投票给保护富人利益的共和党，1936年家中就拥有汽车和电话的选民的投票情况也是如此。

在医药领域，如果在对实验对象划分实验组和对照组时，没有完全做到随机抽样，我们在比较两组结果时会遇到相同的基础性问题。以前列腺癌治疗为例，近期一本医学期刊刊登了治疗这类癌症所产生的副作用的相关发现。通常针对前列腺癌症患者有3种治疗方法：手术移除前列腺、放射治疗，或近距离放射治疗（也就是将放射性“种子”植入癌细胞集中的区域）。阳痿是前列腺癌治疗最常见的副作用，因此研究人员分别记录下参与3种治疗方法的人群的性功能信息。在接受治疗的两年之后，一项针对1 000名男性的调查发现，手术移除组有35%的男性能够进行性生活；放射治疗组能进行性生活的男性占37%；在接受近距离放射治疗的男性患者中，有 43% 的人恢复了性生活。

我们能凭借这些数据，得出近距离放射治疗对男性性功能损伤最小的结论吗？当然不能！该研究报告的作者们明确警告说，由于接受近距离放射治疗的患者通常较为年轻，健康状况也比接受另外两种疗法的病人要好，因此我们不能得出近距离放射治疗对男性性功能损伤最小的结论。这项研究的目的仅是为了记录下每种治疗方法对性功能的损伤程度。

当样本中的个人主动提出要加入实验组时，就出现了偏见的另一种形式，我们称之为选择性偏见。例如，主动提出加入戒毒组的犯人与其他犯人是不同的，因为他们是主动要求加入这个组别的。即使我们发现戒毒组的成员在出狱之后再次入狱的概率要比没有参加戒毒组的犯人小，也丝毫不能证明戒毒组的存在价值。这些曾经的囚犯已经洗心革面，开始了全新的人生，我们可以说这是因为他们参加了戒毒组，但也有可能是因为其他因素恰好使其有了主动申请加入戒毒组的愿望（比如产生了再也不想回到监狱的强烈欲望）。我们无法分离其中一种可能（戒毒组项目）与其他可能（成为一个主动申请加入戒毒项目的人）之间的因果关系。

发表性偏见。肯定性的研究发现相比否定性的研究发现来说，更有可能被发表，从而影响我们对事实真相的判断。假设你刚刚完成了一项严谨的纵向研究，得出玩电子游戏不能预防结肠癌的结论。你对一个包含 10 万美国人的代表性样本进行了长达 20 年的跟踪研究，发现每天花费数小时在电子游戏上的人得结肠癌的概率与那些不玩电子游戏的人基本相同。假定你的方法不存在任何瑕疵，那么哪一本享有声望的医学期刊会发表你的研究成果呢？

没有一本期刊会发表你的研究成果，原因有二。首先，玩电子游戏和患直肠癌之间在科学上并不存在强烈的相关性，因此你开展这项研究的出发点是什么并不明确。其次，也是本节重点要讲的，“某因素不能预防癌症”的事实算不上是一个特别有趣的发现，毕竟有太多的因素都不能预防癌症。无论在医学还是其他领域，否定性的发现都显得单调乏味。

而这种发表性偏见将会导致研究结果的扭曲。假设你的研究生班的一个同学开展了一项不同的纵向研究，她发现每天花很多时间玩电子游戏的人患上直肠癌的概率确实低，这样的结论就有趣多了！只有这类发现才能吸引眼球，容易受到医学期刊、大众媒体、博客以及电子游戏厂商（它们肯定会在产品包装上贴上“玩本游戏有益健康”的标语）的关注。想必过不了多久，美国的“虎妈”们为了“保护”她们的孩子免受癌症的威胁，将纷纷从孩子的手里把课本抢过来，然后逼他们玩电子游戏。

当然，统计学中经常出现的一个重要观点是，不寻常的事情偶尔也会发生，这只是偶然现象。在100项完成的研究中，就有可能存在一项结论完全不值得信赖的情况，比如玩电子游戏可以降低患直肠癌的风险这样的结论。但问题也随之而来：99项证明电子游戏和直肠癌之间不存在任何联系的研究成果由于枯燥无趣，将不会得到发表；但剩下的那一项声称寻找到二者之间联系的论文会引起注意并最终得到发表，仅仅因为这样的结论是有趣的。偏见的来源并不是研究本身，而是那些能够接触到大众读者的信息载体，于是阅读关于电子游戏和癌症的科学文献的人会读到这篇文章，在他们的眼里关于这个话题只有一项研究，而且这项研究证实玩电子游戏的确和癌症有关。事实上，有99%的研究证明二者并不存在联系。

我承认，刚刚的这个例子是奇怪了一些，但其中反映的问题是真实、严肃的。

《纽约时报》曾发表了一篇关于抗抑郁药物的发表性偏见的文章，第一句话就是："抗抑郁药百忧解、帕罗西汀等产品的生产商故意不发表更多的药物试验结果，就是为了获得政府许可，误导医生和消费者对药物真实效果的看法。"那些证明这些药物对治疗抑郁症有效的研究中有94%都得到了发表，而发现这些药物无效的研究中只有14%被发表在相关刊物上。对于抑郁症患者来说，这样的发表性偏见确实会造成误导。如果将所有研究成果进行综合考虑，其实抗抑郁药的效果只比安慰剂（外观与抗抑郁药相同，给对照组服用，不含任何药物成分）略好。

为了解决这一问题，如今的医学期刊要求所有研究在开始时通过项目注册的方式予以告知，否则将取消其发表的资格，期刊编辑可以借此得出某项研究的肯定和否定结论的比例。例如就滑板运动和心脏病的关系这一课题，总共有100项注册研究项目，最后只有一项得到了肯定结论并要求发表，那么期刊编辑就可以推导出剩下的99个项目都得出了否定结论（或者至少他们可以对这一概率进行调查）。

记忆性偏见。回忆确实很神奇，但并不是优质数据的可靠来源。我们总是认为现在和过去是有逻辑联系的——有因才有果，这符合人类的思考方式。但问题是，当我们试图解释当前一些特别好或特别坏的结果时，我们的记忆便会出现"系统脆弱"。1993年，一位哈佛大学的研究人员进行了一项关于饮食习惯和癌症关系的研究，他收集了两组女性的饮食习惯数据，一组为被诊断出患有乳腺癌的女性，另一组则由年龄相仿的健康女性组成，通过对她们早年的饮食习惯进行对比研究发现：患有乳腺癌的女性在年轻时更喜欢吃高脂肪含量的食物。

但实际上，这项研究并不能揭示饮食习惯和癌症之间的关系，仅能告诉我们癌症是如何影响一个女人对她早期饮食习惯的记忆的。所有参与研究的女性在几年前都接受了一个关于饮食习惯的调查，那时她们中间还没有一个人被诊断出患有癌症。一个令人震惊的发现是，患有乳腺癌的女性在回忆她们的饮食构成时，食物的脂肪含量比她们实际摄入的要高得多；而没有患上乳腺癌的女性则没有这一倾向。《纽约时报》是如此形容这一记忆性偏见的“阴险本质”的：

> 一纸乳腺癌的诊断书不仅改变了一个女性的现在和未来，还改变了她的过去。患有乳腺癌的女性（无意识地）认为摄取过多高脂肪含量的食物的饮食习惯极有可能是使她们患病的罪魁祸首，因此她们的记忆（无意识地）认为自己过去摄入了太多高脂肪含量的食物。了解这一疾病历史的人，对于这样的一种思维方式再熟悉不过了，这些女性与千万女性一样，不断回忆过去，想要从中找到一个患病原因，然后再将这个原因植入记忆。

没有记忆性偏见是纵向研究优于横向研究的一个方面。纵向研究的数据都是基于当前收集的，当研究对象5岁的时候，我们会问他对于上学的看法，13年之后，我们可以对其进行回访，看看他是不是从高中辍学了。横向研究的所有数据都是在某一个时间点上截取的，我们只能问一个18岁的高中辍学生当他5岁的时候对于上学持哪种态度，这位研究对象的回答必然没有13年前那么可靠和真实。

幸存者偏见。假设一位高中校长对外宣称学校里有一批学生的考试分数在过去4年中稳步提高（美国的高中为4年制），他们读高二时的考试分数比高一刚入校时的分数高，高三时的考试成绩再创新高，当然高四时的考试成绩又是高中4年中最好的。在这一过程中保证不存在弄虚作假行为，甚至没有任何对描述性数据的“创新使用”。这批学生每一年的成绩在平均分、中位数、高分段的学生比例等方面都优于上一年。你是会提名该校长为“年度校长”，还是会要求他提供更多的数据？

我当然会选择后者，因为我嗅到了“幸存者偏见”的味道。当样本中有一些或许多数据缺失，导致样本组成发生改变，从而影响分析的结果时，幸存者偏见就出现了。让我们假设这是一个不合格的校长，他的学生不学无术，每年都有1/2的学生辍学，虽然没有一个学生有真正的进步，但这对于学校的总体成绩来说其实是一件非常有利的事。一个最符合事实的假设是，成绩最差的学生最有可能成为辍学大军中的一员，随着越来越多这类学生离开学校，剩下的学生的平均成绩自然会逐渐上升。这就像一个房间里站满了身高不等的人，让较矮的人离开自然会让房间里的人的平均身高上升，但实际上没有一个人长高了。

共同基金正是死死地（并阴险地）抓住了幸存者偏见，来使自己的业绩看上去比实际上要好。共同基金通常会将它们的表现与股票市场的某个关键基准进行比较，如标准普尔500指数，这是一个由美国500家行业内领先的上市公司构成的股票指数。假设某年标准普尔500指数上升了5.3个百分点，某只共同基金如果涨幅更高，就可以被认为打败了此指数；如果涨幅更低，就被认为落后于此指数。如果投资者不想花钱请一个共同基金经理，那么一个低廉、便捷的选择就是买入标准普尔500指数基金，这也是一种共同基金，只不过投资的股票属于标准普尔500指数包含的这500家公司。共同基金经理们总是觉得自己是精明的投资人，有能力运用他们的知识挑出那些表现优于指数基金的股票。但事实上，要想一直战胜标准普尔500指数，并不是一件容易的事。标准普尔500指数基本上是所有交易中的大型股票的平均值，因此从数学的角度来思考，我们可以预期有 1/2 的管理活跃的共同基金的表现会超过标准普尔 500 指数，1/2 的共同基金的表现不如标准普尔 500 指数。当然，如果输给了一个完全不用思考、只需要买进 500 只股票并持有它们的指数基金，共同基金经理们自然会觉得丢脸，因为前者既不需要投资分析，也不需要复杂的宏观预测，而且更让投资者欢呼雀跃的是，没有高额的管理费。

传统意义上的共同基金公司一般都会怎么做呢？操纵数据是永远的“救心丸”！下面就来说说，它们是如何在没有打败市场的情况下“打败市场”的。某家大型共同基金公司会同时开放许多只共同基金（有专家专门负责挑选股票，通常会有一个特定的关注点或策略）。举个例子，假设一家共同基金公司开放了 20 只新基金，每只基金打败标准普尔 500 指数的概率约为 50%（这一假设与长期数据是吻合的）。现在，基础概率学告诉我们，该公司第一年只有 10 只新基金的表现能够打败标准普尔 500 指数，连续两年打败标准普尔 500 指数的基金为 5 只，连续三年打败标准普尔 500 指数的基金只剩下了 2~3 只。

最精彩的内容马上就要来了。届时，那些相比标准普尔 500 指数收益率不够理想的共同基金基本上都已经被悄无声息地关闭了（它们的剩余资产都被并入其他现有的基金中）。该公司接下来就可以大肆打广告，宣传这两三只“表现始终优于标准普尔 500 指数”的基金了，而实际上，它们在这 3 年的良好表现就相当于连续抛 3 次硬币都得到正面朝上的结果一样。它们接下来的表现很有可能会回归平均值，但此时投资者的钱已经被成功地骗进来了。真正能够在相当长一段时间里，对标准普尔 500 指数保持不败战绩的共同基金或投资专家少得可怜。

健康用户偏见。定期服用维生素的人更有可能不受疾病的困扰，因为他们就是那类定期服用维生素的人！至于维生素到底对他们的健康有多大帮助，那就是另外一回事了。下面有这样一个思维实验，假设公共卫生官员发布一个理论：所有家长都应该给他们刚出生的孩子穿上紫色睡衣睡觉，因为这会刺激孩子的大脑发育。20年后，纵向研究证实，穿紫色睡衣睡觉的孩子更有可能在人生中获得成功。举例说明，我们发现在哈佛大学学习的大一新生中，有高达98%的人在孩童时期（甚至到现在）都穿着紫色睡衣入睡；而在马萨诸塞州州立监狱系统内的犯人中，只有3%的人有穿紫色睡衣入睡的童年经历。

紫色睡衣当然不会有什么作用，真正起作用的是给他们的孩子穿上紫色睡衣的家长。即使我们意识到在研究过程中要对父母的受教育程度等因素进行控制，我们还是没办法做到面面俱到，尤其是诸如给孩子穿什么颜色的睡衣这样的细微差别，但那些着迷于给孩子穿上紫色睡衣和从没想到要这样做的两类家长之间是存在区别的。正如《纽约时报》健康专栏作家加里·陶布斯所解释的那样："就从最简单的角度来分析，那些忠于健康生活方式的人——按时吃药、保持健康的饮食习惯等——与其他人有本质区别，这就是问题所在。"对于那些试图揭示某些活动（如定期运动或喝蔬菜汤）是否对健康有益的研究来说，这样的一种偏见可能会使结论变得没有那么清晰。我们觉得自己所比较的只是某种单一的饮食差异——喝蔬菜汤和不喝蔬菜汤，但事实上，如果对照组和实验组的成员没有实现完全的随机取样，我们所比较的就是两类不同的人了：习惯喝蔬菜汤的那一组人拥有健康的生活习惯，而不习惯喝蔬菜汤的人可能在生活的其他方面也有不那么健康的习惯。

如果把统计学比作侦探工作，那么数据就是线索。我的妻子在新罕布什尔州的一个小镇当了一年的高中教师，她的一个学生有一天因为潜入五金店偷工具被抓起来了。警方之所以能够破案，是因为案发当天刚下过雪，从五金店到那个学生家这段距离的雪地上留有脚印；丢失的工具在学生的家中被找到。可见，好的线索的作用有多大。

优质的数据就是好的线索，但首先我们必须收集到优质数据，而这要比看上去困难得多。

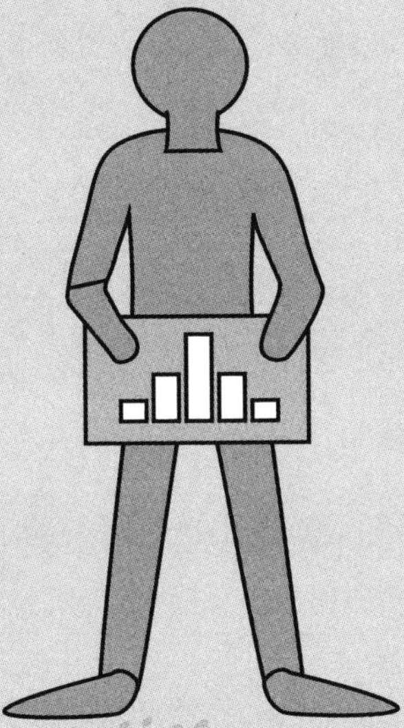

Naked Statistics

第9章

中心极限定理

一辆坐满肥胖乘客的抛锚客车停在你家附近的路上，你推断一下，它的目的地是马拉松比赛场地，还是国际香肠节展厅？

有时候统计学就像魔术一样，能够让我们从少量数据中得出不可思议的强大结论。我们只需要对 1 000 个美国人进行电话调查，就能获得对美国总统大选有意义的洞察；我们通过对一家禽肉加工厂生产的 100 块鸡胸肉进行的沙门菌检测，就能得出这家工厂的所有肉类产品是否安全的结论。这些“一概而论”的强大能力，到底是从哪里来的?

绝大部分来自中心极限定理，或者说统计学界的勒布朗·詹姆斯，如果勒布朗同时是超级模特、哈佛大学教授和诺贝尔和平奖获得者的话。中心极限定理是许多统计活动的“动力源泉”，这些活动存在一个共同的特点，那就是使用样本对一个更大的总体进行推断（比如民意调查或是沙门菌检测）。这类推断看上去似乎充满神秘感，但事实上，它们只是我们已经探讨过的两个工具相结合的产物，这两个工具是概率和抽样调查。在开始对中心极限定理的工作机制进行介绍之前（其实也没有那么难以理解)，我们先来看一个例子，让大家有一个大致感受。

假设你所生活的城市正在举办一场马拉松比赛。来自世界各国的运动员们齐聚一堂，准备一决高下，但他们中的许多人都不会说英语。按照比赛组委会的安排，每位运动员在比赛当天早上签到之后，会被随机分配到一辆驶往起点的长途客车。不凑巧的是，其中一辆长途客车没有按规定到达比赛现场，为了省去大量额外的运算，我们假设这辆客车上没有一个人有手机，而且车里也没有装载全球定位系统（GPS）设备。作为一名市民，你加入了搜寻长途客车的队伍。

偏偏就那么巧，在你家附近有一辆抛锚的长途客车，车上坐着一大群面露不快的国际乘客，他们中没有一个人会说英语。这肯定就是那辆失踪的车，你将会成为这座城市的英雄！但就在此时，一个疑惑出现在你的脑中：这辆车上的乘客看上去都“不瘦”，准确地说，他们都很胖。粗略扫一眼这些人，你估计这些乘客的平均体重至少有 220 磅。随机分配的马拉松运动员的体重不可能这么重，你打开对讲机对搜寻总部汇报道：“不是这辆客车，请继续搜寻。”

进一步的调查证实了你最初的判断。赶到现场的翻译人员经过一番交流后，你终于知道这辆抛锚的客车原本是要前往国际香肠节会场的，正好这一届香肠节也在这座城市举办，连日期都碰巧相同。而且从视觉角度考虑，参加香肠节的人完全有可能也穿着宽松的运动长裤。

祝贺你！如果你能够理解上述推断过程，也就是说，通过快速观察车上乘客的体型来判断他们并非马拉松运动员，那么你就已经领会了中心极限定理的基本理念，剩下的工作就是在这个基本框架下充实细节了。一旦你理解了中心极限定理，统计推断的绝大多数形式将会变得非常直观。

中心极限定理的核心要义就是，一个正确抽样的大型样本与从中抽取它的总体存在相似关系。当然，每个样本之间肯定会存在差异（比如前往马拉松起点的这么多辆客车，每辆客车乘客的组成都不可能完全相同），但是任一样本与总体之间存在巨大差异的概率是较低的。正是这个逻辑，让你对那辆载满肥胖乘客的抛锚客车做出了快速判断。的确有胖人参加马拉松比赛，每一次马拉松比赛中都会有几百名参赛者的体重在200磅以上，但绝大多数的马拉松运动员还是比较瘦的。因此，如此之多的“重量级”运动员被随机安排到同一辆客车上的概率可以说是很低的，所以你完全有理由认为这不是那辆失踪的马拉松客车。当然，有可能你的判断是错的，但概率告诉我们，你更有可能是对的。

这就是中心极限定理背后的基本经验。如果我们再附加一些统计学工具，就能将正确或错误的可能性进行量化。例如，在一场有10 000名选手参加的马拉松比赛中，运动员的平均体重为155磅，我们可以算出，一个包含60名选手（也就是一辆客车的载客量）的随机样本的平均体重大于或等于220磅的概率不足1/100。但在此刻，让我们还是从直觉出发进行计算。通过运用中心极限定理，我们能够得出如下推断，这些推断都将会在下一章里进行深入阐述。

1. 如果我们掌握了某个总体的具体信息，就能推断出从这个总体中正确抽取的随机样本的情况。举个例子，假设某学校的校长手里有本校所有学生的标准化考试成绩的详细信息（平均分、标准差等），这就是一个相关的总体数据，再过一个星期的时间，区领导将会来学校随机抽取100名学生进行一次类似的标准化考试，这100名学生的成绩——也就是一个样本，将会作为考核该校教学质量的指标。

随机抽取的这100名学生的考试成绩是否能够准确地反映出全校学生的平均水平呢？校长需要为此担心吗？根据中心极限定理，这100名学生作为一个随机样本，其平均成绩不会与全校学生的平均成绩产生较大差异。

2. 如果我们掌握了某个正确抽取的样本的具体信息（平均数和标准差），就能对其所代表的总体做出令人惊讶的精确推断。从定理的使用角度来看，这与上一点内容正好相反。还是以上述假设为例，如果你是区领导，想要对本区域内的各个学校进行教学质量考核，与校长不同的是，你手中并没有（或不信任）某所学校所有学生的标准化考试成绩，因此就有必要对每所学校进行抽样测试，也就是随机抽取 100 名学生参加一场类似标准化考试的测验。

作为主管教育的领导，你觉得仅参考 100 名学生的成绩就对整所学校的教学质量做出判断是可行的吗？答案是可行的。中心极限定理告诉我们，一个正确抽取的样本不会与其所代表的总体产生较大差异，也就是说，样本结果（随机抽取的 100 名学生的考试成绩）能够很好地体现整个总体的情况（某所学校全体学生的考试表现）。当然，这也是民意测验的运行机制。通过一套完善的样本抽取方案所选取的 1 200 名美国人在很大程度上能够告诉我们整个国家的人民此刻正在想什么。

请跟上我的节奏：如果上面的第一点内容是成立的，那么第二点内容一定也成立，反之亦然。如果抽取的每一个样本与其所代表的总体确实存在相似关系，那么这个总体将总是与其样本保持一致。（如果孩子与其父母长得很像，那么父母肯定也与孩子长得很像。）

3. 如果我们掌握了某个样本的数据，以及某个总体的数据，就能推断出该样本是否就是该总体的样本之一。这就是我们在本章一开始的时候所举的那个马拉松比赛失踪客车的例子背后的道理。已知马拉松参赛选手的平均体重（估算），以及那辆抛锚客车上所有乘客的平均体重（目测），通过中心极限定理，我们就能计算出某个样本（客车上的肥胖乘客）属于某个总体（马拉松比赛选手）的概率是多少，如果概率非常低，那么我们就能自信满满地说该样本不属于该总体（例如，客车上的乘客看上去真的不像是一群前往马拉松比赛起点的运动员）。

4. 最后，如果我们已知两个样本的基本特性，就能推理出这两个样本是否取自同一个总体。让我们回到那个（越来越荒谬的）客车的例子上。我们现在得知这座城市即将同时举办马拉松比赛和国际香肠节，假设这两个盛会都将迎来数以千计的参与者，而且他们都乘坐主办方安排的客车前往会场，因此客车上要么是随机安排的马拉松运动员，要么是随机安排的香肠爱好者。进一步假设有两辆客车在路上撞在一起了（我已经承认这是一个荒谬的例子，所以还请诸位读者勉强读下去吧），作为这座城市的管理者，你被派往现场了解事故情况，看看这两辆客车是不是前往同一个地点（马拉松比赛或香肠节）。让人不可思议的是，两辆客车上的乘客都不会说英语，但到场的医护人员给你提供了一份关于这两辆车上的乘客体重的详细信息。

仅从这一份信息，你就能推理出这两辆客车前往的是相同的会场还是不同的会场。请再次用你的直觉进行判断，假设其中一辆客车上乘客的平均体重为157磅，标准差为11磅（也就是说绝大部分乘客的体重为146~168磅）。而另一辆客车上乘客的平均体重为211磅，标准差为21磅（即绝大部分乘客的体重为190~232磅）。此刻请忘掉所有的统计学公式，仅凭逻辑做出判断：这两辆客车上的乘客是从同一个总体中随机抽取的样本吗？

不是。一个更有可能的情形是：其中一辆客车上是马拉松运动员，而另一辆客车上则是香肠爱好者。除了平均体重不同以外，想必你还注意到了两辆客车之间乘客的体重差异要远大于各客车内部乘客的体重差异，“瘦”的客车里高于平均值一个标准差的乘客体重（168磅），还是轻于另一辆客车上低于平均值一个标准差的乘客体重（190磅），这一点表明（无论是从统计学的角度还是从逻辑的角度）这两个样本有可能来自不同的总体。

如果凭借直觉能理解到这一步的话，就说明你已经理解了93.2%的中心极限定理了。我们需要更进一步，在直觉背后加上一些技术支撑。显而易见，当你登上一辆抛锚的客车，发现里面坐满了身穿宽松运动裤的“肥胖”乘客时，你的直觉会告诉你，他们不是马拉松运动员。而中心极限定理能够让你在直觉的基础上更上一层楼，为你的判断提供数据支持。

举个例子，通过一些基本的运算，我们能够得出结论，在 99% 的情况下，任何一辆随机安排的客车上的运动员的平均体重，都会在全体运动员平均体重 ±9 磅的范围之内。这就是当我偶遇一辆抛锚客车时做出上述判断的统计学支持。这些乘客的平均体重高于全体马拉松运动员平均体重整整 21 磅，这些乘客是马拉松运动员的概率低于 1%。因此，我可以有 99% 的把握认为这不是那辆失踪的马拉松客车，也就是说，我可以预期我的推断有 99% 的胜算。

当然，依照概率，我的推断有 1% 的概率是错的。

这类分析全都源自中心极限定理。从统计学的角度看，该定理拥有和勒布朗·詹姆斯一样强大的威力和优雅的品质。根据中心极限定理，任意一个总体的样本平均值都会围绕在该总体的整体平均值周围，并且呈正态分布。没有理解这句话？别着急，让我将这句话拆开来慢慢为大家解释。

1. 假设有一个总体，如之前提到的马拉松比赛，我们对参赛运动员的体重感兴趣。将所有随机抽取的运动员体重样本（如某辆客车上的 60 名运动员）求平均值。

2. 我们将样本抽取的工作重复再三，如不断地在运动场上随机抽取 60 名运动员，并将每组样本的平均体重记录下来。

3. 这些样本平均值中的绝大部分都极为接近所有运动员的平均体重。有一些会稍高一点，有一些会稍低一点，只有极少数的样本平均值大大高于或低于总体平均值。

现在可以放背景音乐了，因为接下来就是奇迹发生的时刻……

4. 中心极限定理告诉我们，这些样本平均值会围绕总体平均值周围呈现正态分布。我想大家应该还记得之前介绍过的正态分布，也就是一条形似“铁钟”的曲线，有 68% 的数值位于平均值一个标准差的范围之内，95% 的数值在平均值两个标准差的范围内，以此类推。

5. 不论所研究的总体是怎样分布的，上述结论始终都是成立的。就算样本所在的总体不是正态分布，也不影响其样本平均值的正态分布形态。

让我们用一些真实的数据来说话，以美国的家庭收入分布为例。在美国，家庭收入的分布并不是正态分布，而是具有向右偏移的趋势。在某个年份里，没有一个家庭的收入会是负数，因此零美元就是分布曲线的最小值。与此同时，还有小部分家庭的收入会高得离谱儿，达到数百万美元甚至数十亿美元，因此我们可以想象分布曲线的右侧将会有一条长长的“尾巴”，如图 9–1 所示。

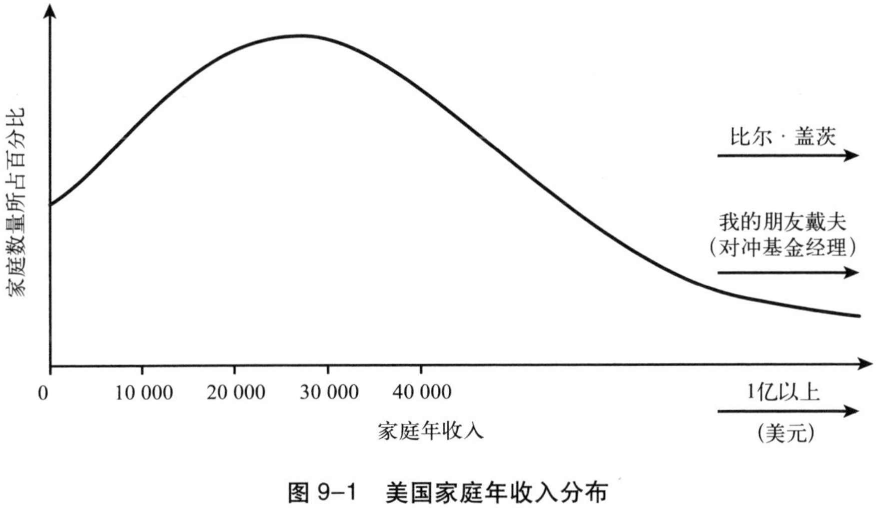

图 9–1 美国家庭年收入分布

美国所有家庭收入的中位数大约为 5.19 万美元，平均数为 7.09 万美元。（像比尔·盖茨这类富豪使得家庭收入的平均值向右移动，这跟他走进酒吧的例子是同一个道理）。现在假设我们随机抽样 1 000 个美国家庭并询问他们的年收入，根据已知的信息，从中心极限定理出发，我们能对这个样本做怎样的推断？

其实结论有很多。首先，我们最应该得出的推断是，任何一个样本的平均值将会约等于其所在总体的平均值。样本的作用就是代表其所在的总体，也就是说，该样本要相似于其所在的总体。从大体上看，一个正确抽取的家庭样本应该能够反映美国所有家庭的情况，里面会包含基金经理、无家可归者、警察以及其他人，这些人出现的频率与他们在人口构成中的占比相关。因此，我们能够推测，这个包含 1 000 个美国家庭的代表性样本的家庭年平均收入约为 7.09 万美元。这个数字准确吗？并不准确，但也不会差得太多。

如果我们进行多次类似的抽样调查，就会发现这些不同的样本平均值基本上都接近总体平均值——7.09 万美元。我们还可以推测，有一些样本的平均值要高一点，一些样本的平均值要低一点，那么我们有可能得到一个 42.7 万美元的样本平均值吗？当然可能，但是概率非常低。（要注意的前提是，我们的取样方法是完善可靠的，我们不会在如格林威治乡村俱乐部这类富人聚集地的停车场里进行抽样。）同理，如果进行了正确抽样，那么样本平均值仅为 8 000 美元的概率也是非常低的。

这些都只是基本逻辑。中心极限定理通过对不同的样本平均值出现概率的描述，让我们能够推断出更为深入的结论。在这个例子中，样本平均值将会围绕总体平均值（也就是 7.09 万美元）形成一条正态分布曲线。记住，总体本身的分布形态并不重要，美国家庭收入的分布并非正态分布，但样本平均值的分布却是正态分布。如果我们连续 100 次抽取包含 1 000 个家庭的样本，并将它们的平均值的出现频率在坐标轴上标出，那么我们基本可以确定在 7.09 万美元周围将会呈现一个熟悉的“铁钟”曲线。

取样次数越多，结果就越接近正态分布；而且样本数量越大，分布就越接近正态分布。为了检验这一结论，我们可以进行一项有趣的实验，研究对象是美国人的真实体重。密歇根大学主持了一项名为“变化的一生”的纵向研究，对几千名美国成人的各项指标进行了监测，其中就包括他们的体重。体重分布曲线稍微右偏，这是因为从生理学的角度解释，成年人超过正常体重 100 磅总是要比低于正常体重 100 磅更容易。这项研究中包含的所有成年人的平均体重为 162 磅。

通过使用最基础的统计软件，我们可以让电脑从“变化的一生”数据库中随机选取 100 名成年人组成样本，事实上，如果我们不断重复这一操作，就可以验证其结果是否符合中心极限定理的预测。图 9–2 为“变化的一生”数据库中随机生成的 100 个样本的体重平均数（四舍五入到磅）的分布情况。

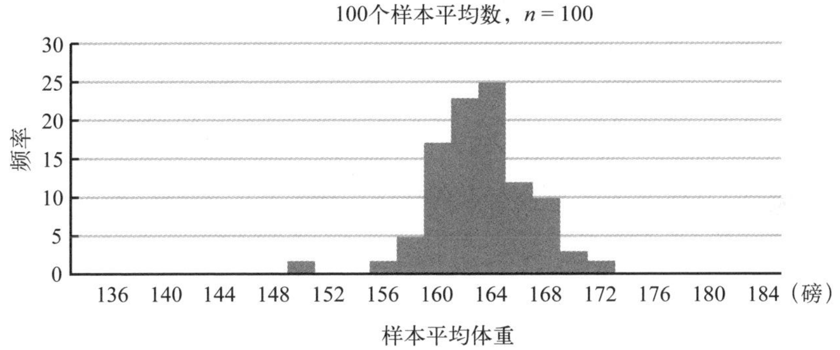

图 9–2 样本平均体重分布图

样本数量越大，取样次数越多，样本平均值的分布就越接近正态分布。（有一个经验是，样本数量必须达到 30，中心极限定理才能保证成立。）这不难理解，样本所包含的数量越多，其平均值就越不容易受到随机偏差的干扰。如果一个样本只有两个人，那么其平均值就极有可能受到某一个体重特别重或特别轻的人的影响；与之相反，假如一个样本里有 500 人，那么即使里面有一些体重异常的人，总体的平均值也不会差得太多。

我们梦想着有朝一日能够用统计学解决所有的问题。现在，我们距离梦想成真只有一步之遥！上文已经提到，样本平均值的分布基本呈正态分布，而正态分布的过人之处就在于，我们能够大体确定有多少比例的观测值位于总体平均值的一个标准差之内（68%），有多少观测值位于两个标准差之内（95%），以此类推。这就是我们的“撒手锏”。

本章开头部分指出，我们可以凭直觉判断一辆客车上的乘客的平均体重比全体马拉松运动员的平均体重高 25 磅，那么这辆客车很可能不是那辆大赛组委会正在寻找的客车。为了将这一直觉量化，也就是能够称上述判断的正确率为 95%、99% 或 99.9%，我们只需要再获得一个技术参数就可以了，那就是标准误差。

标准误差被用来衡量样本平均值的离散性。我们如何评价样本平均值在总体平均值周围的聚集程度？为了避免混淆，我们首先需要对两个概念进行区分：标准差和标准误差。关于这两个概念，我们有必要记住的是：

1. 标准差用来衡量总体中所有个体的离散性。在之前的例子中，标准差衡量的是弗雷明汉心脏研究中所有参与者的体重分布，或马拉松比赛中所有参赛运动员的体重分布。

2. 标准误差衡量的仅仅是样本平均值的离散性。如果我们反复从弗雷明汉心脏研究数据库中抽取 100 名参与者作为样本，并计算其平均值，那么这些样本平均值的分布会是怎样一种情况？

3. 现在就是将这两个概念合二为一的时刻。标准误差就是所有样本平均值的标准差！这个结论是不是很酷？

如果标准误差很大，就意味着样本平均值在总体平均值周围分布得极为分散；如果标准误差很小，就意味着样本平均值的聚集程度很高。下面是取自“变化的一生”数据库的三个真实案例。

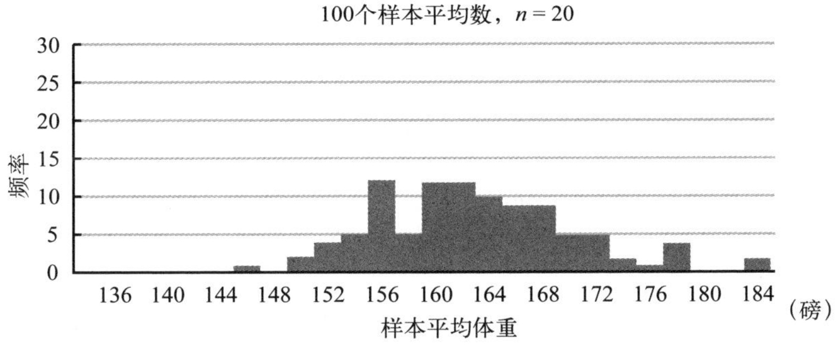

图 9-3　样本平均体重分布图（n=20）

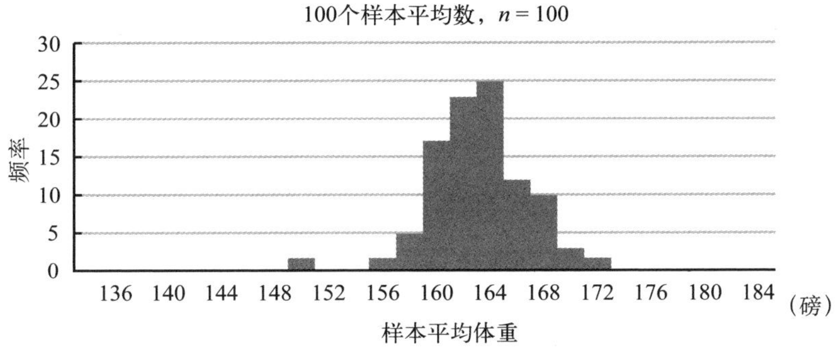

图 9-4　样本平均体重分布图（n=100）

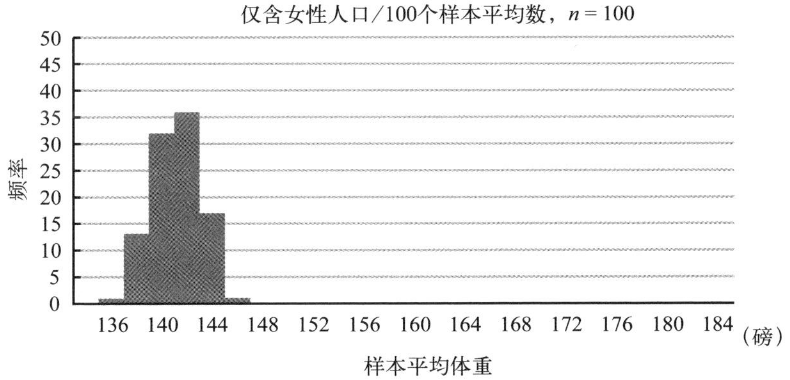

图 9-5　女性样本平均体重分布图（n=100）

图 9–4 的样本数量较多，因此与图 9–3 相比，其平均值分布要更为密集一些，也更加靠近总体平均值，这是因为样本数量越多，其平均值就越不容易偏离总体平均值。图 9–5 所描绘的仅仅是研究对象里的一个分支——女性人口，由于数据库中的女性人口体重的分布相比起总体人口体重的分布来说要更为紧密，因此从图 9–5 中我们也不难看出，样本平均体重的离散程度要小于整个“变化的一生”数据库。（因为“变化的一生”数据库里女性参与者的平均体重与全体参与者的平均体重是不同的，因此女性样本围聚在一个略有不同的总体平均值周围。）

上述结论在一般情况下都是成立的。样本平均值的聚集程度会随着样本数量的增多而上升。（例如，样本数量为 100 的分布图看上去就要比样本数量为 30 的紧凑。）总体的数据分布越分散，那么其样本平均值的聚集程度就越低。（例如，整个“变化的一生”数据库样本平均值的离散程度就要高于单纯的女性人口。）

如果到目前为止你都能够理解，那么接下来这个计算标准误差的方程式应该不会成为难点：

$SE = s/\sqrt{n}$，其中 SE 表示标准误差，s 表示样本所在总体的标准差，n 表示样本的数量。请随时保持头脑清醒！千万不要让表面的字母干扰你的直觉判断。如果标准差本身的数值很大，那么标准误差的数值也不会小。取自一个高度离散的总体的大规模样本，其离散程度也会很高；与之对应，如果是一个高度聚集的总体，其样本围绕平均值的聚集程度也会很高。如果还是以体重为例，我们可以推测，取自“变化的一生”全体人口的样本的标准误差会大于仅取自其中 20~30 岁男性人口的样本的标准误差。这也是为什么公式中的标准差（s）出现在分子的位置上。

同样的，如果样本数量变大，那么标准误差就会变小，这是因为大型样本受极端异常值的影响相对较小。这也是为什么公式中的样本数量（n）出现在分母的位置上。(至于为什么要对样本数量 n 开根号，我们就留给更高阶的书籍去解释吧，在这里我们只需要理解最基本，也是最重要的关系。)

在“变化的一生”的例子中，我们知道总体的标准差，而实际上这一点通常是很难做到的。对于大型样本来说，我们可以认为样本的标准差接近总体的标准差。

经过刚刚这一场头脑风暴，我们终于到了品尝胜利果实的时刻。由于样本平均值的分布为正态分布（这一点要归功于中心极限定理），我们便可以通过这条神奇的曲线来获得推断所需的“超能力”。已知的是，差不多有 68% 的样本平均值会在总体平均值 1 个标准误差的范围之内，有 95% 的样本平均值会在总体平均值 2 个标准误差的范围之内，有 99.7% 的样本平均值会在总体平均值 3 个标准误差的范围之内。

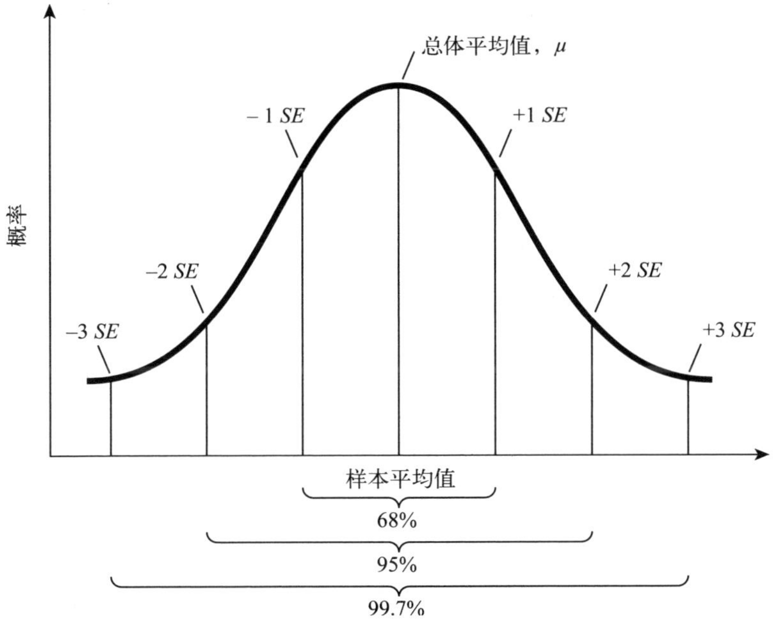

图 9–6　样本平均值分布图

现在让我们回到对失踪客车案例的思考中（但这个例子还将会延续其“荒诞”的特点，我保证下一章会引用更多真实、合理的案例），这次我们需要用数字来代替直觉。假设“变化的一生”研究小组邀请所有参与者前往波士顿共度周末，并在这期间进行一次完整的数据采集工作。参与者被随机分配到一辆客车上，使用不同的设备进行称重、验血等检测。令人意外的是，其中一辆客车失踪了，当地新闻还特地报道了此事。与此同时，你正从国际香肠节的活动现场赶往这里，因为你刚刚处理了一起交通事故，一辆客车为了躲避一只野生狐狸冲到了马路外边，客车上所有的乘客都失去了意识，但所幸伤得不重（这个例子需要他们失去交流能力，但我个人又不想使他们伤势过重，于是只能出此下策）。医护人员告诉你那辆客车上所有 62 名乘客的平均体重为 194 磅，此外，客车想要竭力躲闪的狐狸也受伤了，一条后肢看上去似乎骨折了。

幸运的是，你恰好知道“变化的一生”数据库中所有参与者的平均体重和标准差，而且你也知道中心极限定理的工作原理，最重要的是，你还知道如何给一头野生狐狸急救。“变化的一生”研究的参与者的平均体重为 162 磅，标准差是 36，在此基础上，我们能够计算出一个数量为 62 人（也就是客车上正处于昏迷中的那些乘客）的样本的标准误差为：$s/\sqrt{62}=36/7.9$，约为 4.6。

样本平均体重（194 磅）与总体平均体重（162 磅）之间有 32 磅的差距，即远远超过 3 个标准误差。我们从中心极限定理得知，99.7% 的样本平均值会处于总体平均值 3 个标准误差的范围内，因此出事的那辆客车上搭载的是“变化的一生”项目的研究对象的概率几乎为 0。作为这座文明城市的一分子，你有义务呼叫研究中心，告诉相关人员这很有可能不是他们所要找的那辆客车，而且除了告诉他们你的“直觉”以外，你还可以用统计数据来支撑你的判断。你在电话里可以这样说，你有 99.7% 的把握认定这辆客车不是他们正在寻找的那辆，由于电话那边听你说话的都是研究人员，他们肯定能够理解这个数字背后的含义。

在医护人员对客车上昏迷的乘客进行验血之后，你的分析得到了进一步的证实。这些乘客血液中的胆固醇含量的平均值比“变化的一生”项目的研究对象的平均值高出了5个标准误差，这些昏迷不醒的乘客事后被证明是国际香肠节邀请的嘉宾。

这个故事还有一个皆大欢喜的结局。在客车上的乘客们恢复了知觉以后，“变化的一生”项目组的科学家们为他们举办了一次名为“高饱和脂肪饮食的危害”的讲座，这帮助他们中的许多人逐渐养成了比以前更为健康的饮食习惯。与此同时，那只受伤的狐狸也在当地一家野生动物保护中心得到了悉心照料，最终健康地回归大自然。①

本章自始至终讲的都是最基本的知识。大家要注意的是，为了让中心极限定理成立，样本数量必须足够多（依照经验法则，至少有30个）。如果我们想要假设总体的标准差等同于样本的标准差，那么更要保证样本数量足够多了。当这些情况都无法满足时，我们还有多种多样的统计学方法来弥补，但这些都是蛋糕上的装饰（甚至仅仅是蛋糕上的糖霜）。本章所介绍的“真家伙”才是既简单又实用的：

1. 如果你从某个研究总体中多次随机抽取数量足够多的样本，那么这些样本的平均值会以总体平均值为中心呈现正态分布（不论该总体自身的分布情况是怎样的）。

2. 绝大多数的样本平均值都会紧紧围绕在总体平均值的周围，通过计算标准

---

① 关于失踪客车的这个例子，我在芝加哥大学的一位同事吉姆·萨累提出了一个非常重要的观点，他认为客车失踪的可能性通常很小，因此如果在我们寻找失踪客车的过程中，恰巧有一辆客车出事被发现了，就非常有可能是那辆失踪的客车，不管客车上的乘客到底有多重。我不得不承认，他说得对。（设想一下：如果你在逛超市时跟你的孩子走散了，而恰好在这个时候超市经理告诉你在6号收银台旁站着一位找不到父母的小孩，那么你基本上就能确定，那应该是你的孩子。）因此，我们还需要给这个例子加上一个更加荒谬的前提，那就是在这座城市总是有客车失踪。

误差就可以知道这些样本平均值到底是离得“近”还是“远”。

3. 通过中心极限定理，我们便可知道样本平均值与总体平均值之间的距离及其概率。样本平均值离总体平均值2个标准误差以上的概率相对较低，3个或以上标准误差的概率基本上为0。

4. 如果出现了某个概率较低的结果，我们便可以推测是否有一些其他因素介入，而且概率越低，其他因素介入的可能性就越大。

这些基本上囊括了统计推断的所有内容，而中心极限定理是让这一切发生的重要推动力。只要勒布朗·詹姆斯的NBA（美国职业篮球联赛）总冠军戒指的数量没有超过迈克尔·乔丹（6枚），中心极限定理的魅力就将始终在詹姆斯之上。

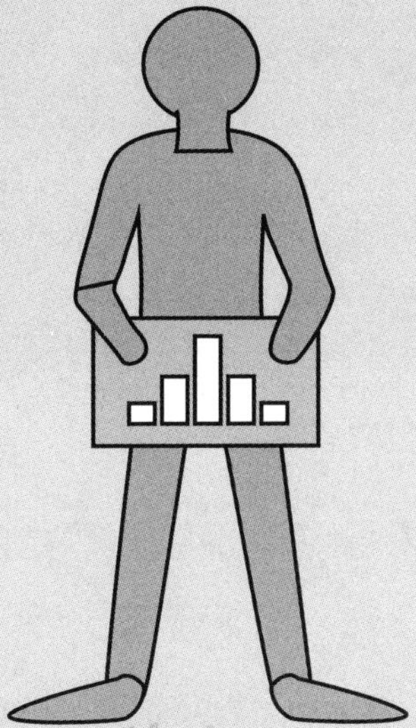

Naked Statistics

第10章 统计推断与假设检验

垃圾邮件过滤、癌症筛查、恐怖分子追捕，我们最不能容忍哪件事情出错，又有哪件事情是可以“睁一只眼闭一只眼”的？

我在大四的第二学期选修了统计学课程。那时我对统计学或其他以数学为基础的学科并没有太大的兴趣，但我的父亲答应我，如果我选这门课，我就可以跟他去苏联旅游 10 天。就这样，为了一次苏联之旅（当然还有 10 天的额外假期），我走上了学习统计学这条路。这是一项相当不错的交易，一方面上课之后我发现我对统计学的热爱远远超出了我的想象，另一方面我得以在 1988 年的春天游览了苏联。

我的这段往事实际上与本章的内容密切相关。需要指出的是，我并没有专心学习那个学期的统计学课程。因为除了要处理各种各样的杂事，我还有一篇论文要赶在学期结束前完成。每周的统计课都要进行小测试，我每次要么不去参加测试，要么测试成绩不及格。期中考试前我突击复习了一下，这门课程才得以勉强过关。但就在离学期结束还有几周的时候，发生了两件事情：第一件事，我终于把论文写完了，这样我就有了大量的空余时间；第二件事，我意识到其实统计学也没有我想象中那么难，因此我拾起了统计学课本，将之前没有做完的习题逐个补上。期末考试的时候，我的成绩是 A。

在这个时候，我的统计学老师（至于他叫什么名字，我早就忘得一干二净了）

把我叫到了他的办公室。他具体说了什么，我已经记不太清了，只是隐约记得他说过“你的期末考试成绩比起你的期中考试成绩有了很大的提高”之类的话，但丝毫听不出有任何夸奖的意味，从始至终我心里都感觉不太舒服，觉得老师话中有话，因为他一直在问我到底是怎么做到的，言外之意就是他怀疑我作弊了。现在我已做了多年老师，也终于能体会他那时的想法了，在我教过的所有课程中，几乎所有学生的期中成绩和期末成绩都有着极为显著的相关性。如果某一个学生的期中考试成绩在班上处于中等偏下的水平，而在期末考试中却一举成为班上的佼佼者，这是一件非常不寻常的事。

我当时的解释是，我提早完成了论文，而且开始重视这门课程（认真阅读了课本，并完成了老师布置的课后作业），他看上去似乎对我的回答感到较为满意。我随后离开了他的办公室，但还是被他的含蓄“指控”搅得心神不宁。

说出来你们可能不信，通过这么一个小插曲，我们就可以窥见统计推断的优劣。统计学无法确凿地证明任何东西。与之相反，统计推断的力量在于：先发现一些规律和结果，然后再利用概率来确定最有可能的解释。假设有一个举止怪异的赌徒来到小镇，跟你打了一个赌：如果他用一个骰子掷出 6 点，那么他可以赢 1 000 美元；但如果他掷出的是其他点数，那么你可以赢 500 美元。这看上去对你十分有利，但结果是，他连续 10 次掷骰子的点数都是 6 点，从你这里赢走了 10 000 美元。

一种可能的解释是：他的运气实在是太好了。还有一种解释是：他运用了某种不为人知的作弊手段。如果是一个正常的骰子，连续掷出 10 次 6 点的概率约为六千万分之一。虽然你无法证明他作弊了，但你至少应该检查一下他所用的骰子。

当然，有时候最有可能的解释并非正确的解释，极端罕见的事情总会发生。南卡罗来纳州的一位名叫琳达·库珀的女士被闪电击中了 4 次。据美国联邦紧急事务管理局披露的统计数字，被闪电击中一次的概率只有60万分之一。但琳达的保险公司不能因为她受伤的概率在统计学上几乎为零，就拒绝替她支付医疗费。再回到我的统计学课程上来，那位教授的怀疑并非没有道理，他心里清楚，这种情况发生的概率非常低。正是这种思维方式，使得调查人员能够在标准化考试中发现作弊现象，也让美国证券交易委员会嗅到内部交易的蛛丝马迹，并最终将不法的交易人员捉拿归案。但是，除非有额外的证据，否则我们倾向于认为某些在统计学意义上发生概率较低的事件在现实生活中很少会发生。在本章的后半部分，我们会看到概率也有将人引入歧途的时候。

至少到目前为止，我们应该对统计推断的功能有一个较为积极的认识，通过对数据的使用，统计推断能够帮助我们解决许多重要的问题。某种新研发的药物在治疗心脏病方面是否有效？手机真的会诱发脑癌吗？必须要注意的是，我并没有声称统计学能够毫不含糊地回答这类问题，而是通过推断，我们可以知道哪些方面是可能的，哪些方面是不太可能的。研究人员无法证明某种新药在治疗心脏病方面确实是有效的，即使他们已经进行了小心谨慎的对照临床试验。毕竟，在实验组和对照组中，完全有可能出现与药物毫无关系的反应异常的病人。假如实验组的100位病人中有53位在服用新药之后取得了明显效果，而服用安慰剂的100位对照组病人中只有49位的病情好转，我们就无法立刻得出结论，认为这种新药有效，这样的一个结果完全有可能是两个小组自然的概率分配或其他因素所导致的，跟新药没有关系。

但如果实验组的100位病人中有91位在服用新药之后取得了明显效果，而服用安慰剂的100位对照组病人中还是只有49位的病情好转，那我们是否就能得出结论呢？实验组出现的良好效果有可能还是跟新药没有关系，我们也不能排除实验组的病人们运气实在太好或生命力特别旺盛，但此刻，此类解释正确的可能性要比之前小得多。如果换成统计推断的专业术语，研究人员可能会得出如下结论：(1) 假如试验药物没有疗效，则实验组和对照组之间几乎没有可能会出现如此巨大的差距；(2) 因此，试验药物没有积极疗效的可能性很小；(3) 那么结论 (2) 的反面，也就是试验药物具有积极疗效的可能性较大，并且恰巧能解释对照实验的数据结果。

统计推断是一个让数据说话、让有价值的结论浮出水面的过程。这就是回报！统计学的意义并不是进行无数次高深的数学计算，而是在于更好地洞察社会现象背后的成因。统计推断正是我们之前已经讨论过的两个概念的合体：数据和概率（需要来自中心极限定理的一点儿帮助）。在本章的内容中，出于简化计算的目的，我走了一条方法论的“近道”，那就是假设本章出现的所有例子都是数量足够大、正确抽取的样本。这一假设使得中心极限定理能够成立，保证任何一个样本的平均值和标准差与从中抽取样本的总体的平均值和标准差基本相等。

统计推断绝不仅限于这一简化的假设，但如果我们从一开始就处理那些规模小或数据不完整的复杂样本，就需要引入过多琐碎的方法论概念和统计工具，这样会分散我们的注意力，反而失去对整体的把握。本章的目标就是单纯地介绍统计推断的巨大作用，并让读者直观地理解其工作原理。一旦大家掌握了这一点，那么在处理更加复杂的问题时也能轻松应对了。

统计推断过程中最常使用的工具之一就是“假设检验”。事实上，我之前已经介绍了假设检验的概念，只不过当时没有使用这一术语。如前文所述，就凭数据本身并不能证明任何结论，我们只有通过推断和概率来对可能的解释予以支持或否定。更为精确地说，任何统计推断都是由或含蓄或直接的零假设开始的。先假设一个结论，然后通过统计分析对其进行支持或反驳。如果我们证明了零假设不成立，那么相当于承认了其反面结论与真实情况更为接近。举个例子，法庭在审理案件的过程中，首先会假设被告方无罪，而指控方的工作就是说服法官或陪审团推翻一开始的无罪假设，并接受其反面事实，即被告有罪。从逻辑学来看，如果我们能够证明某个零假设不成立，那么其对立假设（又称备择假设）肯定为真。下面举一个例子。

零假设：某种新药在预防疟疾方面并没有比安慰剂更加有效。

对立假设：该新药能够帮助预防疟疾。

数据：随机选取一个小组服用新药，另一个小组作为对照组服用安慰剂。一段时间过后，服用新药的小组的疟疾发病率要远低于对照组。如果该新药不具备任何疗效，那么出现这一结果的概率是非常低的。因此，我们推翻该新药没有疗效的零假设，承认其对立假设成立，即该新药能够帮助预防疟疾。

可能这种思维逻辑并不是那么容易理解，没关系，我们再举一个例子。我还是要啰唆一句，零假设和对立假设在逻辑方面是互补的，也就是说，如果其中一个假设为真，则另一个假设为假；如果我们推翻了其中一个假设，那就必须承认另一个假设。

零假设：为犯人提供戒毒治疗并不能降低他们再次被捕入狱的概率。

对立假设：犯人在坐牢期间接受戒毒治疗，有助于降低他们出狱后再次被捕入狱的概率。

数据：犯人被随机分成两组，实验组接受戒毒治疗，对照组没有接受治疗。（事实上，很多犯人在服刑期间真的接受了戒除毒瘾的医疗帮助。）5年后，两个小组的犯人再次被捕入狱的比例相近。在这个例子中，我们无法推翻零假设。根据这个数据，我们没有理由推翻一开始的零假设。

研究人员经常会提出一个零假设并希望有朝一日能够推翻它，虽然这听上去有违直觉。在上面的两个例子中，研究的“成功”（寻找到一种新的预防疟疾的药物以及降低再次犯罪率）都意味着推翻零假设，而真正通过数据做到的只有第一个例子。

OOOOOO

在法庭上，推翻无罪假设的最基本条件是通过定性分析，“在不存在任何疑义的前提下认定被告有罪”，至于法官或陪审团如何理解这句话，那就因人而异了。基本上统计学也是这个道理，但在“排除疑义并定罪”的过程中会用到定量分析。研究人员最常提出的疑问是，如果零假设成立，那么完全是出于巧合的概率有多大？以此类推，医学研究人员会问，如果这一试验药物对治疗心脏病无效（也就是零假设），那么实验组有 91% 的病人病情好转且对照组仅有 49% 的病人病情好转的概率有多大？假如数据显示零假设基本上不可能成立，比如上述的医学例子，那么我们必须推翻它，并承认其备择假设（该药物对治疗心脏病有作用）成立。

那么，让我们再回过头来看看本书之前提到过多次的亚特兰大标准化考试作弊丑闻。在这次标准化考试中，答题纸上出现了大量“由错变对”的更正痕迹，导致这次考试的分数出奇的高。当然，不可否认的是，学生们在考试中肯定会对答案进行修改，而且总有一些特别幸运的学生把错误的答案改成正确的，这并不是作弊。因此，我们的零假设为：每一个学区的标准化考试分数都是有效的，而且答题纸上的每一处“由错改对”都是巧合。我们当然不希望因为在一场重要的考试的最后几分钟，有部分学生碰巧对自己的答案进行了合理的修改，就对学生或考试管理人员进行惩罚。

但“部分学生”仅仅是亚特兰大标准化考试作弊丑闻的“冰山一角”。一些考场的学生的答题纸上“由错改对”的痕迹数量高于全州正常水平20~50个标准差（请记住，在一个分布中，绝大部分数据都会落在平均值的两个标准差范围以内）。因此想想看，有那么多学生在那么短的时间内仅凭“运气”改正了那么多的错题，这个概率能有多大？负责调查此事的官员称，亚特兰大标准化考试中没有人作弊的概率与同时有7万名身高在7英尺以上的观众出现在佐治亚穹顶体育场观看足球比赛的概率差不多。这种情况会发生吗？当然会。发生的概率大吗？恐怕不大。

佐治亚州政府至今仍未对这起丑闻中的任何人定罪，就像我的老师无法（也不应该）因为我的期末考试成绩与期中考试成绩相差太大而将我开除一样。亚特兰大的教育部门无法证明作弊确实发生了。但是，这些官员可以推翻“考试结果正当有效”的零假设，而且还可以“自信满满”地宣称这一发现，这是因为亚特兰大标准化考试中出现的情况几乎是不可能发生的。因此，他们也明确承认备择假设成立，即考试过程中存在问题（虽然我怀疑他们用的是更官方、更正式的说法，不过基本上就是这个意思）。更为深入的调查最终还是发现了所谓的“影子修改人”，根据相关报告的描述，存在着一部分老师修改学生答案，将答案印在纸上发给学生，让低分学生抄袭高分学生的答题纸，甚至直接在考场内用手将正确答案指给学生的情况。最令人发指的作弊行为是，竟然有一群老师在周末举行了一个比萨派对，在狂欢的时候顺便将所有学生的答题纸都“纠正”了一遍。

在亚特兰大标准化考试的例子里，我们可以推翻“不存在作弊”的零假设，因为这样的考试结果在不作弊的前提下基本上不可能发生。但是，零假设到底要有多“不合情理”才能让我们将其推翻，并承认其反面假设为真？

研究人员推翻零假设最常参考的“门槛”之一是5%，经常以十进位小数的形式表示为0.05。这种概率被称为显著性水平，它意味着如果零假设为真，观察到某种数据模式的最大可能性。这一点其实并不复杂，请接着往下看。

假如我们把“显著性水平”定在0.05，也就意味着如果某个零假设成立的概率还不足5%的话，我们就可以将其推翻。举个例子来看会更加直观，虽然我很不愿意再次拿出失踪客车的例子，但这次就请大家再忍耐一下吧。假设你因为上一章的出色表现，被正式任命为失踪客车的“寻找大使”，同时你还是“变化的一生”项目组的全职研究人员，因此可以趁工作之便收集一些有用的数据来支持你的客车寻找事业。研究组运营的每一辆客车上都载有约60名乘客，因此我们可以将每辆客车上的乘客看作从整个“变化的一生”数据库中随机抽取的样本。某天清晨，你被急促的电话声吵醒，接起电话后你得知在波士顿地区有一辆客车被一个宣扬肥胖主义的恐怖组织劫持。你的任务是乘坐一架直升机空降在这辆客车的车顶上，从客车车顶的紧急逃生出口偷偷潜入客车内部，仅凭客车上乘客的体重判断他们是不是“变化的一生”项目组的研究对象（平心而论，比起那些剧情虚假的动作冒险片来说，这个例子其实也没差到哪里去，而且还具有教育意义）。

此刻在直升机上的你，手持一挺机关枪，腰插多枚手榴弹，手腕上还戴着一款能够进行高清摄像的手表，脑子里记下了上一章我们通过计算得出的从“变化的一生”项目的全体研究对象中抽取的样本平均体重和标准误差。对于任何一个随机抽取的样本而言，其预期平均体重为162磅，标准差为36磅，这也是研究中所有参与者（即总体）的平均体重和标准差。在这两个数据的基础上，我们能够计算出样本平均值的标准误差：$s/\sqrt{n} = 36/\sqrt{60} = 36/7.75 = 4.6$。在行动指挥中心，图10–1通过扫描被植入你的右眼视网膜，这样你在成功潜入行进中的客车并偷偷观察乘客体重之后就能进行参考了。

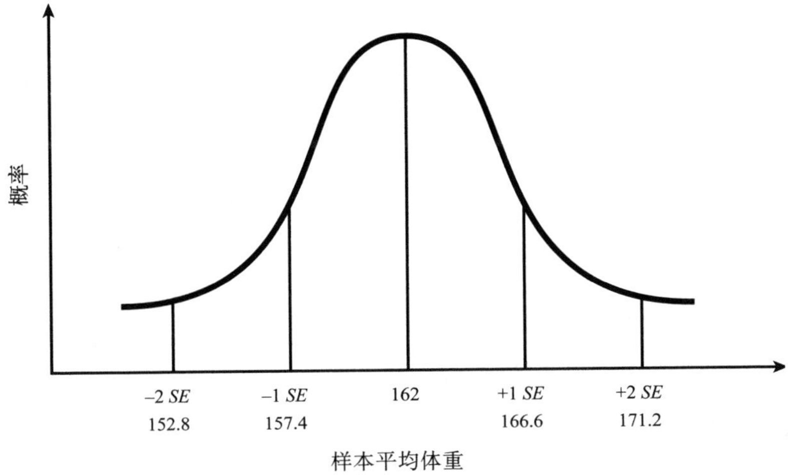

图 10–1　样本平均体重分布

参照图 10–1，我们可以预测，在样本容量为 60 人的全部随机抽样中，将有约 95% 的样本的平均体重为 153~171 磅，与之对应的是，只有约 5% 的样本的平均值大于 171 磅或小于 153 磅。（我们正在进行的操作被称为“双尾”假设检验，“双尾”假设检验和“单尾”假设检验的区别是什么？感兴趣的读者请参阅本章后面的补充知识点。）你的上司认定 0.05 为这次反恐行动的显著性水平，如果在那辆被劫持客车上的 60 名乘客的平均体重超过了 171 磅或不足 153 磅，那么你将推翻“该客车搭载的是‘变化的一生’项目的研究对象”的零假设，承认其备择假设即“客车上的 60 名乘客与‘变化的一生’研究项目无关”成立，并等待进一步的指令。

你成功地降落并潜入客车内部，偷偷地对车上的乘客进行了“称重”，这 60 名乘客的平均体重只有 136 磅，低于平均值 2 个标准误差。（还有一个重要的线索是，所有乘客均为孩子，他们身上穿着印有“格兰岱尔市曲棍球营”的 T 恤。）

根据你的任务指示，在显著性水平为 0.05 的前提下，你可以推翻“该客车搭载的是‘变化的一生’项目的研究对象”的零假设。这就意味着：（1）如果零假设成立，即该客车上搭载的是“变化的一生”项目的研究对象，那么他们的平均体重落到其所在区间的概率只有 5%；（2）你可以以零假设成立的概率只有 5% 为由，推翻零假设；（3）平均来说，在推翻零假设的问题上，你有 95% 的概率是正确的，只有 5% 的概率是错误的，后者的情况就是，你觉得这一车人并不是“变化的一生”项目的研究对象，但实际上他们正好是，尽管这一车人的平均体重跟总体平均体重差别较大。

任务并没有结束。行动指挥中心的负责人（电影版里由安吉丽娜·朱莉扮演）要求你计算出所得结果的假定值，假定值就是在零假设成立的前提下，出现观察到的样本结果以及更极端情况的概率。车上乘客的平均体重为 136 磅，低于“变化的一生”项目的所有研究对象的平均体重 5.7 个标准误差，如果他们真的是该项目的研究对象，那么得到如此极端结果的概率要小于 0.000 1（在正式研究报告中可表示为 $p < 0.000\ 1$）。任务完成以后，你从这辆行驶的客车车顶上一跃而下，安全降落在正在相邻车道中行驶的敞篷跑车副驾驶座上。

这个故事同样有个大团圆的结局。当那群“以胖为美”的恐怖分子得知你所在的城市正在举办国际香肠节之后，他们一致同意摒弃暴力，通过在全世界范围内推广国际香肠节等手段，以和平的方式促进肥胖主义。

你如果觉得 0.05 的显著性水平过于任意和武断，那也没办法，因为这个指标是既定的。在推翻零假设这个问题上，并不存在一个标准单一的统计学“门槛”。对于上述分析来说，将显著性水平设为 0.01 或 0.1 都是合理和常见的。

显然，当显著性水平为 0.01（即只有小于 1% 的概率能够推翻零假设）时，推翻零假设的难度明显大于显著性水平为 0.1 的情况（有小于 10% 的概率能够推翻零假设)，因此前者在统计学上的分量自然也会更重。本章后面的内容中会讨论不同显著性水平的优势和劣势。当前最需要了解的一点是，当我们能够在某个合理的显著性水平上推翻一个零假设时，其结果可以被认为是具有“统计学意义”的。

下面举一个现实生活中的例子。当你在报纸上读到每天吃20个麸皮饼的人患结肠癌的概率要低于那些不爱吃麸皮饼的人时，其背后所进行的学术研究很有可能是：(1) 在一个大型数据组中，研究人员发现每天吃至少20个麸皮饼的人患结肠癌的概率要低于那些不爱吃麸皮饼的人；(2) 研究人员的零假设是，吃麸皮饼对结肠癌的发病率没有影响；(3) 吃麸皮饼和不吃麸皮饼的人之间患结肠癌概率的巨大差别如果仅仅用巧合来解释，似乎并不那么让人信服。具体来说，如果吃麸皮饼与结肠癌之间没有任何联系，那么这两类人在患结肠癌这件事上仅仅因为巧合就出现如此巨大差别的概率要低于某个“门槛”，如0.05（该显著性水平应该在数据分析开始前确定，这样就可以避免为了得出一个具有统计学意义的研究结果而“量身定制”一个“门槛”）；(4) 这篇学术论文里可能还会有一个结论，差不多是这样说的：“在每天至少吃20个麸皮饼与降低的结肠癌发病率之间，我们发现了一个具有统计学意义的联系，其显著性水平为0.05。”

后来的某一天，当我吃早餐时，我在《芝加哥太阳报》上读到另一篇类似的研究报道，其标题更加直接和有趣——《每天吃20个麸皮饼，结肠癌就不会来找你》。那份报纸的标题虽然比学术论文更具有可读性和吸引力，但同时也可能在传递一个错误的信息。该研究事实上并没有宣称吃麸皮饼可以降低个人患结肠癌的风险，它仅仅揭示了某个大型数据组中吃麸皮饼与患结肠癌之间的负相关关系。这一统计学关系并不足以证明吃麸皮饼能够带来健康状况的改善。毕竟，那些吃麸皮饼的人（尤其是每天吃20个以上麸皮饼的人！）有可能还有其他降低癌症发病率的生活习惯，如少吃红色肉类、定期锻炼、常做身体检查等（这就是前面章节里介绍的“健康用户偏见”)。患结肠癌的风险较低到底是因为吃麸皮饼，还是因为这群爱吃麸皮饼的人恰好具备的其他行为习惯或个人素质？分清楚“相关关系”和“因果关系”将有助于我们更好地理解统计结论。有关“相关关系并不等同于因果关系”的内容，本书将在后面的章节里详细阐述。

我还应该指出，统计相关并不能说明关联的大小。吃大量麸皮饼的人患结肠癌的概率可能会降低，但降低多少呢？吃麸皮饼和不吃麸皮饼的人结肠癌发病率的差异可能很微小；统计相关的发现仅仅意味着观察到的影响，无论多么微小，都不太可能是巧合。假设你偶然发现了一项精心设计的研究，该研究发现，在SAT前吃一根香蕉与在数学部分获得更高的分数之间存在统计学上的正相关。你首先要问的一个问题是，这种影响有多大？它可能是0.9分；在平均分数为500分的测试中，这并不是一个能够改变人生的数字。在之后的章节中，当涉及解释统计结果时，我们将进一步阐释统计相关和关联大小之间的区别。

而两个变量之间如果不存在“统计学意义上的相关性”，则意味着两者之间的任何关系都可以用“巧合”二字进行合理解释。《纽约时报》近期刊登了某些科技公司涉嫌发布虚假广告的新闻，文章称，这些公司宣称它们的软件有助于提高学生的考试成绩，而数据却给出了相反的结果。卡内基–梅隆大学销售的一款名为“认知教学”的软件程序，其广告宣传语是“革命性的数学课程，革命性的成绩提高”，但美国教育部在一份测试报告中却称该软件对高中生的考试成绩“没有效果”。对此，《纽约时报》建议卡内基–梅隆大学将广告词改为“未突破的数学课程，未证实的成绩提高”。事实上，一项针对10个教学软件的研究发现，在这些声称能够提高学生数学、阅读等能力的软件中，有9个与提高考试分数之间不存在统计学意义上的相关性，也就是说，美国联邦研究员无法排除那些使用过和未使用这些产品的学生之间的成绩差别，仅仅是出于巧合的可能性。

知识介绍暂且停一下，让我先提醒大家一下刚刚这部分内容的重要性。2011年5月《华尔街日报》刊登标题文章，题为《自闭症和脑量》，由于自闭症的病因至今尚未明确，因此该发现被认为是一项重大的研究突破。这篇文章的第一句话总结了发表在美国《普通精神医学纪要》中的相关学术论文："本周一刊登的一项新研究发现，自闭症儿童的脑量要比其他儿童大，而且这一趋势在孩子未满两周岁时就出现了。"北卡罗来纳州州立大学的研究人员对59位患有自闭症的儿童和38位健康的儿童进行了脑成像，发现自闭症儿童的脑量要比同龄的健康孩子大10%。

一个相关的医学问题是：患有自闭症的孩子的大脑在生理结构上与其他孩子的大脑有什么不同吗？如果回答是肯定的，那么这一不同将有助于研究人员更好地理解自闭症的发病原理，从而为自闭症的预防和治疗提供新的信息。

一个相关的统计学问题是：仅凭一项样本规模并不是太大的研究（只有59位自闭症儿童，健康儿童的数量更少，仅为38位），我们就能推而广之地认为所有患有自闭症的儿童的脑量都异于常人吗？回答是肯定的。研究人员总结道，在儿童的脑量与患自闭症无关的前提下，两组样本（59位自闭症儿童和38位健康儿童）的脑量出现如此差异的概率只有2/1000（p =0.002）。

我还特地找到了那期《普通精神医学纪要》，翻看了论文原文。研究人员所采用的方法并没有比截至目前我们所学的概念更复杂，接下来，我将为大家大致介绍一下这一具有社会意义和统计意义的结果的基础。首先你应该认识到，研究中的两组孩子——59位自闭症患儿和38位健康孩子——能够合理地代表他们所在的总体，而且样本数量足够了，因此适用于中心极限定理。如果你早已将上一章的内容忘得差不多了，没关系，我们先来简单复习一下：(1) 任意一个总体的样本平均值将会围绕总体平均值呈正态分布；(2) 样本的平均值和标准差约等于其所在总体的平均值和标准差；(3) 约有 68% 的样本平均值位于总体平均值一个标准误差以内，约有 95% 的样本平均值位于总体平均值两个标准误差以内，以此类推。

如果用通俗的语言来总结上述 3 点内容，就是任何一个样本与其所代表的总体之间应该具有相似性；虽然每个样本都是不同的，但任何一个正确抽取的样本的平均值与总体平均值相差甚大的可能性很小。同样的，我们可以预测，取自相同总体的两个样本彼此之间也应该差不多。在此基础上我们换个角度思考，如果两个样本的平均值相差甚远，那么最有可能的解释就是它们来自不同的总体。

这里有一个凭直觉就能做出判断的例子。你的零假设为：男性职业篮球运动员的平均身高与其他普通男性一样。你随机抽取了 50 位职业篮球运动员和 50 位非职业篮球运动员，假设你选择的篮球运动员们的平均身高为 6 英尺 7 英寸，非篮球运动员的平均身高为 5 英尺 10 英寸，两者之间存在 9 英寸的差距。假如篮球运动员与非篮球运动员之间没有身高差距，那么这两个样本的平均值之间出现如此巨大差距的概率有多大呢？通俗的说法就是：非常低。

那份关于自闭症的研究论文所用的基本方法论是一样的。研究人员将两组孩子的几次大脑检测结果进行了比较（大脑检测是在孩子两岁时通过磁共振成像进行的，并在孩子四至五岁时再次进行）。我们现在只看其中的一项指标——总脑量。研究人员的零假设大致上是：无论孩子有没有自闭症，他们的大脑在解剖学上都没有什么差别。备择假设为：患有自闭症的儿童，他们的大脑与健康儿童的大脑有根本性的不同。这样的研究发现自然会存在许多问题，但至少为未来的自闭症研究和探索提供了一个方向。

在该研究中，自闭症儿童的平均脑量为 1 310.4 立方厘米，对照组儿童的平均脑量为 1 238.8 立方厘米，所以两组儿童的平均脑量之差为 71.6 立方厘米。假如自闭症跟儿童的平均脑量并无任何关系，那么出现这一结果的概率有多大？

如果你还记得上一章的内容，就会很自然地想到我们可以先求出样本的标准误差：$s/\sqrt{n}$，其中s为样本的标准差，n为样本数量。研究为我们提供了这些数据：自闭症组中59位儿童的脑量的标准误差为13立方厘米；对照组中38位健康儿童的脑量的标准误差为18立方厘米。你应该还记得中心极限定理告诉我们，有95%的样本平均值会落在总体平均值两个标准误差的范围内。

因此，我们可以从手中的样本推断出，所有自闭症儿童的平均脑量在1 310.4±26立方厘米范围内的概率为95%，在统计学上我们称之为置信区间。我们可以有95%的把握声称，在1 284.4~1 336.4立方厘米的置信区间里包含了所有患自闭症的儿童的平均脑量。

用同样的方法，我们也能够有95%的把握声称，在1238.8±36立方厘米的范围内，也就是1 202.8~1 274.8立方厘米的置信区间，包含了所有非自闭症儿童的平均脑量。

我承认，上面出现了很多数字，或许烦躁的你刚刚已经把这本书扔到了角落里。假如你没有做出这么冲动的事情，或者你又走过去把书捡了起来，那么你就应该会发现，这两个置信区间居然没有重合的地方。自闭症儿童的平均脑量所处的置信区间的最小值（1 284.4立方厘米），依然要高于非自闭症儿童的平均脑量所处的置信区间的最大值（1 274.8立方厘米），如图10–2所示。

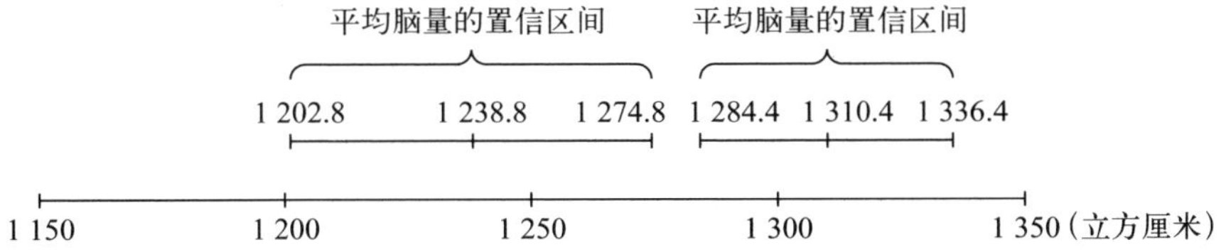

图10–2 样本平均脑量分布图

这可能是证明自闭症儿童的大脑与非自闭症儿童的大脑的确存在解剖学差异的第一条线索。是的，目前来看，这只能算是一条线索，因为我们所有的推断都建立在不到 100 位儿童组成的样本的基础上，或许我们只是遇上了比较特殊的样本。

现在只需要最后一个步骤，就能赋予所有推断以生命，我们也将迎来收获的那一刻。如果把统计学比作花样滑冰，那么现在要进行的就是最后一组动作，在此之后，兴奋的观众们便可将一束束鲜花抛入滑冰场。假设自闭症儿童和健康儿童的脑量真的不存在任何解剖学上的差别，即他们属于同一个总体，那么两个样本平均值出现如此巨大差距（一个是 1 310.4 立方厘米，一个是 1 238.8 立方厘米）的准确概率有多少？我们可以算出已知平均值差异的假定值。

考虑到你可能会再次把书扔到角落里，我这次将计算公式放到了本章的补充知识点里。道理其实很简单，如果我们从同一个总体里随机抽取两个大型样本，那么我们可以推断出它们的平均值应该是非常接近的。举个例子，如果我选取了 100 位 NBA 球员并计算出他们的平均身高为 6 英尺 7 英寸，那么另外再随机抽取 100 位 NBA 球员，他们的平均身高也应该接近 6 英尺 7 英寸。好吧，或许这两组样本之间会存在一两英寸的差别，但存在 4 英寸差别的概率就没有那么大了，相差 6~8 英寸的概率可以说是微乎其微。我们可以计算出两个样本平均值之间差异的标准误差，通过这个标准误差，以及不同样本平均值之间的差距，我们可以判断样本平均值的离散程度。重要的是，我们可以通过这一标准误差计算两个样本来自同一个总体的概率。以下就是具体流程：

1. 假如两个样本均抽取自同一个总体，那么最好的结果是它们的平均值之差为零。

2. 中心极限定理告诉我们，在重复抽取的样本群里，两个平均值之间的差的分布为正态分布。（承认吧，你是不是开始有点爱上中心极限定理了？）

3. 假如两个样本真的来自同一个总体，那么有 68% 的概率，两个平均值之间的差小于 1 个标准误差；有约 95% 的概率，这个差会处于 2 个标准误差以内；有 99.7% 的概率会处于 3 个标准误差以内。这就是那篇自闭症研究论文结论的落脚点。

如前文所述，自闭症儿童组和对照组的平均脑量之差为 71.6 立方厘米，标准误差为 22.7，也就是说，两组样本的平均值之差超过 3 个标准误差，我们能够据此计算出，如果这两个样本真的来自同一个总体，那么出现如此极端结果的概率只有 2/1 000。

美国《普通精神医学纪要》刊登的那篇论文提到，该案例的假定值为 0.002，也就是我刚刚提到的 2/1 000。现在，你知道这个数字是从哪里来的了！

在统计推断的巨大光环之下，我们也要小心它的陷阱。这些陷阱在本章开头的那个例子中就已经埋下了：我的那位起了疑心的统计学老师。统计推断的强大力量来源于概率，而非宇宙深处某种未知而又神秘的绝对性。我们不能因为某人连续两把牌都摸到了“同花顺”就将其关进大牢，因为这种事情确实会发生——在没有作弊的情况下。因此，对于任何一类假设检验来说，我们都面临一个根本性的两难困境。

这一统计学现实在 2011 年的时候到达了一个最紧要的关头，当时期刊《人格与社会心理学》准备刊登一篇表面上看与其他论文没有任何区别的学术论文：一位康奈尔大学的教授明确提出了一个零假设，开展了一项实验来验证这一零假设，然后结合实验结果，在显著性水平为0.05的基础上将其推翻。论文的结论在学术界内部引起了轩然大波，并通过诸如《纽约时报》等主流媒体的报道引起了公共舆论。

通常来说，在《人格与社会心理学》等类似期刊上发表的文章基本不会登上报纸头条，那么到底是什么让那篇文章备受关注？论文作者是在测试人类行使超感官知觉（ESP）的能力。零假设当然是超感官知觉不存在，备择假设是人类具有超感官知觉。为了解开这一谜题，论文作者招募了很多人来参与这个实验。在两块电脑屏幕上分别盖着一块不透明的布，电脑软件会随机在一块布的后面显示一张“艳照”，参与者们要在两块布中选择一块掀开，并记录下结果。从概率的角度来说，掀开一块布后面显示“艳照”的概率恰好为50%，但在反复实验以后，研究表明显示艳照的概率为53%。在大量样本数据的支持下，那位教授推翻了“人类不存在超感官知觉”的零假设，承认备择假设成立，即超感官知觉能够让个人预知未来。这篇论文一经发表，就招致了大量批评，这些批评认为仅凭一项具有统计学意义的研究不足以排除巧合的可能性，尤其是在没有其他证据来支持甚至解释这一结论的情况下。《纽约时报》总结道：“一个藐视几乎所有科学常识的结论就其本质来说应该是超乎寻常的，因此就更需要超乎寻常的证据来证明它。如果忽视了这一点，正如那些充满争议的科学分析故意做的那样，会使得许多研究成果的重要性被夸大。”

为了应对这一问题，一种方法是抬高使结果具有统计学意义的“门槛”，例如将显著性标准设定为0.001。但这也存在缺陷，因为选择一个合理的“门槛”本身就包含了权衡和妥协。

如果我们用于推翻零假设的举证责任定得过于宽松（例如0.1），那么我们就会经常处于推翻零假设的状态，而实际上，在很多时候零假设是正确的（就像我对超感官知觉研究的怀疑）。用统计学的说法，这被称为I型错误。想象一下美国的司法制度，对于陪审团来说，法庭上的零假设是被告无罪，推翻这一零假设的门槛是“排除一切可疑之处，确信被告有罪”，假如我们将这一门槛降低为“强烈的直觉告诉我被告有罪”，那么结果肯定是更多的罪犯锒铛入狱，当然也会有更多无辜的人蒙冤入狱。这相当于在统计学中将显著性水平降低，如0.1。

严格来说，1/10的概率并非毫无可能。如果放在批准新的抗癌药物的情景中，在宽松的举证责任下批准的每10种药物中，或许就会有那么一种没有治疗效果，只是偶然地在试验中显示出了效果（又或者在法庭上，每被定罪的10个被告里，就有一个人是无辜的）。I型错误表示错误地推翻了一个零假设，尽管这个术语有些违反直觉，我们也称之为“假阳性”，下面就来解释为什么称之为“假阳性”。当你去医院进行某项疾病的检查时，医院的零假设是你并没有患上该疾病，如果实验室的检测结果推翻了零假设，那么就会在体检报告里注明“阳性”，但假如你的检验结果为“阳性”，事实上你并没有患上该疾病，那么检验结果就是“假阳性”。

在任何情况下，对推翻零假设的举证责任的要求越宽松，推翻零假设的可能性就越大。但我们显然不愿意看到无效的癌症治疗药物进入市场，也不希望将无辜的人送入监狱。

但这又出现了一个矛盾。推翻零假设的门槛越高，我们推翻零假设的可能性就越小，以至让很多应该被推翻的零假设“逃过一劫”。如果我们要求必须凑齐5位目击证人才能将被告定罪，那么将会有很多罪大恶极的罪犯逍遥法外（当然，蒙冤入狱的人也会相应减少）。如果我们对所有新药的临床试验都要求0.001的显著性水平，那么将会极大地减少无效药物进入市场的可能性（因为错误推翻“药物没有比安慰剂更有疗效”的零假设的概率只有1/1 000），但我们同时也面临着将有效药物拒之门外的风险，因为我们的准入门槛太高了，这就是统计学上的II型错误，又被称为“假阴性”。

哪种错误更加严重？这要依情况而定。最重要的是，你能够意识到宽松和严格之间的权衡和妥协，因为统计学里没有“免费的午餐”。下面的几种情形虽然与统计学没有直接关系，但都包含了Ⅰ型错误和Ⅱ型错误之间的妥协。

1. 垃圾邮件过滤。零假设为任何一封电子邮件都不是垃圾邮件。你的垃圾邮件过滤插件会寻找可用来推翻零假设的线索，如一份内容较多的，包含“增高”、“促销”等广告关键词的清单。Ⅰ型错误表示一些不是垃圾邮件的电子邮件也被屏蔽掉了（“假阳性”），Ⅱ型错误表示让垃圾邮件通过筛选进入了你的收件箱里（“假阴性”）。考虑到漏收一封重要邮件的损失要大大超过收到一封推销天然维生素的广告邮件，绝大多数人可能会更倾向于站在Ⅱ型错误这一边。一个经过优化设计的垃圾邮件过滤插件在推翻“来信不是垃圾邮件”的零假设并屏蔽这封邮件之前，应该设法掌握足够多的证据和要求相对高的准确性。

2. 癌症筛查。我们在医学上有多种方法用于初期癌症的筛查，如乳腺图像（乳腺癌）、前列腺特异性抗原测试（前列腺癌），甚至全身磁共振成像（看看身体哪个部位存在问题）。对于任何一位进行癌症筛查的人来说，零假设都是没有患上癌症。筛查结果如果是可疑的，零假设就会被推翻。按常理，Ⅰ型错误（身体没有任何问题的“假阳性”）总是要优于Ⅱ型错误（癌症没有被诊断出来的“假阴性”）。从历史上看，癌症筛查经常站在垃圾邮件过滤的对立面：医生和病人总是愿意容忍一定程度的Ⅰ型错误，而尽力避免出现Ⅱ型错误。最近，美国卫生政策专家开始挑战这一观点，这是因为Ⅰ型错误所导致的高费用和副作用。

3. 打击恐怖分子。在这个例子中，Ⅰ型错误和Ⅱ型错误都是不可容忍的，这也是为什么如今社会上还在激烈讨论如何处理打击恐怖主义和保护公民自由之间的关系。零假设为某人不是恐怖分子。如果换作一个普通的庭审，我们并不希望犯Ⅰ型错误，而将无辜的人送进关塔那摩监狱。但在一个充斥着大规模杀伤性武器的世界里，哪怕一个恐怖分子逍遥法外（Ⅱ型错误）都会带来不可估量的灾难。不管你是否赞同，这就是为什么美国政府会在证据不充分的情况下依然将大量的可疑分子关到关塔那摩监狱里。

统计推断并非绝对可靠的魔法，但对于认识这个世界来说，它的作用依然是巨大的。通过弄清楚最有可能的解释，我们可以了解生活中的许多现象。我们中的绝大部分人其实每天都在进行着这项工作（例如，“我认为那个晕倒在一堆啤酒瓶中间的大学生肯定是喝多了”，而不是“我认为那个晕倒在一堆啤酒瓶中间的大学生是被恐怖分子毒杀了”）。

统计推断只是将这个过程正式化。

本章补充知识点

计算平均值差异的标准误差

平均值比较公式为

$$\frac{\bar{x}-\bar{y}}{\sqrt{\frac{s_x^2}{n_x}+\frac{s_y^2}{n_y}}}$$

$\bar{x}-\bar{y}$ ⟶ 分子表示平均值之差的大小

$\sqrt{\frac{s_x^2}{n_x}+\frac{s_y^2}{n_y}}$ ⟶ 分母表示两个样本之间的平均值之差的标准误差

其中，$\bar{x}$ = 样本 x 平均值

$\overline{y}$ = 样本 y 平均值

s_x = 样本 x 标准差

s_y = 样本 y 标准差

n_x = 样本 x 的数量

n_y = 样本 y 的数量

我们的零假设是两个样本的平均值相等。上面的公式计算的是观察到的平均值差异与标准误差之间的比值。我们需要通过正态分布的相关结论对零假设进行验证。假如这两个样本所在总体的平均值是相等的（即它们取自同一个总体），那么它们的平均值之差小于 1 个标准误差的概率为 68%，小于 2 个标准误差的概率为 95%，以此类推。

在本章的自闭症案例中，两个样本的平均值之差为 71.6 立方厘米，标准误差为 22.7，两者相除得到 3.15，也就是说，两个样本的平均值相差 3 个以上标准误差。正如之前所说，如果两个总体的平均值相同，那么从这两个总体里分别抽取一个大型样本，其差距如此之大的概率是非常低的。精确来说，两个样本平均值之差大于或等于 3.15 个标准误差的概率仅为 0.002。

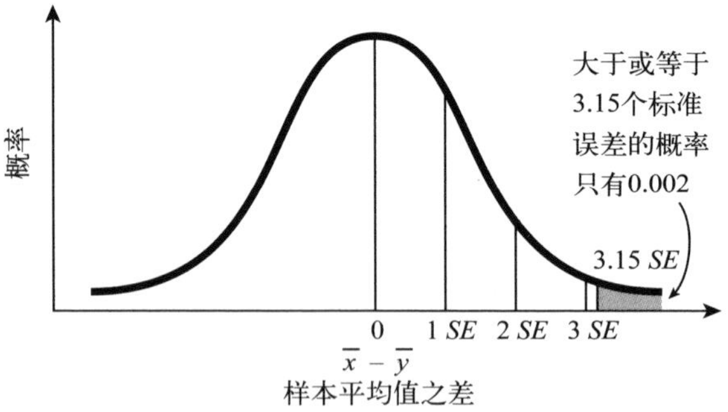

图 10–3　样本平均值之差分布图

单尾/双尾假设检验

本章介绍了如何用抽样的方法检验男性职业篮球运动员的平均身高是否与普通人相同，我对这个过程进行了研究。我们的零假设是，男性篮球运动员的平均身高与普通男性相同。不过，我没有跟大家说的是，其实我们有两种可能的备择假设。

一种备择假设是，男性职业篮球运动员的平均身高与普通男性不同，他们可能比普通人高（或低）。这与你潜入遇劫客车通过目测乘客的体重来判断他们是否为“变化的一生”项目的研究对象的方法是一样的。假如乘客的平均体重比“变化的一生”项目的所有研究对象的平均体重重或轻的程度较大（例子中的情况正好为后者），那么你就可以推翻“他们是研究对象”的零假设。我们的第二种备择假设为男性职业篮球运动员平均身高要高于普通男性，在这种情况下，稍有常识的人都知道篮球运动员基本上不可能比普通人矮。这两种备择假设的区别将会决定我们最后是进行单尾假设检验还是双尾假设检验。

在上述两种情形中，我们都把显著性水平设定为0.05。假如他们的身高相同，那么若发现两组样本之间存在差异，且此差异的出现概率小于或等于5%，我们就可以推翻零假设。到目前为止，这些内容都是我们学过的。

接下来要讲的内容就有点儿复杂了。如果我们的备择假设为篮球运动员比普通人高，我们就需要进行单尾假设检验。我们首先计算出两组男性的身高之差，假如零假设成立，那么平均值差异大于或等于1.64个标准误差的概率只有 5%。因此，如果两组男性的身高之差位于这个区间内，那么我们就可以推翻零假设，请看图 10–4。

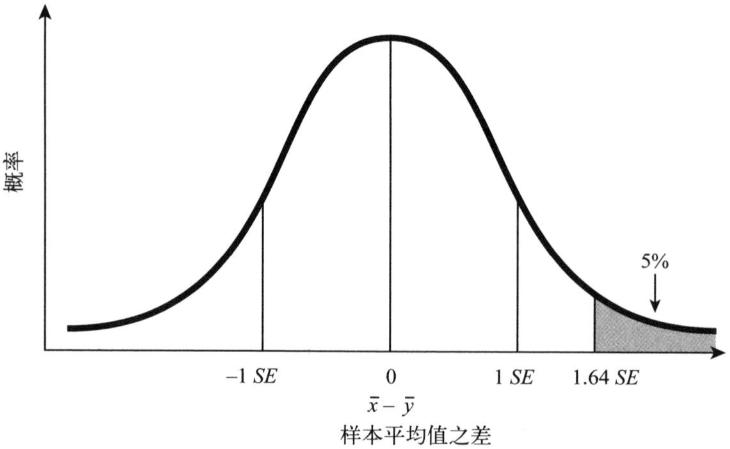

图 10–4　样本平均值之差分布图（以标准误差为参照）

现在，我们再来考虑另一个备择假设——男性篮球运动员高于或低于普通男性。我们所用的检验的方法大体是一样的。如果两类人的平均身高的确是相同的（零假设），那么当两个样本的平均值之差大于或等于 1.64 *SE* 的概率只有不到 5% 时，我们就可以推翻零假设。本题中的“差”还包括篮球运动员比普通人矮的情况，也就是说，如果运动员样本的平均身高与普通人的身高差距较大，我们就可以推翻零假设。这就需要我们进行双尾假设检验。现在，需要考虑的推翻零假设的区间存在两个：正方向和负方向。具体来说，推翻零假设的范围现在被一分为二，在坐标轴上分成了左右两条“尾巴”。只要我们得到的结果出现的概率小于或等于 5%，就可以宣告零假设不成立，只不过我们现在在两种情况下都可以推翻“球员的平均身高等于普通男性的身高”的零假设。

先考虑运动员的平均身高大于普通男性的情况，在计算出运动员高于普通人的差值之后，只有当该差值的出现概率小于或等于2.5%时，零假设才可以被推翻。

再考虑运动员的平均身高小于普通男性的情况，在计算出运动员低于普通人的差值之后，只有当该差值的出现概率小于或等于2.5%时，零假设才可以被推翻。

出现这两种情况的概率之和为5%，如图10–5所示。

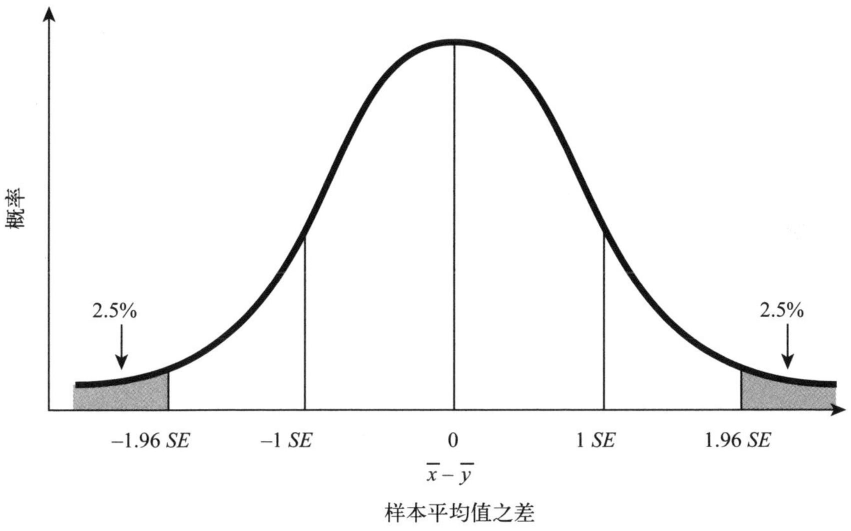

图10–5　样本平均值之差分布图（以标准误差为参照）

这个例子是用单尾假设检验还是双尾假设检验更为适合呢？我想，大家的心中一定有答案了吧。

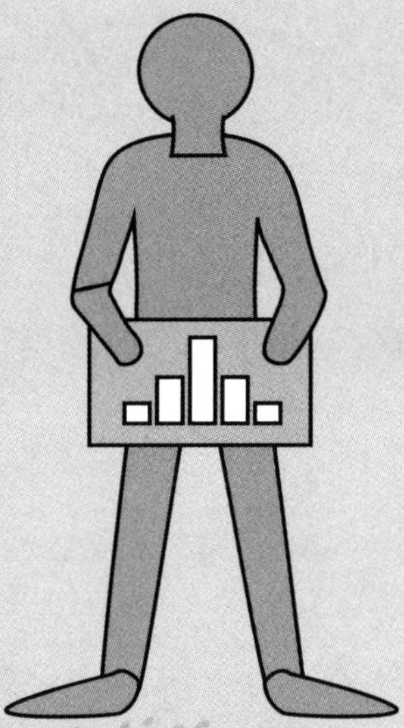

Naked Statistics

第11章 民意测验与误差幅度

民调结果显示，有 89% 的美国人不相信政府会做正确的事，有 46% 的美国人认可奥巴马的工作表现。这个结果可以代表美国人的真实想法吗？

2011 年下半年，《纽约时报》头版发表报道指出，“美国全国陷入了对未来的深深忧虑和怀疑中”，作者对美国人的心理进行了探究，整理了美国公众对于奥巴马政府的表现、社会财富分配等众多问题的普遍看法。下面，我们就来了解一下 2011 年秋天美国人想要表达的想法：

- 有高达 89% 的美国人不相信政府会做正确的事——美国政府遭遇了有记录以来最严峻的一次信任危机。
- 有 2/3 的美国公众认为，财富应该在美国得到更加公平的分配。
- 有 43% 的美国人说他们大体上认同“占领华尔街”运动所宣扬的观点（“占领华尔街”是一场发轫于纽约华尔街并迅速波及全美和其他国家的自发性抗议活动）。此外，还有更多的美国人（46%）认为“占领华尔街”运动中抗议人群的观点“基本上反映了绝大多数美国人的观点”。
- 有 46% 的美国人认可奥巴马作为美国总统的工作表现，同样有 46% 的美国人不认可奥巴马的工作表现。

- 仅有 9% 的美国公众认可美国国会的工作。
- 虽然距离下一次的美国总统初选只剩下不足两个月的时间，但是，还有将近 80% 的共和党选民觉得“现在就决定支持谁为时尚早”。

在美国总统选举年即将到来之际，这些引人入胜的数据可以为人们提供一些有意义的参考。但是，总会有人忍不住要问，我们是如何知道这些情况的？美国的人口数以亿计，为什么我们就能对他们的想法做出如此精确的判断？我们怎么知道这些言之凿凿的判断是否正确？

答案当然是 4 个字：民意测验。上述例子中的民意测验是由《纽约时报》和 CBS（哥伦比亚广播公司）共同主导的（连两家彼此竞争的媒体都必须在某个民调项目上通力合作，可见要进行一个方法论上可行和完善的全美国性民调有多么“浪费资金”）。对于民意测验的结论，我想大家肯定不陌生；如果告诉大家民意测验的方法论其实是统计推断的另一种形式，大家会不会有一种恍然大悟的感觉？民意测验（或民调）就是基于从某个人口总体中所抽取的人口样本的观点所做出的推断。

民意测验的力量来源与前几章的样本案例如出一辙：中心极限定理。假如从美国选民（或其他任意的一个总体）中选取一个大型的代表性样本，那么我们完全可以合理地认为这个样本与其所在的总体具有相似性。假如正好有 1/2 的美国人不赞同同性婚姻，那么在一个数量为 1 000 人的样本中，会有多少人不赞同同性婚姻呢？最佳猜测当然是 500 人。

一个更加符合民意测验的想法是将上面的例子反过来思考。如果我们有一个数量为 1 000 人的样本，其中有 46% 的人不认可美国总统奥巴马的工作表现，那么我们就能从中推理出全体美国人对这个问题的态度。事实上，我们还可以计算出样本结果与总体美国人的真实态度偏差很大的概率。如果你在一个民调结果里看到“误差幅度为 ±3%”的字眼，其实就跟我们在上一章所计算的 95% 置信区间是一样的。95% 的置信水平意味着假如从同一个总体中重复进行 100 次不同的抽样，我们可以预测其中有 95 次测验结果会位于该总体真实感受 ±3% 的范围内。在《纽约时报》和 CBS 的民意测验中，有关工作表现的问题，我们有 95% 的把握认为所有美国人中不赞同美国总统奥巴马的工作表现的比例会在 46%±3% 的范围内，即介于 43% 和 49% 之间。如果你在读报时看得仔细，会发现这篇报道的下方有一行小字（我强烈建议大家去读一读）是这样的：“理论上说，民意测验结果有 95% 的概率在实际情况（即采访所有美国成年人所得出的结论）±3% 的范围内浮动。”

民意调查和其他形式的抽样之间最根本的区别就在于，我们所关心的前者的样本数据不是平均数（如 187 磅），而是一个百分比（如 47% 的选民、0.47 等）。在其他方面，两者的流程是类似的。当我们掌握了一个数量巨大、具有代表性的样本（民意样本）之后，我们便可以预测样本里持某种观点的人数比例（如 9% 的人认为美国国会在管理国家事务中发挥了良好的作用），约等于所有持该观点的美国人占美国总人口的比例。这与认为一个包含 1 000 名美国男性样本的平均体重约等于所有美国男性的平均体重并无差异。但是，不同的样本对于美国国会工作的认可程度表现在百分比方面还是会有所不同，这和不同的随机样本中 1 000 个男性的平均体重也会存在稍许差别是一样的。如果《纽约时报》和 CBS 进行第二次民意测验，也就是对另外 1 000 名美国成年人提出同样的问题，那么第二次民调的结果与第一次的结果完全相同的概率非常低。但与此同时，我们也不应该指望第二次民调的结果与第一次的结果大相径庭。用一个比喻形容，就是你舀了一勺汤尝了尝，然后用汤勺搅动了一下汤锅，之后再舀一勺汤，这两勺汤的味道应该是差不多的。标准误差所要传达的就是不同样本平均值的离散程度，在这个例子中是不同民调结果的离散程度。

百分比的标准误差计算公式与之前介绍的有细微差别，但其中的原理是一样的。对于任意一个随机抽取的样本而言，标准误差等于 $\sqrt{p(1-p)/n}$，其中 p 代表某个特定观点的回应者比例，$(1-p)$ 代表不同观点的回应者比例，n 为样本中所有回应者的数量。而且由于 n 处于分母的位置，因此样本量越大，标准误差越小。而且当 p 与 $(1-p)$ 的差距越来越大时，标准误差也会变得越来越小。举例来说，当有 95% 的回应者表达相同的观点时，其样本的标准误差就会小于回应者观点只有 50% 的相同率的样本的标准误差。这就是纯数学，$0.05 \times 0.95 = 0.047$，$0.5 \times 0.5 = 0.25$，分子的数字越小，计算得到的标准误差也越小。

举个简单的例子，假设在一次“选举后测验”中，在选举当天投出选票的 500 位选民里有 53% 投给了美国共和党候选人，45% 投给了美国民主党候选人，还有 2% 投给了第三方党派的候选人。如果以美国共和党候选人的支持率作为参照，那么这次“选举后测验”的标准误差就是 $\sqrt{(0.53)(1-0.53)/500} = \sqrt{(0.53)(0.47)/500} = \sqrt{0.25/500} = \sqrt{0.0005} = 0.02236$。

为了方便起见，我们将这次“选举后测验”的标准误差约等为 0.02。到现在为止，这只是一个数字，要怎样才能赋予 0.02 这个数字更多的意义呢？假如这次民意测验刚刚结束，在一家电视台工作的你就急于在最终结果出来之前向全美国观众率先宣布这场比赛的赢家是谁。你现在已经算得上是一名“半专业”的数据分析师了（因为你已经读完了本书 2/3 的内容），节目制片人向你咨询：我们能否以这次“选举后测验”的结果作为宣布共和党获胜的依据？

你解释说，这要看这条选情预测新闻的“置信水平”是多少。更具体地说，要看电视台工作人员愿意承担的出错风险。需要记住，标准误差为样本比例（“选举后测验”）是否接近现实中的总体比例（选举结果）提供了理性的概率参考。我们已知的是，样本比例约有68%的概率落在最终结果一个标准误差的范围内（在这个例子中指的是共和党获得53%的选民支持率），因此，你可以告诉你的制片人，你有68%的把握认为共和党候选人会获得53%±2%的支持率，也就是51%~55%的支持率。与此同时，“选举后测验”显示民主党候选人获得了45%的选票，假设民主党的支持率有相同的标准误差（至于为什么可以这样简化，我等一下会向大家解释），那么我们也可以有68%的把握声称，民主党候选人会获得45%±2%（43%~47%）的支持率。根据这一计算，我们的结论是共和党会在选举中获胜。

图文组的同事会在第一时间制作一张适合电视播放的立体统计图，这样你就可以将其显示在荧屏上给观众演示了。这张统计图里肯定会包含以下信息：

共和党 53%

民主党 45%

独立党派 2%

（误差幅度 ±2%）

首先，你的制片人对这样的一个结果肯定会感到印象深刻并且兴奋不已，很大程度上是因为上面的这张统计图竟然是彩色3D版的，而且还能在屏幕上进行360°旋转。但是，当你向她解释道，“选举后测验”的结果约有68%的概率落在真实情况一个标准误差的范围内时，这位两次被法庭强制要求参加愤怒管理课程的制片人在脑子里迅速做了一个减法：那剩下的32%是什么情况？

接下来，你解释说会有两种可能：（1）共和党候选人的支持率比民调结果更高，在这种情况下我们的预测依旧是正确的；（2）也有一定的可能性是民主党候选人获得了比民调高得多的支持率，如果是这种情况，就意味着之前彩色的、可以旋转的 3D 图错误地预测了选举的获胜方。

制片人听完后一言不发，随手将桌上的一个咖啡杯扔了出去，杯子在空中划出了一条完美的弧线，并最终落在了房间的另一端，摔得粉碎。接着，她大声呵斥道："我们怎么才能保证播出的是一个正确的结果？"

作为统计学专家，你指出，除非将所有选票都清点出来，否则没有人能够准确无误地预测选举结果。但你还是将置信水平提高到了 95%，在这种情况下，那张 3D 统计图出错的概率就降到了 5%。

制片人点上了一支烟，看上去比刚才放松了一些。你决定还是不提醒她办公场所禁止抽烟的规定，因为上一次这句善意的提醒引发了一场灾难。但是，有一些坏消息是不得不说的。电视台在播出新闻时如果要让自己的可信度提升，就必须扩大"误差幅度"，一旦这样做了，就意味着选举结果中不再有一个清晰的赢家。你将新制作好的统计图拿给你的制片人看：

共和党 53%

民主党 45%

独立党派 2%

（误差幅度 ±4%）

由中心极限定理可知，样本比例约有 95% 的概率会落在真实总体比例的两个标准误差（这个例子中这一比例为 4%）的范围内。因此，假如我们想要增加"选举后测验"的可信度，就必须减少我们对结果准确度的野心。如上述所示（请原谅我没有为大家展示炫目的彩色3D和旋转效果），电视台可以有95%的把握向观众播报，美国共和党候选人的得票率为53% ± 4%，即49%~57%；与此同时，美国民主党候选人的得票率为45% ± 4%，占全体选票的41%~49%。

是的，我们现在又有了一个新问题。如果置信水平提高到了95%，我们就无法推翻两党候选人打成平手（各获得49%选票）的可能性。这是一个无法避免的妥协，在没有新数据补充的情况下，如果想要提高民调结果的正确率，就只能降低预测的精度。举一个与统计学无关的例子，假如你告诉你的朋友，你“确定”托马斯·杰斐逊是美国的第三或第四任总统，你如何让自己的历史知识可信度更高？扩大范围吧！你可以“绝对肯定”地说托马斯·杰斐逊是美国前五位总统中的一位。

制片人让你打电话订一个比萨，并让你做好通宵加班的准备。就在这个时候，统计学的“万丈光芒”又照在了你的身上。第二次“选举后测验”的结果出现在你的办公桌上，这一次的样本数量为2 000人，占比结果是：共和党（52%）、民主党（45%）、独立党派（3%）。你的制片人已经彻底发疯了，因为这一次的民意测验显示两个主要党派候选人之间的差距进一步缩小了，也就是说，在官方结果出来之前对选举进行预测变得难上加难。但此时你（英勇地）指出，这次的样本数量是上一次的4倍，因此标准误差会大大缩小，共和党候选人的新标准误差为$\sqrt{0.52 \times 0.48/2000}$，其结果远小于0.01。简便起见，我们就以0.01为新标准误差。

假如制片人此时还愿意接受95%的置信水平，那么你便可以大声地宣布共和党将会赢得选举。在新的0.01的标准误差的前提下，95%的置信水平意味着共和党候选人获得了52% ± 2%的选票，即50%~54%的选票，民主党获得了45% ± 2%，即43%~47%的选票。两个置信区间之间不再有重叠，你可以在电视上恭喜美国共和党候选人了，而且这次预测正确的概率超过95%。

但在这个例子中，你还可以做得更加完美。中心极限定理告诉我们，样本结果位于真实情况 3 个标准误差范围以内的概率为 99.7%。如果将置信水平提高到 99.7%，那么两党的投票情况是：共和党获得的选票为 52% ± 3%，即 49%~55%；民主党获得的选票为 45% ± 3%，即 42%~48%。由于两党的结果依然没有重叠，你便可以放心地在电视上预测共和党的胜利，你和制片人基本上不可能因为误播而被辞退，所以记得一定要请组织那次 2 000 人民意测验的同事吃饭。

你可以看到，样本数量越大，标准误差就越小，这也是为什么大型的全美民意测验的结果往往准得惊人。同理，一个小容量的样本会使得标准误差变大，从而导致一个更大的置信区间（用民意测验的专业术语来说，就是“抽样误差范围”）。《纽约时报》和 CBS 联合民意测验报告的小字部分内容指出，有关美国共和党初选问题的抽样误差为 5%，而其他问题的抽样误差只有 3%。由于报名参加共和党初选的选民数量有限，因此该问题组的抽样人数只有 455 人（而其他问题组的抽样人数都达到了 1 650 人）。

OOOOOO

与前几章的内容一样，我在本章中对很多内容进行了简化处理。可能大家已经意识到了，在上述的选举例子中，共和党和民主党按理来说应该有着各自不同的标准误差。再来看一下这个公式：$SE=\sqrt{p\,(1-p)\,/n}$。两党候选人的样本数量 n 是一样的，但 p 与（$1-p$）会有所差别。在第二次“选举后测验”（有 2 000 名参与者）中，共和党的标准误差为 $\sqrt{0.52\times0.48/2\ 000}=0.011\ 17$，民主党的标准误差应该是 $\sqrt{0.45\times0.55/2\ 000}=0.011\ 12$。当然，无论是用作什么，这两个数字都不会对结果产生不同的影响。因此，我采取了一个比较常用的做法，就是取两者中略大的那个标准误差作为所有候选人的共同标准误差，假如真有什么不妥之处，那也只会让我们的置信区间更加严格。

许多涉及多个问题的全美民意测验还会更进一步。以《纽约时报》和CBS联合民调为例，严格来说，根据受访者的答案，每一个问题的标准误差都应该是不同的。例如，在9%的公众认可美国国会处理国家事务的能力和46%的公众认可美国总统奥巴马的工作表现这两个结论中，前者的标准误差应该低于后者，因为 0.09×0.91 的结果要小于 0.46×0.54——$0.081\,9 < 0.248\,4$。（这个公式背后的直觉将在本章的补充知识点中进行解释。）

如果为每一个问题都搭配一个不同的标准误差，那么整个报告就会变得混乱不堪，不利于结论的提取，因此像这类民意测验，通常都会假设所有问题的样本比例为0.5（50%）——让标准误差达到一个最大值，然后再用这个标准误差计算出整个民意测验的样本误差范围。

如果处理得当，民意测验会是一个不可思议的统计工具。盖洛普民意测验机构的主编弗兰克·纽波特说，一个针对1 000人的民意测验能够为我们提供有关整个国家的有意义的和准确的信息。从统计学的角度来说，他是正确的。但是，为了能够获得那些有意义的和准确的结果，我们必须合理设计民调流程，正确分析数据并得出结论，这两件事都是说起来容易做起来难。一个错得离谱儿的民调结果通常并不是因为数学不好而导致标准误差计算错误，而是因为一个有偏见的样本或不合理的问题设计，或者二者均有。当进行一项民意测验或采用别人的民调成果时，我们应该问问自己如下几个涉及方法论的关键性问题。

这个样本能正确地反映目标总体的真实观点吗？许多与数据有关的常见挑战都已经在前文中介绍过了。然而，我还是要再一次指出选择性偏见的危害，尤其是自我选择。有一些民意测验依赖的是那些选择进入样本的个人，如听众来电类广播节目或自愿填写的网上调查问卷，这些民意测验只能获取那些愿意花时间和精力来表达观点的人的信息。他们有可能是对某个问题有着强烈看法的人，或者是正好拥有大量空闲时间的人。无论是哪一种人，都不太可能代表广大公众的观点。我有一次被邀请参加某听众来电节目，有一位打进电话的听众大声地批评我的观点是“多么不正确”，为了表达他的异议，他是特地将车驶离高速公路后，将车停在路边，在一个电话亭拨打的电话。我更愿意假设的是，其他那些选择继续开车的听众之所以没有驶离高速公路并打进电话，是因为他们的看法与之前的那位听众不一样。

任何一种将总体中的某类人排除在外的观点收集方法，都有可能造成偏见。举例来说，手机的出现给取样方法论增添了新的内容，但同时也让这个过程变得更加复杂。专业的民意测验机构在目标总体的代表性样本的抽样方面，可以说是不遗余力。《纽约时报》和CBS的联合民调就是基于电话访问，在6天的时间里，他们通过电话调查了1 650名美国成年人，其中有1 475名美国成年人声称自己是登记选民。

至于具体是如何抽样的，我只能进行一个大概的猜测，绝大多数的民意测验采用的都是如下的技术。为了保证接电话的人能够代表美国人口，抽样过程是从概率开始的——相当于从口袋中摸彩球。电脑会随机抽取一个座机电话交换机组（电话交换机是汇集电话线路并完成用户之间通话的设备，在美国，一个电话交换机包含一个区号以及电话号码的前3位），通过在美国6.9万个家庭交换机组里随机选取与电话人口比例一致的用户样本，就能大体上形成一个具有人口地域代表性的样本分布。请看说明：“电话交换机的选择考虑了每个地区的电话用户占美国电话用户数量的比例。”每组被抽中的交换机由电脑随机加上4位数字，以形成一个完整的电话号码，最后出现在被呼叫家庭的名单里。同时，该调查还包括了“手机号码的随机拨打”。

每一个拨出去的号码都应该有一位对应的成年人接听，但如何选取也应该有一个“随机的程序”，如要求当前家中年纪最小的成年人来回答问题。这一个程序经过优化，能够让接听人的年龄、性别比例更加接近真实的成年人口情况。最重要的是，调查人员会尝试在一天的不同时刻拨打电话，以确保被挑中的电话号码能够打通。这些不断重复的操作——包括拨某个电话10多遍——都是获得一个无偏样本不可缺少的重要组成部分。如果只是在工作时间随机拨打电话，能打通最好，打不通就更换其他号码，直到凑齐所需的样本数量，这样做当然在操作上更加容易实现，也更省钱，但这样的一个样本很有可能会存在偏差，在家接听电话的人很有可能是失业者或老人等。如果你只是想证明民意测验的结果是美国总统奥巴马在失业人口、老人以及热心接听陌生来电人群中的支持率为46%的话，那你这样做是可以的。

检验民意测验是否正确有效的另一个指标是：被选中的电话号码中有多少接听者最终能够完成电话调查？低回应率是潜在抽样偏差的警示信号。不接受电话调查，或者家中电话一直处于无人接听的状态的人越多，那么这些人就越有可能与那些完成调查的人存在本质区别。民调策划人可以通过分析那些无法联系上的电话用户的已知信息来决定是否存在“无应答偏见”，这些人是否都住在同一个地区？他们拒绝采访的原因是不是都是类似的？他们是不是大多来自同一个种族、民族或收入群体？通过此类分析，我们便能够知道较低的回应率是否会影响到某次民意测验的结果。

采访过程中的问题设置能得出对研究课题有用的信息吗？探析公众观点可比计算考试成绩或测量身高和体重要复杂、细致得多。问题的设置和提问方式会对调查结果产生影响。让我们来举一个简单的例子：有多少比例的美国人支持死刑？正如本章内容所示，有很大一部分美国人坚定地支持死刑。根据盖洛普民调机构的调查，从2002年起，每年的民意测试都显示有超过60%的美国人支持对谋杀犯判处死刑。美国人对死刑判决的支持率一直在一个很小的范围内变动，最高时的支持率为2003年的70%，其他时候的支持率也曾低至64%。但民调数据的结果是很清楚的：大多数美国人都支持死刑。

事实是这样的吗？当把无假释终身监禁作为替代选项后，美国人对于死刑的支持率就大大下降了。2006年的盖洛普民调发现，只有47%的美国人认为对谋杀犯判处死刑是合适的，而有48%的受访者选择了终身监禁。这可并非某场晚宴上的统计学玩笑，这意味着当无假释终身监禁作为一个可靠的选择时，多数美国人将不再支持死刑。在做公众调查的过程中，问题的设置以及提问的方式都会对结果产生巨大影响。

政客们就常常利用这一点来获得对自己有利的民调结果。例如，选民们对“免税”一词的好感度就高于“减税”，其实这两个词是同一个含义。同样的，相比起“气候变化”，选民们更加关心“全球变暖”，虽然后者只是前者的形式之一。政客们总是通过使用非中性词来操纵选民的反应。如果一个中立、正直的民调机构想要获得正确有效的结果，它们必须对那些可能会影响反馈信息准确性的用语保持警惕。同样的，如果想要比较在不同时间点获得的调查结果，比如2012年和2013年消费者对经济的看法，那么这两个时段的采访问题就应该保持相同或相似。

像盖洛普这样的机构会经常开展“分离样本测试”，也就是针对不同的样本群体，变换同一个问题的措辞方式，以便判断用词上的小小变化到底会不会影响回应者的答案。对于盖洛普民调机构专家弗兰克·纽波特而言，每一个问题的答案都是有意义的数据，就连那些看上去似乎有些矛盾的答案也不例外。美国人对于死刑的态度在终身监禁的刑罚颁布之后发生了剧烈的变化，其中就透露了一些重要的信息。纽波特说，关键在于要在一个大背景下看待民意测验的结果。对于一个复杂的话题，只看一个问题或一次民调结果是不可能完全看透公众的心理的。

受访者说的就一定是真的吗？民意测验就像是网恋，在对方所提供的信息里总是有那么一点儿“言不由衷”的成分。我们都知道，人都有撒谎的时候，尤其是当问题比较尴尬或敏感时。受访者可能会夸大他们的收入，或在某个月的做爱次数上“修饰一番”；他们可能会不好意思承认自己没有投票；在表达不受欢迎或社会认可度低的观点之前他们还会犹豫。正是由于这些原因，一个民意测验前期准备得再充分、设计得再合理，也依然依赖受访者的诚实回答。

选举民调尤其关键的一步是，将那些不会在选举日当天去投票站投票的美国公民筛选出来。（因为如果我们想预测某次选举的胜利者，那么那些不打算去投票的人的观点对于我们来说就是无关紧要的。）人们总是说自己会去投票，因为他们觉得这是民调公司愿意听到的答案。但是有研究表明，那些自称会去投票的人中有1/4~1/3最终没有投票。为了减小这类抽样偏见对民调结果的影响，一种方法是向受访者提问他们是否参加了上一次或前几次的选举投票，那些每场投票都参加的受访者最有可能在未来的选举中投票。如果担心受访者会羞于表达某个社会接受度不高的观点，例如对某个激进组织或民族群体的负面印象，民调人员会采用迂回的问法，如“你身边有认识的人”持有这种观点吗？

历史上最敏感的一次民意测验是芝加哥大学全美国民意研究中心的一个研究项目，课题名称为“性的社会组织：美国人的性行为”，它很快便成为人们熟知的“性调查”。这项研究的官方描述包括“构成性交易的行为结构”“生命历程中的性伴侣和性行为”等用语。用最简单的话来概括这项研究就是：谁在跟谁做爱，以及多长时间做爱一次。这项发表于1995年的研究，其目的不仅仅是告诉我们身边人的性行为，同时也是为了预测美国人的性行为是否会以及如何影响艾滋病的传播。

倘若美国人连没去投票这类事情都难以承认，那么可以想象他们在描述自己的性行为时内心的那种纠结，尤其是当这些问题涉及不正当行为、不忠以及其他隐私的内容时。他们的调查方法非常引人注目，调查样本为 3 342 名成年人，这些人代表了全体美国成年人，每一位受访者都要接受长达 90 分钟的采访，其中有将近 80% 的受访者完成了全部问题，研究人员在此基础上得出了一份有关美国人性行为的准确报告（至少在 1995 年的时候是这样的）。

鉴于大家已经硬着头皮读完了一整章有关民意测验方法论的内容，而且基本上“啃”完了一本有关统计学的书，到了应该“犒劳”大家的时候了，一起来看看这项“性调查”都发现了什么吧（其实都不是什么“骇人听闻”的结论）。正如一位读过这份报告的人所说：“美国人的性行为比我想象的‘逊色’太多了。”

• 人们通常与自己的“同类”做爱，有 90% 的夫妻都来自相同的种族，拥有相同的宗教信仰，处在相同的社会阶层且年龄相仿。

• 大多数人的性生活频率为“一个月若干次”，至于“若干次”是几次，这个范围就大了。关于受访者从 18 岁开始有过的性伴侣数量，有的人没有性伴侣，有的人的性伴侣人数超过 1 000 个，绝大多数人的性伴侣人数在这两者之间。

• 有差不多 5% 的男性和 4% 的女性有过同性性行为。

• 80% 的受访者在过去一年里，只有一个甚至没有性伴侣。

• 拥有一个性伴侣的受访者要比那些一个都没有或者同时拥有多个性伴侣的人更快乐。

• 1/4 的已婚男性和 10% 的已婚女性承认自己曾经“出轨”。

• 绝大多数人在做爱方面还是比较传统的，对男人和女人来说，最有吸引力的做爱方式依然很传统。

对于这份知名的“性调查”，有一句简单但却有力的评论：调查结论中的那句“调查的准确性保证结论能够代表全体美国成年人的性行为”是建立在两个前提之上的，受访者是从全体美国成年人中正确抽取的样本，受访者提供了诚实准确的答案。其实，我们也可以用这句话来概括整章的内容。对民意测验最为直观的感受是，人们会怀疑就凭这样一些人的回答真的能知道大部分人心里到底是怎么想的？回答这个问题其实很容易，统计学最基本的原则之一就是一个正确抽取的样本相似于其所在的总体。民意测验真正的挑战有两个：设计并选取正确的样本；用恰当的方式从该样本中获取合适的信息，以准确地反映人们的真实感受。

本章补充知识点

下面为大家解释一下，为什么当某个回答的人数占所有受访者人数的比例接近50%时（同时意味着$1-p$也接近50%），标准误差会达到最大。先假设你正在美国的北达科他州进行两项民意测验。第一项民意测验的目的是弄清该州民主党和共和党的人数比例。假设这个州真实的两党人数正好各占50%，但你的民调结果却显示此州有60%的共和党人和40%的民主党人。因此，你的结果距离真实情况出现了10%的巨大误差。但是，你在这个统计过程中并没有犯下什么难以饶恕的数据收集错误，你只是使共和党人增多了20%，使民主党人减少了20%。这种计算错误时常会发生，有时候即使一个设计良好的民意测验也无法避免。

你的第二项民意测验旨在获取生活在北达科他州的印第安人占该州总人口的比例。假设真实情况是印第安人占全州人口的10%，非印第安人占90%。那么现在我们就来讨论一下假如你的民调结果存在10%的误差，那你的样本数据收集必须差到什么地步。有两种情况都可以造成这种误差。第一种，你没有发现任何印第安人，认为100%的人都是非印第安人；第二种，你发现有20%的人口是印第安人，非印第安人占80%。在第一种情况下，你漏掉了生活在该州的全部印第安人；在第二种情况下，你在计算印第安人数量时多计算了整整一倍。无论是哪种情况，都是极其严重的抽样错误，你的计算结果均偏离了100%：[(0–10) /10] 以及 [(20–10) /10]。但是，如果你只是错误地计算了20%的印第安人——与第一项共和党和民主党人数调查的错误程度一样，则你的结果将会是8%的印第安人和92%的非印第安人，跟该州的真实人口情况只相差2%。

当 p 与 1–p 接近50%时，相对小的抽样错误在民调结果中就会被放大为严重的绝对错误。而当 p 或者 1–p 接近0时，就会出现相反的现象：即使相对严重的抽样错误反映在民调结果中，也会变得微不足道。

同样是20%的抽样错误，在民主党和共和党人数调查中导致结果出现10%的误差，但在印第安人口的调查中却只导致了2%的误差。由于民意测验中的标准误差是以绝对值的形式表达的（例如 ±5%），计算公式决定了这一误差在 p 和 1– p 接近50%时达到最大。

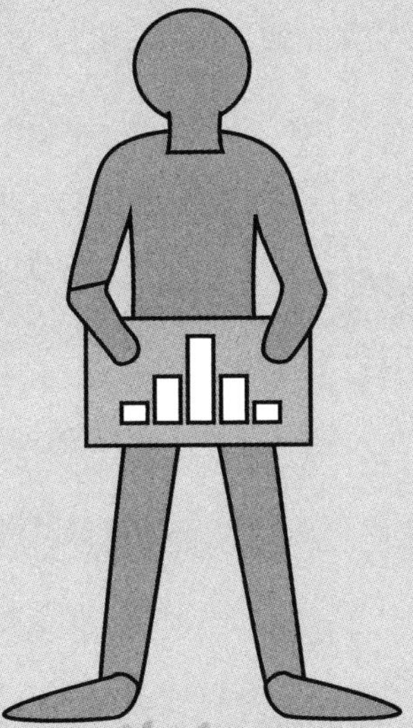

Naked Statistics

第12章

回归分析与线性关系

你认为什么样的工作压力更容易使职场人士猝死，是“缺乏控制力和话语权”的工作，还是“权力大，责任也大”的工作？

工作压力过大会致人死亡吗？答案是肯定的，有大量证据表明工作压力过大会导致早逝，尤其会使心脏病猝死的概率陡增。但这种致命的压力或许跟你想象的有所不同。公司高管们几乎每天都要做出重要决策，这些决策关系到他们公司的前途命运，但他们所承受的风险要远远小于他们的秘书，后者必须兢兢业业地接听电话，完成上级布置的各种任务。但这怎么可能呢？其实最危险的一类工作压力来源于对自己的工作任务“缺乏控制力”。针对数千名英国公务员的多项调查（“白厅”研究）发现，那些对自己的工作没有支配能力的雇员——也就是基本上对干什么、怎么干没有话语权的人——相比起那些拥有更多决策权的雇员来说，前者的死亡率更高。由此表明，并不是那些“权力大，责任也大”的压力置你于死地，而是那种等着上司给你布置任务，但自己又没有权力决定怎么完成、何时完成这些任务的压力把人压垮了。

本章并不是要讲工作压力、心脏病或英国的公务员之类的内容。之所以要提到“白厅”研究，是为了引出本章真正要讨论的问题：研究人员是如何得出这样的结论的？很显然，前文提到的问题无法用随机实验的方式解决，因为我们不可能把人强行分配到不同的工作岗位并强迫他们在那里工作好几年，然后再看看谁因公殉职（就算不考虑道德因素，这样做也会把英国政府的日常公务弄得一团糟）。在实际操作中，研究人员在很长一段时间里对英国政府系统的数千名公务员进行了详细的纵向数据收集，这些数据经过分析后能提供有意义的相关关系信息，如“缺乏控制力”的工作与冠心病之间的关系等。

一个简单的相关关系，并不足以让人得出某类工作对健康有害的结论。在发现了英国政府系统中低级别的雇员更容易患上心脏病之后，我们还必须考虑到其他可能的因素。例如，我们可以假设这些低级别雇员的受教育水平要比高层官员们低；这些人更有可能染上烟瘾（或许是因为他们在工作中郁郁不得志）；低级别雇员小时候的体质较弱，从而影响了长大后的工作前景；又或者较低的收入使得他们无法享受到好的医疗资源等。重点在于，任何一项只是简单地比较某个大型群体中个体（或不同群体）健康状况的研究都不会告诉我们太多有用的结论，在这样庞杂的数据中有太多的干扰因素会模糊我们对那些真正值得注意的关系的看法。心脏病真的是“低级别工作”导致的吗？又或者只是这类雇员所共有的一些因素导致的？如果我们认同了后者，那就可能完全无视一个真正的公共健康威胁。

回归分析就是帮助我们处理这类问题的统计学工具。具体来说，回归分析能够在控制其他因素的前提下，对某个具体变量与某个特定结果之间的关系进行量化。也就是说，我们能够在保持其他变量效果不变的情况下，将某个变量的效果分离出来，例如从事某项特定的工作。“白厅”研究用回归分析来衡量低级别工作对某个人群的健康状况的伤害，这类人群在其他方面都是相似的，例如吸烟习惯。（低级别雇员的抽烟总数的确要比他们的上级多，但这对整个政府系统员工的心脏病发病率差异的影响相对来说并不是很大。）

在报纸上读到的绝大多数研究成果，都是以回归分析为基础的。研究人员发现，在幼儿园长大的孩子升入小学后比没上过幼儿园的孩子更容易出现行为问题，这项研究并没有将几千名儿童随机分配给幼儿园或家人抚养，也不是简单地将在不同环境中长大的小学生进行比较，而忽略了其他可能会对他们的行为造成影响的根本性因素。不同的家庭对孩子的抚养决策是不同的，这是因为每个家庭和每个孩子都是不同的。一些家庭双亲俱在，一些家庭则没有那么幸运；一些家庭的双亲都有工作，一些家庭则并非如此；一些家庭更加富裕，家长的受教育程度也更高，一些家庭却没有这么好的条件。所有这些因素都会影响家长的育儿决策，而这些决策会进一步影响孩子在小学期间的表现。如果处理得当，回归分析能够排除其他因素的影响（如家庭收入、家庭成员结构、家长受教育水平等），辅助我们认清幼儿园对孩子升入小学后的行为的影响。

在上述这句话中，有两个关键词。第一个关键词是“处理得当”，如果具备充足的数据和一台笔记本电脑，一个6岁的小孩就可以用基本的统计程序生成回归结果。电脑的出现让回归分析变得毫不费力，因此问题的核心不是回归分析的技术性部分，而在于确定分析过程中要用到哪些变量以及如何才能将这些变量的作用发挥到最佳。回归分析就像是一件外观华丽、功能强大的工具，使用起来非常容易，但若要使用得好，就得下一番功夫了，而且如果使用不当，还会带来意想不到的危害。

第二个关键词是“辅助”，刚刚那个研究并没有给我们提供一个关于幼儿园与孩子在小学的行为表现之间关系的“正确”回答，而是针对某个特定时间段内的某群特定儿童量化了这一关系。我们能够从中得出可以推而广之的结论吗？当然，但是和其他类别的推断一样，其推广是有限制和有条件的。首先，抽取的样本必须能够代表我们所关心的总体，一项包含2 000名瑞典儿童的调查并不能指导我们如何在墨西哥的乡村地区开展最好的学前教育。其次，不同样本之间应该存在差异。在抽样方法完善且相似的前提下，如果我们抽取不同的样本进行研究，每一份样本的结果应该存在细微的差异。

回归分析与民意测验相类似。好消息是，在样本数量大、具有代表性且方法论成立的情况下，样本数据所呈现的相关性基本上与全体人口的现实情况差别不大。假如样本容量均为 10 000 人，那么每周锻炼 3 次或以上样本组的人的心血管疾病发病率要大大低于从来不锻炼的样本组的人（但这两组人在其他重要方面都相似），对于全体人口来说，锻炼和心血管疾病之间就很有可能存在类似的关系。这也是为什么我们要进行这些研究。（记住，研究的重点并不是在研究结束时告诉病患年轻时应该多做运动。）

坏消息是，我们并不能确切地证明运动可以预防心脏病，我们只是推翻了“运动与心脏病无关”的零假设。具体来说，该项研究的作者在报告中写道，如果运动与心脏疾病并无相关关系，那么经常运动的人和不运动的人得心脏病的可能性出现如此巨大差异的概率将不到 5%，如果将统计学的基本概率门槛设定为 5%，那么这一发现就具有统计学意义。

等一下，让我们先好好思考一下上述这个例子。假设这项研究对比的是一群定期打壁球的人和一群从不运动的人——两类人的体重相当。打壁球的确对增强心脏功能有好处，但是，我们也不能忽略壁球这种运动并不是一般人能长期消费得起的，那些有打壁球习惯的人通常是社会的上流人士，他们加入的一些俱乐部常常有壁球场地供他们使用。同时，富有的人所能接触到的医疗资源自然更为丰富，这也有利于他们保持心脏健康。如果研究人员想草草了事，当然可以将这些人的心脏健康归功于打壁球的习惯，但事实上健康真正的基础是足够支撑壁球运动习惯的财富（打马球也是相同的道理，有人说参与马球运动的人更健康，其实这也是财富和优质医疗的功劳，不用想都知道打马球的过程中真正锻炼了身体的主要是马）。

还有可能是因果关系倒置，会不会是拥有健康的身体的人更愿意运动呢？当然有可能。那些体弱多病的人，尤其是心脏有先天性缺陷的人不宜从事剧烈运动，他们不大可能定期去打壁球。但如果研究分析过于敷衍和简单化，运动有益于身体健康的说法可能只是反映了这样一个事实，那些天生身体不好的人不经常从事运动。照这个观点，打壁球并没有让任何人变得更健康，而只不过是将健康的人与体质差的人区分开罢了。

回归陷阱的形式多种多样，在下一章中我将会为大家介绍一些最“臭名昭著”的错误。现在，让我们把焦点放在正确的做法上。回归分析的强大能力表现在：将我们所关心的统计关联隔离出来，如工作中的控制力和心脏病，同时还不忘考虑其他可能会对这一相关关系产生影响的因素。

具体是如何做到的呢？如果我们得知英国政府中低级别雇员的体质要比他们上司的体质更弱，那我们怎么确定在心血管健康状况不佳的致病原因里，有多少比例源于他们低级别的工作，多少比例因为吸烟？这两个因素看上去似乎是彼此缠绕、密不可分的。

通过回归分析就能将它们解开。为了让大家都能理解其中的奥妙，我必须首先阐释所有形式的回归分析（从最简单的统计学关联到诺贝尔奖获得者搭建的复杂模型）都离不开的基本概念。最核心的一点是，回归分析寻找的是两个变量之间的最佳拟合线性关系。举个简单的例子，身高和体重的关系。虽然二者的关系不是绝对的，但身高较高的人一般体重应该更重。我们将一组大学毕业生的身高和体重标记在坐标轴上，不知道你会不会回忆起我们在前文中讲过的内容。

如果让你描述一下图12–1，你或许会说“体重看上去似乎随着身高的增加而增大”之类的话，说得很对，但离满分还有点距离。回归分析能够让我们更进一步，用更加精确的话语来描述这两个变量之间的线性关系。

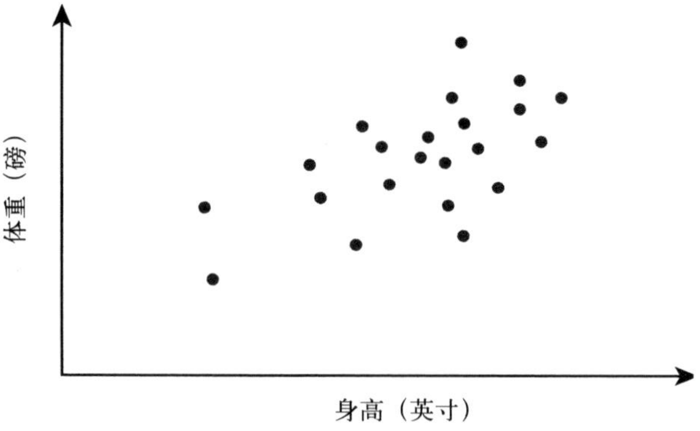

图 12–1　身高与体重散点分布图

大致来看，符合身高和体重数据趋势的线有很多条，但我们如何知道哪一条才是“最佳”的？我们又如何定义“最佳”这两个字？回归分析的一个常用方法为 OLS（最小二乘法），为什么用 OLS 能够得出最佳拟合线性关系，我们留给更高阶的课本去解释，这里的关键点在于，OLS 直线可以让所有数据的残差平方和为最小——别慌，这句话其实并没有那么难以理解。在我们的身高与体重数据组中，每一个数据都有一个残差，即距离回归线的垂直高度差，而那些直接落在回归线上的数据点的残差为零。在图 12–2 中，A 同学的残差（用 e 表示）被标了出来。如果残差的和越大，则回归线就越不准确，这一点很好理解。OLS 公式中唯一不好理解的地方在于，在相加之前，我们需要将每个数据的残差平方（这就增加了那些离回归线特别远的数据，即极端异常值在结果中的比重）。

图 12–2 就展示了一条用 OLS 拟合的使所有数据的残差平方和最小的直线。

如果前文中提及的技术性描述让你感到头疼的话，请记住一点：OLS 是获得两个变量线性关系的最佳方法。当然，结果不仅仅是一条直线，如果你还记得高中几何课程的话，一定能回想起一个直线方程，也就是我们所说的回归方程：$y = a + bx$，其中

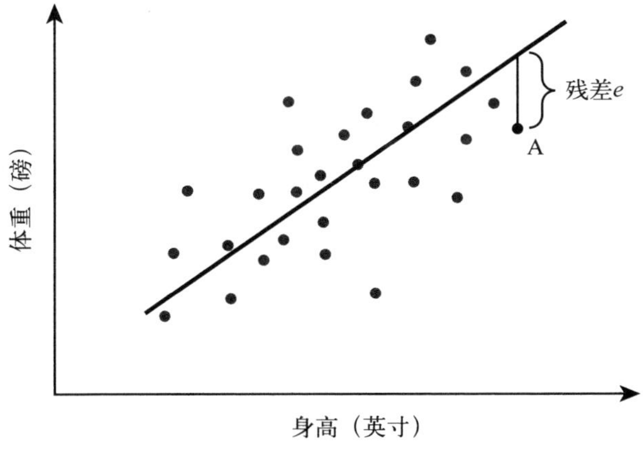

图 12-2　身高和体重的最佳拟合回归线

y 表示体重（磅），a 为截距（当 $x=0$ 时 y 的值），x 为身高（英寸）。而 OLS 所决定的直线的“坡度”b，就描述了这个例子中身高和体重之间的“最佳”线性关系。

当然，回归线不可能把数据组中的每一个点都包含进去，但若要在身高和体重之间寻找到一个有意义的关联，回归线是我们所能做到的最佳描述。同时，每一个数据都可以用一个方程式来表示：体重 $= a + b$(身高) $+ e$，其中 e 作为残差，代表的是相同身高条件下不同的人的体重差异。最后，通过这条回归线我们还可以得出，对该组数据中任何人的体重进行猜测，最准的办法是求出 $a + b$（身高）的值。虽然绝大部分的数据并非恰好落在回归线上，它们的残差之和依然有可能为零，这是因为有些人的体重超过回归线的预测体重，而有些人的体重却比回归线的预测体重轻。

是不是快要对本章内容失去耐心了？那我们就一起来看一些取自“变化的一生”项目的真实数据吧。首先，还是向大家介绍几个基本术语。被解释的变量（在这个例子中为体重）被称作因变量（这是因为它依赖于其他因素），而用来解释因变量的变量被我们称作解释变量，有些时候，解释变量又被称作自变量或控制变量。我们先用身高来解释“变化的一生”项目的研究对象的体重，随后再加入其他潜在的解释因素。一共有 3 537 名成年美国人参与“变化的一生”研究，即我们的数据量 n（有些研究论文会记作 $n = 3\ 537$）。接下来，我们对这些研究对象的数据进行简单的回归分析，视体重为因变量，视身高为唯一的解释变量，便得到了如下结果：

$$体重 = -135 + 4.5 \times 身高$$

$a = -135$。这是回归线在 y 轴上的截距，本身并没有什么特别的含义。（如果仅从表面上理解，它代表的是一个人如果身高为零英寸，则体重为 –135 磅，但这显然是不可能发生的事。）我们也将其称为恒量，因为这是计算所有体重的起点。

$b = 4.5$。我们称 b 为回归系数（或身高系数），b 经计算为 4.5，此为对“变化的一生”项目的研究对象的身高和体重关系的最佳描述。我们对回归系数有一个简单、实用的解读：自变量（身高）每增加一个单位，因变量（体重）就增加 4.5 个单位。放在我们的数据样本中，就意味着身高每增加 1 英寸，体重就会相应增加 4.5 磅。在没有其他额外相关信息的情况下，我们对“变化的一生”里一个身高为 70 英寸的参与者体重的最佳预测为 $-135 + 4.5 \times 70 = 180$ 磅。

看到了吧，这就是回报，因为我们已经量化了“变化的一生”项目的研究对象身高与体重的最佳线性关系。通过同样的原理，我们还可以解释更加复杂的关系和解决更加具有社会意义的问题。对于任意一个回归系数，我们只需要关心 3 件事情就行了：正负、大小和显著性。

正负。回归系数的正负揭示了自变量与因变量之间相关关系的方向。在上述简单的例子中，身高系数为正，也就是说，身高略高的人倾向于体重略重。而有一些关联正好相反，比如运动量和体重。假如“变化的一生”研究中还包含了“每个月跑步的英里数”，那我可以肯定这个“英里系数”就是负的，通常跑得越多，体重就会越轻。

大小。自变量到底能对因变量产生多大的影响？这种影响会达到何种程度？在上述例子中，每英寸身高都关系着4.5磅的体重，而4.5磅对于一个人的体重来说是一个不小的重量。在解释一些人为什么比另一些人更重时，身高自然是一个重要的因素。但在其他研究中，我们有时候会发现一个奇特的现象：某个解释变量在统计学意义上对结果有非常巨大的影响，也就是说出现这样的结果不可能是巧合，但这个解释变量的社会意义却渺小到几乎可以被忽略。举个例子，影响收入的决定性因素。为什么一些人比另外一些人挣得多？解释变量最有可能是教育、经验、从业时间等。在一个大型数据组中，研究人员还发现在其他因素相同的前提下，牙齿白的人平均每年要比其他人多挣86美元。在这些研究对象有着相同的教育、工作经验等条件下（我在下面的内容中会为大家解释研究人员是如何神奇地做到这一点的），“洁白牙齿系数”为正，而且具有统计学意义。该统计分析显示，一口洁白的牙齿与每年多挣86美元之间存在相关关系，而且基本上排除了这一结果是巧合的可能性。也就是说：（1）我们刚刚在很高的置信水平下推翻了“牙齿洁白和高收入没有关系”的零假设；（2）如果对其他数据样本进行分析，我们也会在洁白的牙齿和更高的收入之间找到类似的相关关系。

但是，那又怎么样？我们的确发现了一个具有统计学意义的现象，但它其实无关紧要。首先，86美元并不是一笔足以改变人生的金钱，在公共政策制定者的眼里，86美元或许还不够每年牙齿美容的费用，因此我们甚至无法向年轻雇员推荐这类投资。此外，虽然下一章会着重讲解回归分析中的陷阱，但我还是忍不住想要就方法论方面先说几句。例如，拥有完美的牙齿很有可能与本人的性格特点有关，正是这种性格特点带来了更高的收入，他们之所以挣得比别人多，是因为他们具备爱护牙齿这种性格，而非牙齿本身。这个例子告诉我们，要时刻关注解释变量与我们所关心的结果之间相关关系的大小。

显著性。统计结果到底是一个基于糟糕数据样本的错误，还是反映了可能会在整个总体中观察到的有意义的关联？在之前的多个章节里，我们其实一直在反复追问这个问题。放到身高和体重的例子中，我们是否能够在其他代表性样本中寻找到这两个变量之间类似的正相关关系？要回答这个问题，我们可以用之前学过的推断方法。我们的回归系数所描述的是某组具体的样本数据中身高和体重的关系，如果我们在同一个总体中再随机抽取另一组大型样本，该样本的身高和体重数据肯定会有所不同，因此，我们就会得出另一个不同的回归系数。“白厅”研究（英国政府官员系统）数据里的身高和体重的关系很有可能与“变化的一生”项目的研究对象的身高和体重的关系有所区别。但是，由中心极限定理可知，一个正确抽取的大型样本的平均值并不会特别偏离其所在总体的平均值，同样的，我们也可以说，不同变量之间的关系（如身高和体重）不会因为样本的不同而发生特别大的变化，当然前提是这些样本都来自同一个总体，而且都是正确抽取的大型样本。

设想一下，我们发现“变化的一生”的研究对象的身高和体重存在正相关关系——增加的每英寸身高都对应着增加 4.5 磅体重，但在另外一组包含 3 000 名成年美国人的样本中却没有找到身高和体重之间的任何相关关系，这可能吗？几乎不可能（但也不能完全排除偶然性）。

这为我们验证回归分析的结果是否具有统计学意义，提供了第一条线索。与民意测验或其他形式的推断类似，我们也可以计算出回归系数的标准误差。标准误差衡量的是，对取自相同总体的多个样本进行回归分析所得出的回归系数的离散程度。假如我们抽取 3 000 名美国成年人进行身高和体重数据的收集，那么在回归分析中我们可能会发现，他们的身高每增高1英寸，相应的体重增加值为4.3磅；如果重复抽样和计算，那么增加的每英寸身高所对应的体重增加值有可能变成5.2磅。正态分布又一次成为我们的朋友。对于像“变化的一生”这样的大型数据样本来说，我们可以假设不同的回归系数围绕着全体美国成年人的身高和体重的真实关系呈正态分布。在此基础上计算得出标准误差，我们就能够对不同样本的回归系数的分布有一个大体认识。接下来，我将不再占用宝贵的篇幅来介绍标准误差的计算方程式了，原因有二：一是因为大量的数学运算会干扰本章的研究方向，二是所有基本的统计软件都可以帮你完成这一计算。

但是，我必须警告你的是，对于小型样本数据（例如20位成年人而非“变化的一生”项目的3 000人）来说，正态分布将不再是我们的“朋友”。具体来说，假如我们对不同的小型样本进行回归分析，就不能指望这些回归系数会围绕着全体美国成年人身高和体重的真实关系呈正态分布，我们称此时的分布情况为“t分布”（简单概括之，t分布比起正态分布来说更加分散，因此左右两条“尾巴”的幅度更大）。其他的情况也是一样的，任何一款基础统计软件都能轻易地解决这个稍微复杂的问题，因此有关t分布的种种细节请参考本章结尾的补充知识点。

还是回到大型数据（以及正态分布）上来，我们必须认识到标准误差的重要性。像民意测验和其他统计推断一样，有超过50%的回归系数会落在真实人口参数一个标准误差范围内，约95%的回归系数会落在两个标准误差范围内，以此类推。在理解了这一点以后，我们基本上就算弄清楚了，因为现在我们就可以进行假设检验了（说真的，别告诉我你已经忘了有这么一步了！）。一旦得出了回归系数和标准误差，我们便能对“解释变量和因变量之间没有相关关系（即回归系数为0）”的零假设进行检验了。

在上述有关身高和体重的简单例子中，假如对于全体人口来说，身高和体重并不存在任何相关关系，那么我们在“变化的一生”样本中得出每英寸身高对应4.5磅体重的概率有多高？我在电脑上用一款基础的统计软件进行了回归运算，得出身高系数的标准误差为0.13，也就是说，如果我们重复此分析，比如计算100个不同的样本的回归系数，那么预计将会有约95个回归系数落在总体真实参数两个标准误差的范围内。

由此，我们可以用两种不同但彼此相关的方式呈现这一结果。第一种方式是，我们可以建立一个95%的置信区间（4.5 ± 0.26），也就是说，在95%的情况下回归系数会落在此区间里，也就是4.24~4.76，用基本的统计软件就能算出这一区间。第二种方式是，我们可以说在身高和体重的相关性为95%的置信区间里不包括零。由此，我们就能有95%的把握推翻“身高与体重之间不存在相关关系”的零假设了。这个例子的显著性水平为0.05，也就是说在推翻零假设这件事情上只有5%的概率是错的。

事实上，我们的统计结果还要更极端。标准误差（0.13）相比起回归系数（4.5）来说，是一个极小的数字，一个经验法则就是，当回归系数至少是标准误差的两倍的时候，该系数极有可能具有统计学显著性。使用统计软件还可以计算出这个例子中的假定值约为零，这就意味着如果整体人口的身高和体重真的不存在任何相关性的话，那么得到如此极端（或更加极端）结果的概率基本上为零。要记住，我们并没有证明身高略高的人的体重就一定更重，我们只不过表明了，由“变化的一生”样本得出的身高与体重的相关性假如不为真的话，是一件极为反常的事。

通过基础的回归分析，我们还可以得出一个值得注意的统计值：R^2，用以衡量回归方程所解释的变异总量。在“变化的一生”样本中，仅体重一项就有大量不同的数值，有一些人重于所有人的体重平均值，有一些人的体重还不足平均值，通过R^2，我们便可以知道这些围绕在体重平均值周围的变化中有多少与身高差异有关。在这个例子中，答案是0.25或25%。也就是说，我们的样本中有75%的对体重有影响的因素无法在回归方程上表现出来。对于“变化的一生”项目的研究对象来说，影响他们体重的因素显然不仅身高这一项，别着急，我马上就要讲到有趣的内容了。

我必须承认的是，本章一开始讲到回归分析的时候，我是把它当成社会科学研究过程中神奇的“万金油”来介绍的。到目前为止，我做的所有事情就是使用统计软件和一组数据来说明身高高的人比身高矮的人重。任何人只要去购物中心走一圈，恐怕都能得出相同的结论。现在，既然大家都对基本知识了解得差不多了，那么，就到了释放回归分析真正的“超能力”的时候了。

诚如我所承诺的，回归分析能够让我们解开多种影响因素和某个大家所关心的结果（如考试分数、收入或心脏病）之间的错综复杂的关系。当我们将多个变量都纳入回归方程式时，接下来的分析可以让我们计算出因变量与每个解释变量之间的线性关系，与此同时，可视其他变量为常数，相当于把其他变量放入“对照组”里。还是举体重的例子。我们已经找到了身高与体重之间的关系，同时我们还知道其他一些能够解释体重的因素（年龄、性别、饮食、运动等），回归分析（当有超过一个解释变量的时候，我们通常称其为多元回归分析或多变量回归分析）会为回归方程中的每一个解释变量配备一个系数。具体而言，那些性别和身高都相同的人，他们的年龄和体重是怎样一种关系？当我们的解释变量超过一个时，就无法在一个二维的坐标中将数据表示出来。想象一下，如果将“变化的一生”项目中每一位研究对象的体重、性别、身高和年龄都在一个多维的图中表示出来，将会呈现多么壮观的一幅图景。但要记住的是，我们的基本原理并没有改变，无论是之前简单的身高与体重变量，还是现在的多个变量，只要将它们输入电脑上的统计软件，软件就会自动计算出使残差平方和最小的回归系数，生成回归方程。

我们暂时还是以“变化的一生”项目为例，后面我将通过另外一个例子直观地告诉大家多变量回归分析是如何在我们的生活中创造奇迹的。首先，我们为“变化的一生”项目的研究对象的体重再增加一个解释变量：年龄。在电脑中输入相关的身高和年龄数据后，我们得到了如下的方程式：

$$\text{体重} = -145 + 4.6 \times \text{身高} + 0.1 \times \text{年龄}$$

年龄的回归系数是 0.1，也就是说，在其他变量不变的条件下，年龄每增加一岁，体重相应地增加 0.1 磅。对于任意一组相同身高的人来说，年龄大的人的平均体重要高于年龄小的人，年长 10 岁表现在体重上就是体重重 1 磅。从方程式上看，虽然年龄对于体重来说并不是一个很显著的影响因素，但这一关系确实和我们在生活中看到的一致，该系数的显著性水平为 0.05。

你可能还注意到了身高的回归系数比之前增加了一点儿。当把年龄变量考虑进来后，我们对于身高对体重的影响有了一个更加精确的认识。样本里相同年龄的人，也就是“当年龄为常量时”，其身高每增加 1 英寸，体重增加 4.6 磅。

我们再加入一个变量：性别。这次就有一点不同了，因为性别只存在两种可能性：男性或女性。我们总不能把“男”和“女”放到回归方程式里吧？这时候我们需要用到二进制变量（又称虚拟变量）。在输入数据的时候，如果参与者是女性，我们就用 1 来表示；如果参与者是男性，我们就用 0 来表示。性别系数可以理解为，在其他因素不变的情况下，作为女性对体重的影响。该系数为 – 4.8，并没有出乎大多数人的意料，具体来说，就是对于相同身高和年龄的人来说，女性要比男性轻 4.8 磅。现在，我们可以开始领略多元回归分析的一些神奇之处了。我们知道女性一般要比男性矮一点儿，但好在我们已经将身高“控制”起来，因此最后呈现的系数表明作为女性对体重的影响。最新的回归方程式如下：

$$体重 = -118 + 4.3 \times 身高 + 0.12 \times 年龄 - 4.8 \times 性别（女性为1，男性为0）$$

对于一位身高为65英寸的53岁女性来说，她的体重最有可能约为 $-118 + 4.3 \times 65 + 0.12 \times 53 - 4.8 = 163$ 磅。对于一位为身高75英寸的35岁男性来说，他的体重最有可能约为 $-118 + 4.3 \times 75 + 0.12 \times 35 = 209$ 磅，我们之所以跳过回归方程式的最后一项（-4.8），是因为这个人不是女性。

○○○○○○

现在，我们可以开始思考那些更有趣但也更难以预测的因素了，比如教育。教育如何对体重产生影响？如果是我，我会假设受教育程度高的人对健康更加关注，因此在其他情况都相同的条件下，这类人的体重会轻一些。我们还没仔细考虑过体育锻炼对体重的影响。我认为，在其他因素不变的前提下，运动量越大，体重就会越轻。

贫困这一因素又有何影响呢？在美国，收入低也会影响体重吗？“变化的一生”项目的研究人员会询问每一位研究对象，他们是否正在接受美国政府的粮食补助，这是一个衡量贫困程度的好方法。此外，我对种族也很感兴趣。众所周知，在美国，有色人种有着不一样的生活体验，与种族相关的文化和居住因素会对体重造成影响，许多城市至今还保持着高度的种族隔离，非洲裔美国人比起其他美国人，更有可能居住在“食品沙漠”中，也就是销售水果、蔬菜和其他新鲜食物的食品杂货店稀少的区域。

我们可以通过回归分析将上述解释因素所造成的影响单独分解出来进行观察。例如，我们可以先保持其他社会经济因素（比如教育背景和贫困水平）相同，单独分析种族和体重的相关关系，对于接受政府粮食补助的高中学历人群而言，他们的体重和种族之间存在着怎样的统计学关系？

讲解到这里，我们的回归方程式已经变得非常繁杂了，我也就不在这里为大家展示了。如果是学术论文，一般来说会在这个地方插入一个庞大的表格来总结各种回归方程的结果，在本章的补充知识点中你们可以找到一个完整的回归分析表格。与此同时，我要为大家梳理一下当加入教育、运动量、贫困水平（是否接受政府粮食补助），以及种族因素后回归方程所发生的变化。

我们原来所有的变量（身高、年龄和性别）都还是有意义的，但随着解释变量的不断加入，原来的回归系数发生了微小的变化。我们所有的新变量都以 0.05 作为显著性水平，此时 R^2 从 0.25 上升到了 0.29。（要记住，当 R^2 为 0 时，我们的回归方程式预测样本中个体体重的能力并没有比“平均值”好多少；当 R^2 为 1 时，我们的回归方程式能够完美地预测样本中的每个人的体重。）但是个体之间的许多体重差异仍未得到解释。

正如我所假设的，教育与体重呈现负相关关系。在“变化的一生”项目的所有研究对象中，受教育时间每增加一年，体重就相应减少 1.3 磅。

运动与体重也呈现负相关关系，这一点并不令人感到意外。“变化的一生”项目组专门增设了运动指数来衡量每位研究对象的运动量。在保持其他因素不变的条件下，将运动量按从大到小的顺序排列，运动量位于后 1/5 的人要比其他人平均重 4.5 磅，比运动量位于前 1/5 的人重将近 9 磅。

接受政府食物补助（在本次回归分析中代表贫困）的人要比其他人重。在其他因素保持不变的条件下，接受补助的人要比其他研究对象平均重 5.6 磅。

种族变量是其中最有趣的变量。就算将上述所有因素都“控制”起来，种族因素依然对体重有着举足轻重的影响。“变化的一生”参与者中非西班牙裔成年黑人要比其他人平均重10磅，无论是从绝对意义上，还是与回归方程式中其他解释因素对体重产生的影响相比较，10磅都是一个非常大的数字。而且这还不是一个数据错误，因为该虚拟变量的假定值（怕大家过了这么久忘了，再次提醒一下，假定值就是在零假设成立的前提下，出现所观察样本结果以及更极端情况的概率）为零，95%的置信区间是7.7~16.1磅。

到底出现了什么情况？一个诚实的回答是：其实我也不太清楚。让我来重申一下之前深藏的一个观点：我在这里只是用数据来说明回归分析的工作原理，仅此而已。刚刚所做的那些分析在真正的学者和研究人员眼里根本就是小儿科，就好像街头曲棍球对于北美职业冰球联赛一样。如果这是一个严肃的研究项目，那么研究人员将会进行长达数周甚至几个月的跟踪分析，以观察结果的稳定性。我唯一能说的就是，我在这里向大家展示了为什么在面对一个复杂的大型数据样本时，多元回归分析是寻找有意义的结论的最佳工具。在一开始的时候，我们只能进行一个“老掉牙”的练习：量化身高和体重之间的相关关系。如今我们已经在讨论真正具有社会意义的话题了。

既然说到这里了，我们就来看一个真实的、具有深刻社会意义的回归分析研究案例：职场的性别歧视。关于歧视的奇怪之处在于，它很难被直接观察到。没有一个雇主会公开说你的工资比别人少是因为种族或性别，又或者没有录用你是基于某些歧视性理由（这样容易导致这些求职失败者只能找其他工资待遇较低的工作）。所以我们只好另辟蹊径，看看不同种族和性别的人的收入差距有多大：白人挣得比黑人多，男人挣得比女人多……方法论带给我们的挑战是，这些收入差距也有可能是由于个人选择的不同所引起的，与职场歧视并无关系，例如女性倾向于选择兼职工作。那么，收入差距中有多少是因为工作量的不同，又有多少是因为职场歧视呢？我想这是所有人都关心的问题。

回归分析可以帮助我们回答这个问题。但是，我们这次采用的方法就没那么直截了当了，会比之前解释体重的影响因素时更复杂。因为我们不能直接测量歧视，我们会考虑其他一些影响收入的传统因素，如教育、工作经验、行业等。在控制这些因素相同的条件下，假如还存在显著的收入差距，那么就有可能是歧视因素在作祟。无法解释的收入差距越大，职场歧视的嫌疑也就越大。举个例子，3 位经济学家对毕业于芝加哥大学布斯商学院的约 2 500 名 MBA（工商管理硕士）的收入变化进行了跟踪研究，毕业时，男女毕业生的起薪大体相等：男性的收入为 13 万美元，女性的收入为 11.5 万美元。但是 10 年以后，他们的收入出现了巨大差异：女性的平均收入（24.3 万美元）比男性（44.2 万美元）低了 45%。在另一个大型样本中，1990—2006 年间毕业并进入职场的 18 万名 MBA 里，女性的收入要比男性低 29%。进入劳动力市场以后，我们的女同学都怎么了？

根据研究人员（布斯商学院的玛丽安·贝特兰德以及哈佛大学的克劳迪安·戈尔丁和劳伦斯·卡茨）的调查，其实绝大部分收入差距与歧视因素的关系并不大。当越来越多的解释变量进入分析，性别差异对收入的影响就变得越来越微不足道。例如，在校期间男性比女性选择更多金融相关的课程，成绩平均分也高于女性，当我们将这些数据作为控制变量加入回归方程式之后，男女收入差距中无法解释的成分就下降到了 19%。再将毕业后的工作经历、离开劳动力市场的时间作为变量放入回归方程式，男女收入差距中无法解释的成分又进一步降到了 9%。继续加入其他与工作特点有关的解释变量，如雇主类型和加班时长，男女收入差距中无法解释的成分已经不足 4% 了。

对于入行 10 年的雇员来说，他们之间存在的收入差距有 99% 都可以用非歧视性因素来解释。研究人员总结道："我们发现有3个最主要的因素影响了男性和女性之间不断扩大的收入差距，MBA学习期间不同的课程选择、事业中断的差别、每周工作时间的不同。这3个因素基本上可以解释男性和女性在完成MBA学业多年之后的收入差距。"

我希望通过我的介绍，大家能够认可多元回归分析的价值，尤其是在控制其他变量的条件下单独考虑某个解释变量给结果带来的影响。但是，我还没给大家举例说明这一神奇的统计学"万金油"到底是如何发挥作用的。在其他因素相同的情况下，当我们用回归分析来考察教育和体重之间的关系时，假如"变化的一生"项目的研究对象在其他方面都不完全一样，那统计软件如何控制身高、性别、年龄、收入等解释因素呢？

下面，我们就先分离出某个单一变量（比如教育）并观察其对体重的影响，为了让大家的头脑能够反应过来，我们先来设想如下情形。假设"变化的一生"项目的所有研究对象都被召集在同一个地方——马萨诸塞州的弗雷明汉，我们首先将他们按性别进行区分，然后再以身高为标准将男性和女性由高到矮做进一步划分，并将他们安排到不同的房间里。现在，一个房间里面全都是身高为6英尺的男性，隔壁房间里是身高为6英尺1英寸的男性，以此类推，女性的情况也是如此。假如我们的研究对象足够多，那么我们还可以将每个房间里的人按收入状况再进行分类。最后，研究对象全都被安排进了不同的房间，每个房间里的人除了教育和体重之外其他方面全都相同，此时教育和体重是我们所关心的两个变量。一个房间里全都是年龄为45岁、身高为5英尺5英寸、年收入在3万~4万美元的男性，而隔壁房间里可能全是年龄为 45 岁、身高为 5 英尺 5 英寸、年收入在 3 万 ~4 万美元的女性，诸如此类。

每个房间里的人的体重还是有所差别的，相同性别、身高和收入的人不一定有相同的体重——但按理来讲，每个房间里的体重差异应该要小于整个样本的体重差异。那我们现在的目标就是，确定每个房间里剩余的体重差异中有多少成分可以用教育因素来解释，换句话说，教育和体重之间的最佳线性关系是什么？

现在就剩下最后一个挑战了，那就是如何解决这些房间之间存在不同的回归系数的问题。整个过程的重点就是，在保持其他因素不变的情况下，计算出一个单一的系数来对整个样本的教育和体重关系进行一个最佳描述。我们想要看到的是，用这个唯一的系数使所有房间内不同体重值的残差平方和为最小。那怎样的一个系数才能达到如此效果呢？答案就是回归系数，因为在性别、身高和收入相同的条件下，回归系数能够最好地描述教育和体重之间的线性关系。

最后说一句题外话，现在你见识到大型数据组的厉害了吧。它们能够让研究人员在控制了许多因素之后，还能让每个"房间"里都有数据可以被记录和观察。当然，我们完全不需要费力地让几千人奔波于各个房间，只要有一台电脑，所有这一切在一秒时间内就能完成了。

让我们回到本章一开始提到的那个例子，再来看看工作压力和冠心病之间的关系。多年以来，"白厅"研究项目一直在观察英国的公务员群体，试图发现岗位层级和冠心病死亡率之间的关联。一项早期开展的研究对 17 530 名公务员进行了长达 7 年半的连续观察，发现"低级别的男性雇员相比起高级别的男性雇员来说，身高较矮、体重较重、血压较高、血糖较高、吸烟较多、下班后健身活动较少”。考虑到这些因素以及高血脂对健康的危害，研究人员用回归分析的方法对其进行了控制，但即使如此，岗位层级与冠心病死亡率之间的负相关关系还是十分明显。这项研究告诉我们，在其他健康因素相同的情况下（包括身高，因为身高可以很好地衡量儿童时期的健康和营养状况），在一个低级别岗位工作真的可以“置人于死地”。

有的读者看到这里或许会怀疑了，这一点很好，因为在统计学中，持怀疑态度是值得提倡的第一反应。我在本章一开始的时候就指出低级别的工作对健康不利，这里的“低级别”指的是对自身工作的控制力和话语权不高，不一定与行政级别挂钩，一项对10 308名英国公务员的跟踪研究就试图理清其中的差别。这一次雇员们还是按照行政级别进行划分——高级、中级和低级，只不过这一次参与者还必须完成一份包含15个题目的问卷，这份问卷主要是评价他们的“决策力或控制力”水平，其中设置的问题包括“你可以选择自己在工作中从事哪些项目吗？”对应的选项按程度划分（“从不”到“经常”）；还有陈述句，比如“我在工作中可以决定何时停下来休息”。研究者们发现“控制力低”的雇员患上冠心病的风险要高于“控制力高”的雇员。同时，研究人员还发现对工作要求高的雇员患心脏疾病的风险并没有比其他人高，在工作中获得较低的社会支持水平的雇员也没有表现出更容易患心脏病的倾向。因此，似乎只有对工作缺乏控制力才是“生命杀手”。

“白厅”研究有两个非常突出的特点，这两个特点使其可以被称为“最佳研究”。首先，其研究结论在其他地方能找到佐证。在发表的公共健康文献中，“低控制力”的概念已经发展成为一个专有名词——工作疲劳，专指那些“精神负担重”“决策水平低”的工作。1981—1993年间，关于此类课题已发表36项研究成果，其中绝大多数的研究成果都发现工作疲劳和心脏病之间存在显著的正相关关系。

其次，研究人员探索并发现了确凿的生物学证据，来解释这一特殊的工作压力导致健康状况恶化的机制。要求严格但控制力低的工作环境能够导致一系列生理反应（如释放与压力有关的激素），长此以往会增加患心脏病的风险，甚至连动物研究都为解释其病变原理发挥了作用。研究人员发现，地位低的猴子和狒狒（它们与权力系统中处于底层的公务员的境遇有相似之处）与地位高的同类在某些生理指标上存在差异，使得前者更容易患上心血管疾病。

所以，最好还是不要做一头地位低下的“狒狒”——我经常向我的孩子们灌输这一个观点，尤其是我的儿子。除此之外，一个更重要的信息是，回归分析可能是在处理大型数据的过程中帮助我们发现有意义结论的最重要的工具。尤其是在评价工作歧视或寻找心脏病诱因的时候，我们通常是无法进行控制实验的，因此对于这些以及其他具有深刻社会意义的课题来说，我们需要使用本章所讲的研究手段。毫不夸张地讲，在过去半个世纪的社科领域中（尤其自廉价计算能力出现以来），有很大一部分的重要发现都要归功于回归分析。

回归分析大大地充实了科学方法，使人类更好地认识了这个世界、身体更加健康、生活更加安全。

那么，在使用这样一个强大、实用的统计工具时，我们又应该注意些什么呢？请接着阅读下一章的内容。

本章补充知识点

t 分布

在进行回归分析（或其他形式的统计推断）时，小型样本数据会让推断过程变得稍微复杂一点。假设我们要分析的是体重和身高之间的相关关系，手中的样本只包含25名成年人，而不是之前像“变化的一生”那样庞大的数据库。逻辑告诉我们，只有25人的样本的分析结果肯定没有3 000人样本更能体现整体成年人口的体重特征，本书一直在强调的一点就是：样本越小，结果就越分散。虽然一个25人的样本也能为我们提供有意义的信息，5人、10人也是如此，但这些信息的意义能有多大？

*t*分布可以回答这个问题。就算我们多次抽取25个成年人作为样本来分析身高和体重之间的关系，每一次得出的身高系数最后也不会围绕着“真实”系数呈正态分布，虽然它们的确分散在真实系数的周围，但分布的形状绝不会是我们所熟悉的代表正态分布的“钟”形。随着样本容量的降低，每一次抽样得到的系数会分布得更加离散，因此分布曲线两端的“尾巴”相比起正态分布曲线会显得“肥大”。如果样本容量减少到10，那么系数的离散程度会更高，得到的“尾巴”会更“肥大”。*t*分布实际上是一系列或“家族”的概率密度函数，这些函数根据样本容量而变化。具体来说，样本中所包含的个体数量越多，那我们在分配适当的分布区间来评价研究结论时所拥有的“自由度”就越高。在更高阶的课程中，你会学习如何精确地计算“自由度”，我们在这里姑且将其等同于样本中个体的数量。举个例子，一个样本容量为10、解释变量个数为1的基本回归分析的自由度为9。自由度越高，我们对该样本能够代表总体越有信心，其分布也会越“紧密”，如图12–3所示。

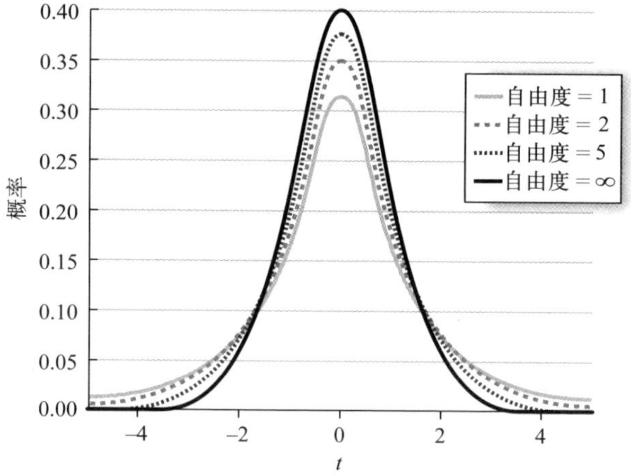

图 12–3　t 分布图

随着自由度的增大，t 分布逐渐向正态分布靠拢。这也是为什么当我们在处理大型数据组时，可以直接使用正态分布作为计算依据。

对于整本书一直在贯彻的统计推断过程来说，t 分布的引入只不过稍微改变了这一过程，我们的思路并没有改变，依然是先提出一个零假设，然后依据一些观察数据来检验其真伪。如果得到零假设结果的概率非常低，那么我们就可以推翻零假设。t 分布唯一的变化就在于这些结果发生的概率与正态分布所表示的有所不同。概率曲线的“尾巴”越“肥大”（例如自由度为 8 的 t 分布曲线），数据离散的程度越高，巧合的情况就越容易出现，推翻零假设的信心越显不足。

例如，假设我们正在计算一个回归方程式，零假设是某个具体变量的回归系数为零。在得到回归结果以后，我们便可以计算出一个 t 统计量，也就是所得系数与该系数标准误差的比。然后，再根据适合于样本容量的 t 分布

（样本容量的大小直接决定了自由度水平）来评价所得的 t 统计量。当 t 统计量足够大时，也就是我们观察得到的系数与零假设的预测值相差甚远，那么就可以在某个显著性水平的基础上推翻零假设。再强调一遍，这与整本书一直在使用的统计推断的基本流程是一样的。

自由度越低（相对应的 t 分布曲线的"尾巴"越"肥大"），所需要的 t 统计量越大，这样我们才可以在某个显著性水平的基础上推翻零假设。在上面假设的回归例子中，假如我们的自由度为 4，我们所需要的 t 统计量至少要达到 2.13，才能在 0.05 的显著性水平上（在单尾假设检验中）推翻零假设。

但是，假如我们的自由度为 20 000（足以符合正态分布对样本容量的要求），t 统计量只需要达到 1.65，就可以在显著性水平为 0.05 的单尾假设检验中推翻零假设。

表 12–1　体重回归方程式表

变量	系数	标准误差	t 统计量	假定值（双尾检验）	95% 置信区间
身高	4.4	0.2	21.4	0.000	4.0 ~ 4.8
年龄	0.08	0.03	2.2	0.026	0.01~0.2
性别	– 5.7	1.7	– 3.4	0.001	–9.0~–2.4
受教育时间	– 0. 7	0.2	– 3.5	0.000	–1.1~–0.3
体育活动成绩最靠后的 1/4 的人	3.7	1.4	2.6	0.009	0.9 ~ 6.5
接受粮食补助	5.6	2.1	2.7	0.007	1.5 ~ 9.7
非西班牙裔黑人	9.7	1.3	7.2	0.000	7.0~12.3
截距	– 117				

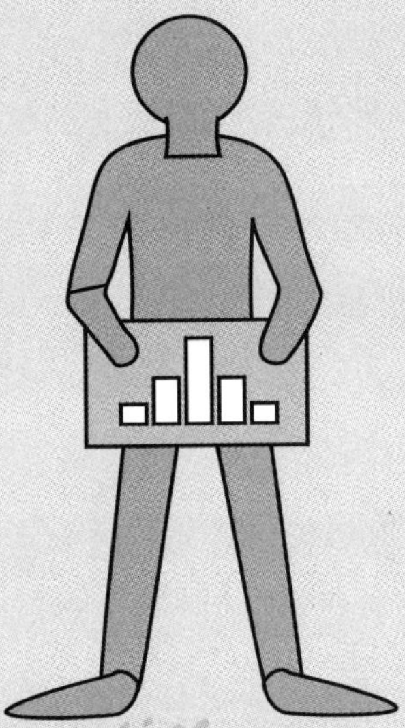

Naked Statistics

第13章
致命的回归错误

世界上3本最有声望的医学期刊上刊登的49篇学术研究论文中有1/3后来都被推翻了，所以，“尽量不要用你的回归分析研究杀人”。

在进行回归分析时，需要记住的最重要的一点就是：尽量不要杀人。你甚至可以在你的电脑屏幕旁贴上一句话来时刻提醒自己，“不要用你的研究杀人”。因为即使一些非常聪明的家伙有时候都免不了违反这条规定。

从20世纪90年代起，许多家医学机构相继支持一个观点：上了年纪的女性可以通过摄入雌激素来预防心脏病、骨质疏松症以及其他与绝经有关的疾病。截至2001年，有差不多1 500万名女性正在服用雌激素，开药的医生声称她们服用雌激素以后身体会更健康。为什么呢？因为当时的研究采用了我们在上一章中所讲的基本统计方法，表明给女性病人开雌激素药物是一个合理的治疗手段。具体来说，一项针对12.2万名女性的纵向调查（“护士健康研究”项目）显示，雌激素摄入量和心脏病之间存在负相关关系，定期摄入雌激素的女性突发心脏病的概率只有其他女性的1/3。要知道，这可不是几个青少年在父亲的电脑上一边搜索成人视频，一边用统计软件随意得出的回归方程式，“护士健康研究”项目是由哈佛大学医学院和公共卫生学院共同主持的。

与此同时，科学家和医生们还为补充激素有利于女性健康提供了医学上的理论支持。随着年龄的增长，女性卵巢分泌雌激素的能力下降，如果雌激素真的对身体非常重要的话，那么在老年时补充这一不足将有利于女性的长期健康，因此他们还为这种治疗方法取了名字：激素补充治疗。一些研究人员甚至开始建议上了年纪的男性适当补充一些雌激素。

在数百万的女性听从了医生的建议，开始接受激素补充治疗的同时，雌激素也进入了最为严格的科学审查阶段：临床试验。与之前观察一个大型数据（如"护士健康研究"样本）并得出一个可能具有因果关系的统计学关系不同，临床试验包含了控制实验。一组样本服用雌激素补充片剂，另一组样本只是服用安慰片剂，结果显示，摄入雌激素的女性患心脏病、中风、血栓、乳腺癌和其他疾病的风险要高于对照组。补充雌激素确实存在一些益处，但这些益处跟其他风险相比根本不值一提。从 2002 年开始，医生被建议尽量避免对年长的女性病人开具雌激素类药物。《纽约时报》提出了一个敏感但又有深刻社会意义的问题：有多少女性因为服用了医生"出于病人健康"考虑开出的雌激素药片而过早死亡、中风或患上乳腺癌？

回答是："合理估计至少有上万人。"

○○○○○○

回归分析可以说是统计学弹药库中的"氢弹"。无论是谁，只要有一台电脑和一个大型样本数据，在家中或者办公室里就能成为一个研究员。这样做会出什么错呢？各种错误。回归分析为复杂的问题提供了精确的答案，但这些答案却不一定准确。在错误运用这一统计工具的人的手中，回归分析会得出具有误导性甚至错误的结果；但就如雌激素案例所示，即使在正确运用这一统计工具的人的手中，这一强大的统计工具依然可以让我们在错误的方向上越走越远。本章的写作初衷就是提供一个平衡，解释最常见的回归"错误"，我之所以将"错误"打上引号，是因为跟所有其他类型的统计分析一样，聪明的人有时候也会出于邪恶的目的"明知故犯"。

以下就是让回归分析这一非凡的工具沦为"邪恶"的工具的7个最常见的错误。

用回归方程来分析非线性关系。不知道你是否留意过吹风机上贴的那句警示标语——禁止在浴缸中使用。如果你看到了，心里一定会想："有谁会傻到在浴缸里吹头发呢？"吹风机是电器，我们都知道在有水的环境中应该远离电器，因为会触电。假如回归分析也有一个类似的警示标语，那么上面写的就会是：当分析的两个变量之间不存在线性关系时禁止使用。请记住，回归系数所描述的是那条数据"最佳拟合直线"的坡度，一定要是一条直线，假如不是，就需要在另外的地方用不一样的坡度方程来诠释。举个例子，图13–1表示我每个月上的高尔夫球课的数量（解释变量）和每月18洞练习的平均杆数（因变量）之间的关系，如你所见，两者之间并不存在一致的线性关系。

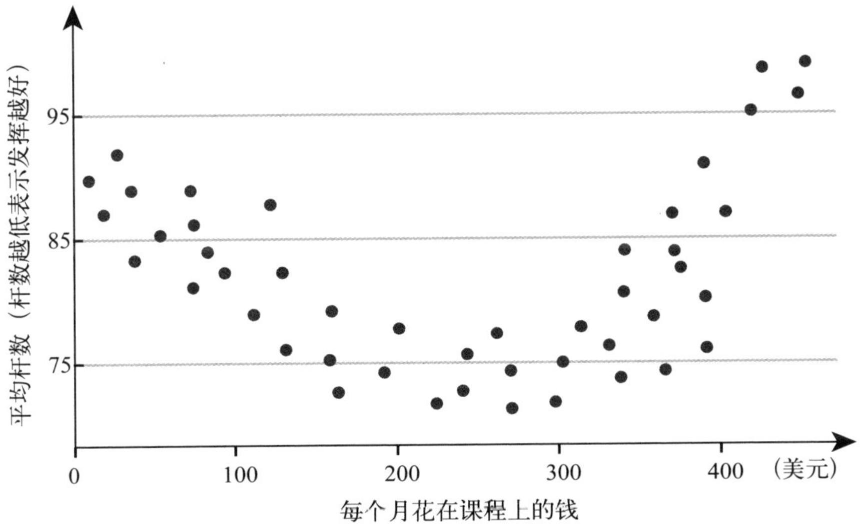

图13–1　高尔夫球课程对打球成绩的影响

上图中并非完全没有规律，只不过难以用一条直线来描述罢了。前几节高尔夫球课使我的杆数快速降了下来，因此在这个阶段，我的课程数与杆数是呈负相关关系的，斜度为负，也就是说，上课降低了我的杆数（对于高尔夫球来说这是一件好事）。

但是，当我的学费累计交到了200~300美元时，这个阶段的课程似乎对我的球场表现没有太大的帮助。高尔夫球课程与我的成绩之间似乎不存在一个明确的关系，因此斜度为零。

随着上课的次数越来越多，我的成绩甚至出现了下滑。当我一个月花300美元上课时，增加的课程反而使我的杆数越来越高，在这个阶段斜率就为正了。（在后面的内容里，我会为大家解释为什么是发挥不佳导致了学习更多的课程，而不是学习更多的课程导致了发挥不佳。）

最重要的一点是，我们无法用一个系数来准确概括高尔夫球课程的数量和成绩之间的关系。对于上述关系来说，一个最佳的描述方式是：高尔夫球课程的数量与我的挥球杆数之间存在着若干个不同的线性关系。你看得到这种情况，但是电脑上的统计软件却看不到。如果你一股脑儿地把这些数据输入回归方程中，电脑也会生成一个系数，但这个系数将无法准确地反映不同变量之间的真正关系，这其实与在浴室里用吹风机是一样的。

只有当变量之间的关系为线性时，回归分析才可派上用场。课本以及其他高阶统计学课程还将介绍更多有关回归分析的主要概念。与任何其他工具一样，一个工具越偏离其预期用途，它的效果就越差，有时甚至会带来危险。

○○○○○○

相关关系并不等同于因果关系。如我之前所说，回归分析只能证明两个变量之间存在关系，至于是不是其中一个变量发生变化就一定能导致另一个变量也发生变化，仅凭数据我们无法给出证明。事实上，一个并不十分严谨的回归分析也能在两个完全不相关的变量之间找到显著且有统计学意义的关系。假设我们正在探寻过去20年里美国的自闭症病例不断增多的原因。我们的因变量——也就是我们正在试图对其做出解释的现象——是对每年自闭症发病率的某种度量，比如每千名某个年龄段儿童中自闭症的病例数量。与此同时，假如我们将中国的人均年收入看作一个解释变量，我们肯定能够在过去20年里激增的中国人均收入和上升的美国儿童自闭症确诊率之间发现一个正相关且具有统计学意义的关系。

这是为什么呢？因为它们在同一时期都出现了快速上涨的趋势。但是，我高度怀疑即使中国出现经济衰退，美国的自闭症确诊率也不会因此减少。为了公平起见，假如我在中国高速增长的经济和中国国内自闭症确诊率之间发现了显著的相关关系，那么我或许会开始调查一些与经济增长相关的环境因素，例如工业污染等，这些因素或许能够解释这一相关关系。

像我刚刚讲到的这种存在于两个变量之间的错误的相关关系只不过是“冰山一角”，曲解甚至错误解释A与B之间相关关系的做法还有很多，广义上我们将这类现象称为伪因果关系。

○○○○○○

因果倒置。假如A与B之间存在统计学关系，我们不能直接推出A导致B，因为完全有可能是B导致A。还记得刚刚那个高尔夫球课的例子吗？我当时已经暗示了这种现象的存在。在我搭建的解释模型里，击球成绩始终是因变量，解释变量一直锁定在高尔夫课程数量上。也就是说，上的课越多，成绩越差！一种解释是我的高尔夫球教练教得很差，但另一种更加说得通的解释是，我在状态不好时总会想多上几节课——状态不佳导致了更多的课程，而不是相反的情况。（对于这类问题来说，我们在方法论上有多种解决办法。例如，我可以将这个月的高尔夫球课的数量作为下个月成绩的解释变量。）

正如本章一开始所讲的，因果关系有时候是双向的。假设你手头正在做的一项调查显示，美国在K–12（从幼儿园到12年级儿童教育）项目上投入多的州的经济增长率要高于K–12项目投入少的州。但就算这两个变量之间的正相关关系再显著，我们也无法从中看出因果关系的方向。我们既可以说K–12教育的投入推动了经济增长，也可以认为只有那些经济实力雄厚的州才有钱在K–12教育上投入更多，因此是增长的经济带来了教育的投入。还可以说，教育支出推动了经济增长，继而为进一步加大教育投入提供了基础，即它们互为因果。

关键在于，我们不应该使用那些（我们正在花大力气解释的）受结果影响的解释变量，不然的话，因和果将会永无休止地纠缠下去。举例来说，解释GDP（国内生产总值）增长时，在回归方程中加入失业率是不合适的，因为失业率很显然会受GDP增长率的影响。或者换一个角度来看，通过回归分析，发现失业率的下降会促进GDP的增长，这样的结论是可笑的、没有任何意义的，因为为了降低失业率，通常的做法是促进GDP的增长。

我们应该确保解释变量会影响因变量，而不是相反情况。

变量遗漏偏差。下次当你在报纸上读到类似于《常打高尔夫易患心脏病、癌症和关节炎！》这样的标题时，千万不要轻信。高尔夫球球员患上这些疾病的概率比不打高尔夫球的人高——关于这一点我一点儿都不觉得奇怪，但我同时也认为打高尔夫球有益健康，因为它不仅能够丰富你的社交生活，还能为你提供适当的运动量。我应该如何在这两个截然不同的观点之间进行取舍呢？非常容易。无论什么研究，在量化高尔夫球对健康的影响时都必须正确控制“年龄”变量，通常来说，年龄越大，打高尔夫球的时间和机会越多，尤其是在退休之后。在打高尔夫球这个课题上，任何没有将年龄作为解释变量的研究都不可避免地遗漏了一个事实，那就是打高尔夫球的人总体上比不打高尔夫球的人年长。因此，杀人的不是高尔夫球，而是衰老，而且那些正在老去的人恰巧对打高尔夫球乐此不疲。如果将年龄纳入回归分析中去，得到的结论将很有可能是另外一幅光景：在年纪相仿的一群人中，打高尔夫球可能会对严重疾病有轻微的预防效果。这跟前面提到的报纸标题有着天壤之别。

在这个例子中，年龄是一个被遗漏的重要变量。当我们用回归方程式解释打高尔夫球与心脏病或其他疾病的关系时，如果将年龄因素排除在外，那“打高尔夫球”就会超出自身的解释作用，相当于扮演了两个解释因素的角色：它不仅告诉我们打高尔夫球对心脏病的影响，而且还告诉我们年纪的增长对心脏病的影响（因为打高尔夫球的人通常比其他人要年老一些）。用统计学术语来表达，就是打高尔夫球这个变量“覆盖”了年龄这个变量的影响。也就是说，这两种不同的影响在分析中被混为一谈，就算计算得再仔细，结果也将是一团糟。当然，最糟糕的结果就是认为打高尔夫球对健康有损害，而真实情况却恰恰相反。

假如回归方程式遗漏了某个重要的解释变量，尤其是当方程式中的其他变量又恰好“覆盖”了被遗漏的解释变量的影响时，那么回归分析的结果就会变得非常具有误导性，甚至与真相背道而驰。假设我们要评估学校质量，必须了解的一点是：什么样的学校才是好学校？我们的因变量即质量的量化衡量指标，最有可能是考试分数。基本可以肯定的是，我们会将学校的开销作为一个解释变量，希望能够量化开销和分数之间的关系。花钱花得多的学校在考试中的分数也会更高一些吗？假如学校开销是唯一的解释变量，那么毫无疑问，我们将会在开销和考试分数之间寻找到具有显著统计学意义的相关关系。但是，这样一个暗示“分数可以通过大量花钱提升”的发现，是存在巨大漏洞的。

有许多重要的潜在解释变量在分析中被遗漏了，其中最关键的一个变量就是家长的受教育程度。受教育程度高的家庭更有可能住在相对富裕的地区，与之配套的学校设施更好，开销自然更大，培养出来的孩子在考试中的表现也更有可能比穷人家的孩子出色。假如在回归分析中没有将学生群体所在家庭的社会经济地位作为控制变量，那么回归分析结果将极有可能显示学校开销和考试分数之间存在显著的正相关关系。而实际上，分数的高低取决于跨进校门的学生的优劣，而不是教学楼的造价高低。

我记得一位大学教授曾经指出，SAT 分数与家庭的汽车数量之间存在高度的相关性。因此，这位教授暗示 SAT 在大学录取上是一个非常不公平、不适合的参考工具。SAT 的确存在缺陷，但我最关心的并不是这门考试与家庭汽车数量之间的相关关系——富裕的家庭就算额外再购买 3 辆汽车，也无法保证将孩子送进大学。私人车库里的汽车数量在一定程度上反映了这个家庭的收入、教育等社会经济地位，而富人家的孩子在 SAT 中的表现优于穷人家的孩子早已不是什么新闻（前文提到，家庭收入高于 20 万美元的孩子的 SAT 阅读理解部分的平均分要比家庭收入低于两万美元的孩子高出 134 分)。一个更大的隐忧在于，SAT 高分是不是可以被“训练”出来的？学生通过参加考前私人培训能够提高多少分？假如培训和分数之间存在任何正相关关系，那么家境好的孩子就容易占到“便宜”。假如两个天资和能力都相同的孩子，一个来自富人家庭，一个来自穷人家庭，前者参加了考前培训并取得了不错的成绩，而后者本来也可以考出一样的高分，但由于家境因素没有机会参加培训班，不得已在考试中处于劣势。

高度相关的解释变量（多重共线性）。在一个回归方程式中，假如两个或两个以上解释变量彼此之间高度相关，那么回归分析的结果将有可能无法分清每一个变量与因变量之间的真实关系。举例说明，假设我们想要知道吸毒对 SAT 分数的影响，我们会询问研究对象是否吸食过可卡因或海洛因（并且假设已经对其他许多变量进行了控制)，并使用回归分析的方法，在控制其他变量的基础上（包括海洛因的使用)，计算出可卡因对 SAT 分数的影响；再同理计算出海洛因对考试分数的影响。

但即使我们最后分别求出了海洛因和可卡因的回归系数，依然无法发现真实情况。方法论上的一大挑战在于，通常吸食可卡因的人同时也在吸食海洛因，只吸食过其中一种毒品的人非常少，因此在计算两种毒品的独立影响时能用得上的数据量非常小。回到上一章用来解释回归分析的那个虚拟场景，我们将数据样本分配到不同的“房间”里，每个房间里的人除了某个变量不同，其他全都相同，这样我们就能在控制其他潜在混淆因素的前提下观察某一个因素对结果的影响。在我们的样本人群中，可能有 692 个人曾经吸食过可卡因和海洛因，但有 3 个人只吸食过可卡因，2 个人只吸食过海洛因。任何有关海洛因或可卡因的独立影响的统计推断，都只能从这些微小的数据中得出。

无论是可卡因还是海洛因的回归系数都不可能告诉我们有统计学意义的结论，而且还会让 SAT 成绩与吸食毒品之间的关系变得更加扑朔迷离。当两个解释变量高度相关时，研究人员通常会在回归方程中只采用其中一个，或创造一个新的综合变量，如“吸食过可卡因或海洛因”。例如，当研究人员想要控制学生的整体经济背景时，他们会将父母双方的受教育程度都纳入方程式中，因为这才是家庭教育背景的有益参考。但是，如果回归分析的目标是单独隔离父亲或母亲的受教育程度，那么将两个因素都纳入考虑范围反而会引起混淆，让分析变得模糊。丈夫和妻子的受教育程度存在着相当大的相关性，以致我们无法通过回归分析得出一个有意义的关于任一父母受教育程度影响的系数（就好像我们难以区分可卡因和海洛因对考试的影响一样）。

脱离数据进行推断。和所有其他形式的统计推断一样，回归分析的目的是帮助我们更好地认识这个世界，发现能够适用于所有人口的规律。但需要强调的是，我们的结论仅仅对与所分析的样本相似的总体有效。在上一章中，我设计了一个回归方程，通过几个独立的解释变量来预测体重，最终我的模型的 R^2 为 0.29，表示其能够较好地解释大量个体不同的体重，而且大量的个体恰好都是成年人。

当我们用这个回归方程式来预测新生儿的体重时，又会发生什么呢？现在就来试一试。我的女儿在出生时身高为 21 英寸，年龄设定为零，教育程度为零，锻炼为零，她还是一个白人女性。再将这些信息输入由“变化的一生”数据样本得到的回归方程式中去，计算出我刚出生的女儿体重为 –19.6 磅（而实际上，她刚出生时的体重为 8.5 磅）。

上一章所提到的“白厅”研究的作者在给出结论时就明确地规定了其适用范

围，可以说具体得不能再具体了："从事缺乏控制力的工作将会增加未来患冠心病的风险，该结论仅适用于受雇于政府部门的男性和女性。"

数据矿（变量过多）。假如遗漏重要的解释变量会带来诸多麻烦，那在回归方程式中加入大量解释变量，而且加入的变量越多越好，就一定可以解决问题吗？并不是，物极必反。

假如变量过多，尤其当无关变量过多的时候，回归分析的结果就会被冲淡或稀释。举个例子，我们在设计研究策略时千万不能按如下方法行事：既然我们不知道是什么引起了自闭症，那就应该在回归方程式中加入尽可能多的潜在解释变量，看看最后有哪些变量具备统计学意义，到那个时候我们或许就会得到答案了。如果在回归方程式中加入足够多的无关变量，那么总会有一个恰好达到显著性水平的门槛，而且这类无关变量的"无关性"并不是那么容易被察觉。至于为什么某些在实际操作中说不通的变量在方程式里具有了统计学意义，聪明的研究人员总是能够在事后建立理论模型时给出解释。

为了说明这一点，我经常会回到介绍概率时所举的那个抛硬币的例子。在一个约 40 人的班级里，我会让每一个学生都抛一枚硬币，抛到反面朝上的学生自动退出，剩下的接着抛；在第二轮中，抛到反面朝上的学生退出，剩下的接着抛第三轮，就这样一直进行下去，直到有一个学生一连抛出五六次正面朝上的结果。或许你还记得对那个学生提出的一些搞笑问题："你的秘密是什么？诀窍是在手腕吗？你能教大家怎么使硬币一直正面朝上吗？有没有可能是因为你今天穿了哈佛大学的文化衫？"

连续抛硬币的结果都是正面朝上显然只是运气，周围的学生都是见证人。但是，统计学却有可能不这么认为。连续 5 次抛出正面朝上的概率为 1/32，约 0.03，完全低于我们通常要推翻零假设时所定的 0.05 的门槛。在这个例子中，我们的零假设是学生抛硬币时并不存在特殊能力；而刚刚连续抛出 5 次正面朝上的运气（如果我召集了大量学生参与实验，那么这种情况至少能够发生在一位同学身上）就足以让我们推翻零假设，宣布备择假设成立，即这位学生拥有使抛硬币的结果总是正面朝上的特殊能力。在他结束了这一令人印象深刻的“神技”表演之后，我们便可以从他下手，寻找成功的蛛丝马迹了：他抛硬币的动作，他的体育训练，当硬币在空中时他的注意力放在哪里，等等。自然，所有这一切到最后都可以用“荒唐”二字来概括。

这一现象甚至还蔓延到了正式、严肃的研究中。一个广为接受的研究惯例是，在零假设成立的前提下，如果某个发生概率小于或等于 1/20 的偶然结果真的发生了，我们就可以推翻零假设。当然，假如我们进行 20 次研究，或在某个回归方程式中加入 20 个无关变量，那么一般说来就会出现一个具有统计学意义的伪发现。《纽约时报》引用了医学统计专家和流行病学家理查德·彼托的话，很好地概括了这一令人不安的现实：“流行病学是一门如此美妙的学科，为我们了解人类生命和死亡提供了重要的视角，但同时也发表了多得令人咋舌的学术垃圾。”

甚至连医学研究的黄金标准——采取随机抽样的临床试验都应该被怀疑的眼光审视。2011 年，《华尔街日报》头版刊登了一篇有关医学研究的“肮脏的秘密”的文章，报纸这样写道：“绝大部分的结果，包括那些刊登在顶级的、经同行评审的学术期刊上的论文，都是无法复制的。”（同行评审期刊上的研究成果和文章，在刊登之前都需要经过同领域的其他专家的审阅以确保研究的可靠性，这类刊物被视作学术研究成果的“把关人”。）之所以会有这样一个“肮脏的秘密”，其中一个原因就是在前面的章节中介绍的“发表性偏见”，如果研究人员和医学杂志关注肯定性发现而忽略否定性发现，那么它们就有可能发表唯一的一篇结论为某药物有效的论文，而忽略其他 19 篇证明该药物没有疗效的论文。某些临床试验同样有可能采用小型样本（比如某一种罕见的疾病），这样就提升了观察结果中一些随机偏离的数据在统计过程中被过度重视的可能性。此外，研究人员可能原本就具有一些有意无意的偏见，这些偏见可能是因为他们有某个先入为主、根深蒂固的观点，或者是因为某项肯定性发现对他们的事业更有帮助（毕竟，没有人会因为证明某药不能治愈癌症而发财或出名）。

出于上述种种原因，有大量发表的专家研究最后被证明是错误的。希腊医生和流行病学家约翰·艾奥尼蒂斯对三本最有声望的医学期刊里刊登的 49 篇学术研究论文进行了统计，每一篇论文的研究发现都被转引了至少 1 000 次，但其中差不多有 1/3 的研究成果都被后续的研究否定了。（例如，有一些研究是支持雌激素补充治疗的。）根据艾奥尼蒂斯博士的观察，在已经出版的科学论文中，差不多有 1/2 最终会被证明是错误的。他的研究成果刊登在《美国医学会杂志》上，有趣的是，这就是他所研究的三本期刊中的一本。这难免令人困惑：假如艾奥尼蒂斯博士的研究发现是正确的，那他的研究发现就很有可能是错误的。

无论怎么样，回归分析依然是一个非常棒的统计学工具（好吧，我承认在上一章中将其形容为“神奇的万金油”有一点儿言过其实），它能够让我们从大型的数据样本中寻找到关键的相关关系，而这些相关关系又通常是重要的医学和社会科学研究的关键所在。统计学为我们评价这些相关关系提供了客观的标准，如果使用得当，回归分析将会是科学方法的一个重要组成部分。那么，让我们把这一章看作警示篇吧。

本章精选的所有警示其实都可以浓缩为两个基本经验。第一，设计一个好的回归方程式，想清楚应该考虑哪些变量、应该从哪里收集数据，一个好的方程式比统计计算本身更加重要。这个过程被称为估计方程或具体化一个回归方程。优秀的研究人员能够对变量进行逻辑思考，决定哪些变量可以加入回归方程式中，发现遗漏的变量，以及正确解读最终的分析结果。

第二，与绝大部分统计推断一样，回归分析始终以观察样本为立足点。两个变量之间的相关关系就像是犯罪现场的一个指纹，这个指纹能够为我们指出正确的方向，但在大多数时候还不足以定罪（有些时候在犯罪现场发现的指纹甚至都不是凶手的）。对于任何回归分析来说，都需要在以下方面得到理论支持：为什么方程式里要有这些解释变量？其他学科领域的现象是否也能解释这个分析结果？例如，我们为什么会认为穿紫色鞋子可以提高 SAT 数学部分的成绩？为什么吃爆米花可以帮助预防前列腺癌？分析得出的结论需要具有可复制性，至少也得与其他科学发现相一致。

如果不按指示操作，那么就算是“神奇的万金油”也会失效的。

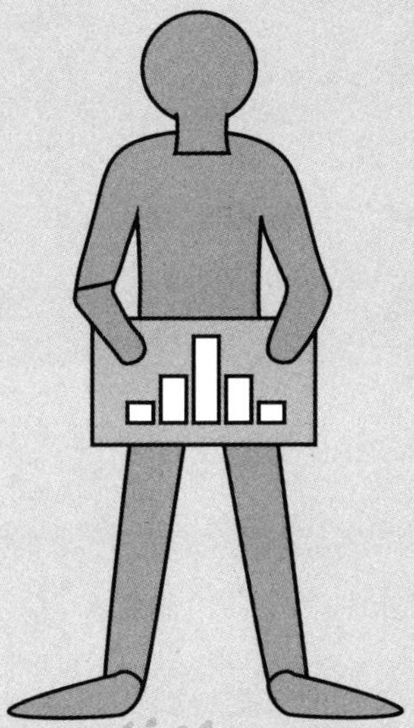

第14章
项目评估与“反现实”

哈佛大学等世界顶尖大学的毕业生进入社会后，其收入往往高于一般大学的毕业生，让他们获得高收入的究竟是常春藤大学的教育优势，还是他们本身就很出色？

出色的研究者之所以出色，并不是因为他们不用纸笔就可以在脑中进行复杂的计算，也不是因为他们总能在电视智力竞赛中赢得更多的奖品（虽然这些本领也很重要）。杰出的研究人员——那些显著改变我们对世界的认识的人——往往是能以创造性方式进行控制实验的个人或团队。在对某种介入手段进行测量时，我们需要制定一些类似于标尺的东西来提供参照。上哈佛大学会给你的人生带来什么影响？要回答这个问题，我们就必须知道如果你去哈佛大学读书以后发生了什么，如果没去哈佛大学读书又发生了什么。显然，这两个数据我们是无法兼得的，但聪明的研究者就能找到有创意的方式来测量某种介入手段（比如去哈佛大学念书）的影响，也就是在现实与“反现实”（在介入手段缺失的前提下所发生的结果）之间搭建比较的桥梁。

为了让大家能够更好地理解，我们先来回答一个看上去相对简单的问题：派出大量警察上街巡逻能降低犯罪率吗？这是一个非常具有社会意义的问题，因为犯罪加剧了社会运行的成本。假如更多站岗或巡逻的警察通过自身的震慑力以及抓捕坏人减少了犯罪，那么这项在增加警力方面的投入就可谓有较大的回报。但是，如果这项举措对减少犯罪没有或几乎没有任何作用，那么政府就应该考虑如何更好地利用这笔资金（比如投入打击犯罪的高科技手段的运用上，增加监控摄像头的数量等）。

更多的警察与犯罪率之间的因果关系是什么？这样一个看似简单的问题其实暗藏玄机，让人无从下手。到了本书的这一章，作为读者的你一定也意识到了我们不能简单地用人均警察数这一个变量来解释犯罪率。苏黎世不是洛杉矶，就算是位于美国境内的大城市，它们彼此之间也存在难以忽略的差异，洛杉矶、纽约、休斯敦、迈阿密、底特律以及芝加哥都是有着各自特征的城市，它们的人口组成不同，打击犯罪所面临的挑战也各不相同。

我们通常的做法是试图列出一个回归方程，对这些差异进行控制，但这次就算是多元回归分析也无能为力了。假如我们试图将人均警察数量作为解释变量（同时控制其他因素）来解释犯罪率（因变量），就存在一个非常严重的因果倒置问题。尽管从理论上来说，我们有确凿的证据证明派更多的警察上街巡逻能够降低犯罪率，但也完全有可能是高犯罪率"导致"更多的警察上街巡逻。我们可以轻松地在犯罪率和警察数量之间找到一个显著，但也极具误导作用的正相关关系：拥有最多警察的地方也是犯罪问题最严重的地方。当然，拥有最多医生的地方常常也是病人最为密集的地方，但并不是这些医生导致人们生病的，他们只不过是到了那些最需要医生的地方而已（与此同时，病人也会聚集到这些能够提供优质医疗服务的地方）。在佛罗里达州有大量的肿瘤专家和心脏病专家，如果将他们赶到其他州去治疗病人，佛罗里达州的退休人口会因此变得更加健康吗？显然不会。

欢迎来到项目评估阶段，在这里我们会探索与测量某些介入手段的因果作用，包括新型的癌症药物，为高中辍学生提供的就业安置计划，派更多的警察上街巡逻，等等。所有这些我们所关心的介入手段都可以称为"治疗"，虽然这个词更多的是出现在统计学语境里而非日常口语中。治疗可以是其表面的含义，即某种医学干预，也可以表示上大学、出狱后参加就业培训等。关键在于将某个因素的效果分离出来，理想的情景是，将除了是否接受过“治疗”以外其他方面情况完全相同的两组人员放在一起进行比较。

在难以弄清原因和结果的时候，项目评估提供了一系列用于隔离治疗效果的工具。回到刚才警察和犯罪率的问题上，让我们来看看宾夕法尼亚大学的乔纳森·克里克和乔治·梅森大学的亚历山大·塔巴洛克是如何解决这个问题的。他们的研究策略是借助恐怖袭击预警系统。具体来说，华盛顿特区由于其首都的独特政治地位，自然成为恐怖分子的主要袭击目标，因此在发出“高度戒备”预警的日子里，城里的某些区域会增派巡逻警力。假设街头犯罪和恐怖威胁之间没有相关性，那么在华盛顿特区增加警力就与传统的犯罪率之间不存在相关性，也就是所谓的“外生变量”。这两位研究人员最有价值的贡献就在于发现了一个自然实验：恐怖袭击“高度戒备”预警会给传统犯罪带来什么影响？

回答是：恐怖袭击预警级别为橙色时（高度警戒、更多警察上街）的犯罪率要比黄色时（警戒级别略低，没有增加额外的执法巡逻）低约7%。两位研究员还发现，在高度警戒的日子里，那些警力增派最多的警区的犯罪率下降的幅度是最大的（这是因为这些警区是白宫、国会大厦和国家广场的所在地）。一个重要的启示就是，我们只需要开动脑筋，就能够回答棘手但很重要的社会问题。下面就来介绍一些隔离“治疗”效果最常用的方法。

随机控制实验。安排实验组和对照组的一个最直接的方式就是——可能说出来有些多余——创造一个实验组和一个对照组。在使用这种方式时，我们会遇到两大挑战。第一个挑战是，很多时候是没有办法拿人做实验的，而且这一限制恐怕在短期内都无法解决。因此，只有当我们有理由认为治疗效果可能会给人带来积极影响时，才能以人作为对象进行对照实验。但这种情况少之又少（例如，人们关心的更多是药物试验或高中辍学率），因此我们就需要接着学习其他策略。

第二个挑战是，人与人之间的差异比实验室老鼠之间的差异要大得多。治疗效果会因为实验组和对照组在其他方面的差异而变得异常复杂，而你的实验对象中难免会有个子高的、个子矮的、生病的、健康的、男的、女的、罪犯、酗酒者、投资银行家等。我们如何才能保证这些不同的特性不会影响到实验结果？好消息是：人生中难得有几次机会能够像这次一样，用最少的劳动换来最优的结果！创造实验组和对照组的最佳方法就是将研究对象随机分配到两个组里。随机性的好处在于，与实验无关的变量一般会在两个小组里实现平均分配，既包括那些显而易见的特性，例如性别、种族、年龄和教育，也包括其他难以察觉但可以干扰实验结果的特性。

设想一下，假如我们的样本包含 1 000 名女性，那么当我们将这个样本随机分成两组时，最有可能出现的结果是每个组中的女性数量为 500 名。当然，我们无法保证每次都这么准确，但概率又一次地站在了我们这边，某一组的女性数量大大超出另外一组的概率并不高（同理可知，某一组中具有某种特性的个体的数量大大超出另一组的概率也不大）。例如，在一个 1 000 人的样本中，女性占 1/2，那么有超过 450 位女性同时被分配到同一组的概率还不足 1/100。由此可见，样本数量越大，随机分配的作用就越明显，实验组和对照组的相似性也越强。

医学试验就是典型的随机控制实验。理想的情况是“双盲”的临床试验，这意味着无论是病人还是医生都不知道哪一组是实验组，哪一组是对照组。但如果治疗里包含了手术（心脏外科医生当然知道要给哪些病人做搭桥手术），那“双盲”显然是不可能了。但即使要做手术，病人依然可以被蒙在鼓里，因为就算进了手术室，他们也不知道自己是否接受了心脏搭桥手术。我最欣赏的研究之一是一份有关某种缓解膝盖疼痛的手术评估报告，实验组的病人接受了膝盖手术，而对照组病人则接受了一次“冒充手术”，医生只在这组病人的膝盖部位划了3道极小的口子，“假装在给他们动手术”。最后的结果是，真正的手术在缓解膝盖疼痛方面并没有比“冒充手术”有效。

我们可以用随机实验来测试一些有趣的现象。例如，陌生人的祈祷是否可以加快病人的术后恢复？人们对于宗教的认识和理解或许千差万别，但在《美国心脏期刊》上发表的一项研究的作者进行了一次控制实验，该研究调查了做过心脏搭桥手术的病人是否会因为有一大群陌生人为他们的健康和快速恢复祈祷而减轻术后并发症的严重程度。来自全国各地的1 800名病人和三个宗教团体的人士参与其中。所有病人均接受了心脏搭桥手术并被分为三组：第一组没有人为他们祈祷；第二组有人为他们祈祷，而且病人自身也知道；第三组也有人为他们祈祷，但研究人员只告诉这组病人，有可能有陌生人为他们祈祷，也有可能没有（这样就相当于控制了祈祷的安慰作用）。与此同时，来自宗教团体的人士会为某些指定的病人祈祷，祈祷时如何念病人的名字也有要求，祈祷词的范围也有规定，必须包含“愿某某手术成功、健康恢复、没有并发症”。

结果如何？祈祷会成为美国摇摇欲坠的医疗体系的“救命稻草”吗？恐怕没那么简单。经过30天的观察，研究人员并没有在得到祈祷的病人和没得到祈祷的病人之间发现任何术后恢复上的不同。但是，也有人批评这项研究遗漏了一个潜在的变量：来自其他渠道的祈祷。《纽约时报》总结道：“专家称这项研究无法克服一个最大的障碍，即每个人从家人、朋友和世界各地每天为病人和处于弥留之际的人祈祷的陌生人那里获得的祈祷量是未知的。”

在人身上做实验可能会让你被逮捕，也有可能让你坐上国际刑事法庭的被告席，对此你应该心里有数。但是在社会科学领域，以人作为研究对象进行随机控制实验依然有一定的可行性。大名鼎鼎且影响深远的田纳西州 STAR（师生成就比率）项目就是其中之一，其实验目的就是观察小班教学对学生学习水平的影响。班级大小和学习之间的关系极为重要，全世界的国家都在积极寻求提高教学水平的途径。假如其他情况都不变，小班教学能够促进更加有效率的学习，那么整个社会就应该在教师的培养方面加大投入来实现小班教学。但反过来，由于培养教师的成本高昂，假如小班教学的学生之所以考试表现好，是因为其他方面的因素，跟班级大小无关，我们就应该停止小班教学的推广，把有限的教学经费投入其他方面。

出人意料的是，班级大小和学生成绩之间的关系异常复杂。一般来说，能够开设小班教学的学校拥有的资源也更多，这些学校的学生和老师与大班教学的学校的学生和老师存在差别。具体到学校内部，小班教学出现的原因也各不相同。校长可能会让成绩垫底的学生组成小班一起上课，从而导致小班教学与学生成绩之间的负相关关系。或者经验丰富的教师可能会选择去教小班，这样的话，小班教学的效果就可能不是因为师生比更低，而是因为选择教小班的老师水平普遍较高。

田纳西州 STAR 项目始于 1985 年，针对小班教学进行了控制实验。（拉玛·亚历山大时任田纳西州州长，后被美国前总统老布什任命为教育部部长。）在幼儿园教育阶段，来自 79 个学校的孩子们被随机分到小班（13~17 个学生）、常规班（22~25 个学生），或者老师和助教均为常规水平的班级，教师也同样被随机分配到不同的班级中。按照实验安排，学生将会在其被分配的班级中学习一整年。但不断变化的现实总是在侵蚀实验的随机性：一些学生中途才加入实验，而一些学生中途就离开了；一些学生因为违反纪律被安排到了其他班级，还有一些家长四处求情将自己的孩子转到了小班，诸如此类。

至今，STAR 项目依然是唯一一个测试小班教学效果的随机实验，其结论具有统计和社会意义。总体上看，小班学生在标准化考试中的表现要比常规班级学生高出 0.15 个标准差，小班黑人学生的成绩提高幅度是常规班级黑人学生的两倍。但坏消息是，STAR 项目共花费约 1 200 万美元，有关祈祷对术后恢复的效果的研究也花掉了 240 万美元，最精致的研究与其他任何精致的事物有一个共同点，那就是价格不菲。

自然实验。并不是所有人都有能力随随便便投资几百万美元来运行一个大型随机实验。一个更为经济的替代方案是寻找到一个自然实验，即当某个事件自然而然地发生时，恰好营造出一个类似随机、对照的实验环境。本章一开始举的那个有关华盛顿特区警察的案例就是一个自然实验。生活有时候偶然地创造了一个实验组和一个对照组，在这个时候，研究人员应该主动出击，对眼前的现象进行分析并得出结论。想想教育和寿命之间惊人而复杂的关系。受教育程度高的人往往活得更久，这个结论在控制了其他如收入、能享受到的医疗资源等因素后依然存在。《纽约时报》报道：“无论是哪个国家的研究人员，一个他们达成共识的与长寿相关的社会因素就是教育。一个人的受教育程度与寿命的相关性比种族和收入因素都要显著。”但至少到目前为止，这还只是一个相关关系。在其他情况都相同的前提下，更多的教育是否就能够带来更健康的身体？如果你把教育看作一种“治疗”，那么接受更多的“治疗（教育）”是否就能保证你活得更久？

这是一个看似不可能得到答案的问题，因为选择接受教育的人与不希望读更多书的人肯定在某些方面是不一样的。高中学历与本科学历的人之间的差别绝不仅限于大学 4 年的教育。接受大学教育的人很可能具有一些无法观察到的共同特征，这是他们预期寿命较长的原因。假如这是真的，那么让那些原本没想过继续念书的人上大学，对延长他们的寿命并不会有帮助。健康状况的改善不能归功于提高的受教育程度，而是来自那类选择提高自身受教育程度的人所共有的特质。

我们不能用随机实验来解决这一难题，因为这会让某些实验对象在不情愿的状态下过早地离开校园（你试着向某人解释他永远不能上大学，因为他在对照组，想想就觉得残忍）。测试教育对寿命的因果作用的唯一可行的办法就是，借助某些让不想深造的人继续留在学校的自然实验，至少这在道德上是可以被我们接受的，因为我们预测会看到一个积极正面的治疗效果。但是，我们还是不能强迫别人留在学校，这太不符合美国的“自由”精神了。

可理想往往照不进现实。美国的每一个州都制定了相关法律来保证最低受教育年限，但在历史上，这些法律都曾发生过变化。像这类非研究对象本人所能决定的影响受教育程度的外部变化正是研究人员梦寐以求的。哥伦比亚大学研究生奥德丽安娜·莱拉斯－姆耐发现，美国不同的州在不同时期对各自的最低受教育年限进行过调整，并由此认为这是一个具有研究潜力的课题。她通过翻阅大量史料和人口普查数据，对这些州的义务教育法律中有关最低受教育年限的条款变化以及相对应的居民寿命变化进行了记录。但她依然面临着一个实验方法上的挑战：即使某一个州的居民在最低受教育年限提升之后活得更久，我们也不能将寿命的延长归功于学校教育的增加。这是因为人的预期寿命从总体上看一直在增加，无论对州法律进行何种调整，生于 1900 年的人就是活得比生于 1850 年的人久。

但莱拉斯－姆耐还有一个天然的对照组：那些没有对最低受教育年限进行调整的州。她的研究类似一个大型的实验室实验：按照法律，伊利诺伊州的居民不得不在学校接受7年的教育，而他们的邻居——印第安纳州的居民只需要完成6年的学业就可以选择离开学校了。它与实验室实验唯一的区别就在于，对照组的形成完全是因为一个历史巧合，而这恰恰是“自然实验”的应有之义。

那结果是什么呢？伊利诺伊州年龄在35周岁及以上的成年人，就因为比印第安纳州的同龄人多上了一年学，他们的预期寿命要比后者多出一年半。莱拉斯－姆耐的研究结论在其他国家的研究中也得到了证实，义务教育年限的差异导致了类似的自然实验。随之而来的就是一些疑问，我们至今也没搞明白多上学可以活得更久背后的原理到底是什么。

非对等对照实验。有些时候研究治疗效果最可行的方式，是创建非随机实验组和对照组。当环境不允许我们进行随机分配的时候，我们还是希望最终的实验组和对照组能够大体相似，不对结论的准确性产生影响。好消息是，我们有一个实验组，一个对照组。坏消息是，任何非随机分配都会产生偏见，至少有存在偏见的可能性。就算你认为你的分组毫无破绽，但或许在实验组和对照组之间还有一些难以察觉的差异，正是这些差异影响了小组成员的分配和组成，从而产生跟现实有偏差的结论，这就是我们所说的“非对等对照”。

一个非对等对照组依然可以成为非常有用的工具。让我们回过头来思考一下本章开头提出的那个问题：进入一所顶尖大学学习真的会给人的一生带来巨大的优势吗？哈佛大学、普林斯顿大学、达特茅斯学院等名牌大学毕业的学生确实非常出色，他们的工资更高，生活也更加精致和丰富多彩，相比之下那些毕业于一般院校的学生就过得惨淡多了。(PayScale薪酬统计网站于2008年曾进行过一项调查，发现工作 10~20 年的达特茅斯学院毕业生的工资中位数为 13.4 万美元，是所有本科院校中最高的；普林斯顿大学位居第二，工资中位数为 13.1 万美元。）我希望大家在这个时候能意识到，这些令人脸红心跳的数字其实跟达特茅斯学院或普林斯顿大学的教育价值毫无关系。进入达特茅斯学院和普林斯顿大学的学生在高中毕业申请学校时就已经非常出色了，这也是他们能够被这些大学录取的原因。无论他们是否接受过大学教育，都有可能成为生活中的赢家。

我们所不知道的是，接受像哈佛大学或耶鲁大学这类顶尖大学的精英教育会产生怎样的效果？从这些名牌大学毕业出来的人之所以能够成功，到底是因为他们当初在跨入校门时就已经才华出众，还是因为这些大学通过精选优秀人才、培养他们的竞争力而使得他们的“附加值”增加，又或者两者都有？

我们还是不能通过随机实验的方法来回答这个问题。很少有高中毕业生愿意被随机分配到一所大学，哈佛大学和达特茅斯学院肯定也不愿意接收随机分配给它们的学生。研究似乎陷入了僵局，到底怎么样才能检验大学教育的效果呢？开动脑筋就能找到出路！两位经济学家斯塔西·戴尔和艾伦·克鲁格发现，其实有很多学生在高中毕业时会同时申请多所大学，通过对这一事实的“挖掘”，研究出现了转机。一些学生被名牌大学录取之后便高高兴兴地去报到了，而有一些学生在收到名牌大学的录取通知书后，经过再三考虑，还是去了普通大学或学院深造。于是现在我们就有了一个实验组（进入名牌大学学习的同学）和一个非对等对照组（凭才华和实力足以进入名牌大学却选择去竞争没那么激烈的高校学习的同学）。

戴尔和克鲁格对两组学生的纵向数据进行了分析。虽然这不是一个苹果对苹果的完美比较，而且收入只不过是人生成就的一部分，但他们的发现应该能够舒缓高中生及其父母的紧张情绪。毕业于名牌大学的人在收入方面并没有超过实力相当，但选择就读一般大学的人，唯一的例外是出生于低收入家庭的人，如果他们从名牌院校毕业，他们的收入会更高。戴尔和克鲁格的方法有效地将实验效果（在名牌大学读4年书）从选择效果（最有才华的学生都被名牌大学挑走了）中剥离了出来。艾伦·克鲁格在《纽约时报》上撰文指出：“相比起毕业证书上的学校名字，正确认识自己的兴趣、抱负和能力更能成就人的一生”，这其实也间接回答了本章开头所提出的那个问题。

双重差分法。观察原因和结果的一个最佳方式就是放手去做，然后看看会发生什么，这就是婴儿和小孩（有时候也包括成年人）认识世界的途径。我的小孩很快就发现，如果他们在厨房乱扔食物（原因），家里的小狗就会兴高采烈地追着食物跑（结果）。当然，同样的观察方式也可以帮我们认识生活中的其他现象。假如美国政府推出了减税政策，经济就会跟着好转，那么减税政策一定是经济的助推剂。

然而，这一方式存在一个巨大的陷阱：生活可比在厨房扔食物复杂多了。的确，政府的减税政策或许正好在某个时间点出台，但在同一时期可能还有其他“介入”因素在发挥作用：越来越多的女性进入大学学习，互联网以及其他科技创新正在提升美国工人的生产效率，中国的人民币价值被低估，芝加哥小熊队的总经理被解雇，等等。无论减税政策出台后发生了什么事情，都不能只归功或归咎于减税政策本身。任何“前与后”类的分析均面临一个挑战，那就是仅凭一件事情紧随另一件事情发生，并不能推断两件事情之间存在因果关系。

“双重差分法”可以通过两个步骤来明确某个介入因素的效果。首先，我们对某个群体或地区接受某项介入因素之前和之后的数据进行比较，例如推广促进就业政策之前和之后某个县的失业率变化情况。其次，我们将这些数据与另一个没有推出就业政策的同类县同期的失业率进行比较。

重要的是，用于分析的两个对象除了是否有介入因素，其他方面的情况应该基本上都相似；因此，两个对象的观察结果若存在任何显著差异，就应该被认为是所评估的项目或政策的效果。举个例子，假设伊利诺伊州的一个县为了应对高失业率，推出了一个就业培训项目，但在接下来的两年时间里，失业率依然不断上升，这是不是就意味着就业培训项目失败了？谁能告诉我们答案？

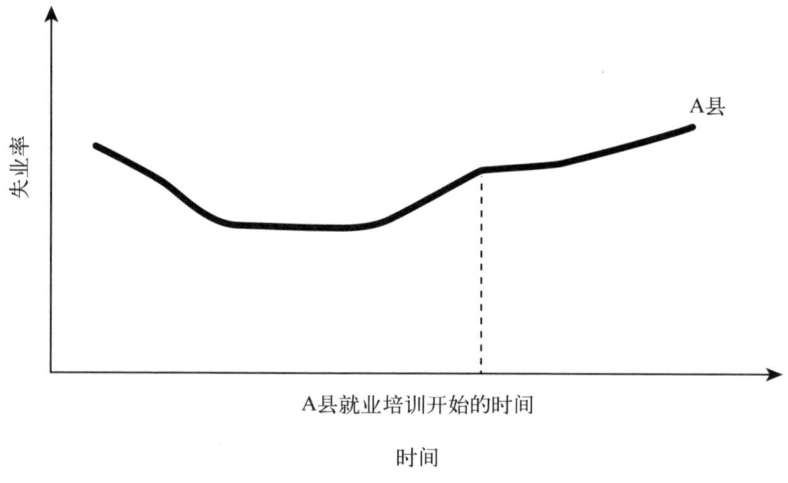

图 14–1　就业培训项目对 A 县失业率的影响

其他宏观经济因素也在发挥作用，如经济的持续不景气等。在“双重差分法”的指导下，我们对同期两个县的失业率变化情况进行比较，其中一个县推广了就业培训项目，另外一个县并没有推广，除此之外，两个县在其他方面都必须保持一致：相同的工业构成、相似的人口结构等。那么，推广了就业培训项目的县在失业率数据上的变化相比起另一个没有推广该项目的县，呈现了一幅什么光景呢？通过比较两个县相同时间段内的失业率变化，我们就能理性地推断出就业培训项目的效果了，这就是“双重差分法”。另一个没有推广就业培训项目的县在研究过程中扮演的是对照组的角色，有利于我们更好地理解项目实施前后的数据变化，因为对照组会受到跟实验组一样的宏观经济的作用。最初我们认为就业培训项目一无是处(因为在项目实施之后失业率变得更高了)，但是对照组为我们展示了更加糟糕的就业情况，因此通过综合比较和分析，就业培训项目的正面作用就显现出来了。

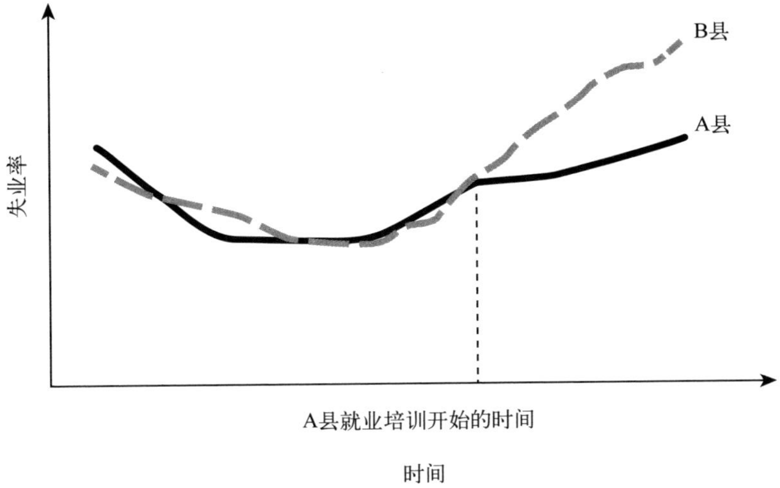

图 14–2　就业培训项目对 A 县失业率的影响（以 B 县作为参照物）

不连续分析实验。还存在一种设置实验组和对照组的方式，就是将那些刚好符合介入或治疗条件的对象，与以毫厘之差错失治疗机会的对象进行比较。那些刚好超过或略微不足规定条件（如考试分数或最低家庭收入等）的个人，其实在许多重要方面与实验组里的个人相差无几，而一组对象接受治疗、另一组对象不接受治疗的人为划分其实本身就是非常任意的。因此，比较这两类对象可以为我们提供有关介入或治疗效果的有益参考。

假设某个学区要求各个学校利用暑假的时间为成绩不理想的学生开设补习班，

主管教育的领导想要知道暑期补习班项目是否具有长期推广的价值。当然，如果只是简单地比较参加补习班的学生和不参加补习班的学生，结果将会是毫无意义的。那些学生之所以会出现在暑期补习班里，就是因为他们的成绩不好。就算暑期补习班的效果立竿见影，这些学生还是难以在考试中超过班上其他不需要参加补习班的同学。我们真正关心的是，这些学生在参加完补习班之后的成绩与参加补习班之前相比是不是提高了。是的，我们可以组织一些控制实验来将成绩不理想的学生随机分配到暑期补习班组或“闲置在家”组，但这可能会剥夺一些想要寻求上进的学生提高成绩的机会。

所以，我们的实验组和对照组应该来自那些正好在班上成绩居中的同学，有一些学生刚好被老师安排到补习班，有一些学生差一点儿就失去了自由自在的暑假时光。设想一下：那些在期中考试中成绩不及格的学生肯定与考试及格的学生是不一样的，但一个分数为 59 分（不及格）的同学与一个分数刚好为 60 分（通过考试）的同学呢？如果那些在期中考试中成绩不及格的学生必须参加补习班，那么一个合理且有意义的实验组和对照组就应该在那些差一点儿就及格的学生（参加补习班）和差一点儿就不及格的学生（不需要参加补习班）中产生，这两组学生的期末成绩将会是我们关注的重点。

判处犯罪的青少年监禁，是否可以预防他们今后再次犯罪？我们也可以用不连续分析法来解决这个问题。显而易见，这类分析不能简单地比较被判坐牢的青少年罪犯的累犯率与量刑较轻的青少年罪犯的累犯率，被判坐牢的青少年肯定是因为犯下了比其他同龄人更加严重的错误才受此惩罚。我们更不能用随机分配刑罚的方式来设置实验组和对照组（除非你下次闯红灯时，愿意冒被判处 25 年监禁的风险）。伦敦大学研究员兰迪·加尔马森曾在美国华盛顿州开展了一项关于青少年罪犯的调查，试图弄清严厉的刑罚与青少年今后的犯罪行为之间是否存在某种相关性。具体来说，她比较了那些刚好满足判处入狱的条件的青少年与刚好逃过“牢狱之灾”（通常需要罚款或保释）的青少年的累犯率。

华盛顿州的司法体系专门设计了一个坐标轴来为每一位犯错误的青少年定刑。x 轴表示的是他们以前犯过的错，例如一次重罪就记 1 分，一次轻罪就记 0.25 分，全部加起来就是 x 轴上的读数。与此同时，y 轴表示的是当前所犯罪行的严厉程度，级别从 E（最不严重）一直到 A+（最为严重）。那么，最后定刑的依据是他们以前和现在犯错的严重程度在坐标轴上体现的位置。假如一个人之前所有的错误加起来为 2 分，这次又犯了一个级别为 B 的重罪，那么他将在青少年监狱待上 15~36 个月；假如一个人过去所积累的错误只有 1 分，这次又犯了同样的罪，他将不会被送入监狱。正是这种刑罚的不连续性激发了研究人员的灵感，加尔马森比较了正好够得上坐牢的条件和正好免去牢狱刑罚的两群青少年罪犯，她在论文中解释道：“假如两个人都犯了级别为 C+ 的罪，其中一个人之前的累计犯罪分数为 2.75，另一个人的累积犯罪分数为 3，那么只有后者才会被判处坐牢。”

从研究的角度考虑，这两个人几乎完全相同，除了有一个人要去坐牢。但从判决书下来的那一天起，他们两人的行为就进入了完全不同的演变轨道。被判处坐牢的青少年出狱后再次犯罪的概率会显著降低。

在医学、经济、商业、司法等领域，我们关心治疗或介入手段是不是真的起了作用。但是，因果关系是一根难啃的骨头，即使在因果关系似乎很明显的情况下。为了了解某种介入手段或治疗真正的效果，我们需要看到“反现实——事实的背面”，即假如没有介入手段或治疗会发生什么。但是在许多时候，“事实的背面”却没有那么容易甚至不可能被发现。举个例子：入侵伊拉克让美国变得更加安全了吗？

这个问题在学术上只有唯一的答案：我们永远也不知道。原因就是，我们不知道，也无法知道假如美国没有入侵伊拉克会发生什么。的确，美国没有在伊拉克发现大规模杀伤性武器，但谁能保证美国若真的按兵不动，萨达姆·侯赛因在某天晚上洗澡的时候会不会灵机一动，从其他国家买一枚氢弹回来？那之后又会发生什么，谁能知晓？

当然，完全有可能在美国决定按兵不动的第二天，萨达姆·侯赛因一边准备洗澡一边想着从哪里买氢弹的时候，脚下一滑，后脑勺磕在了大理石浴缸上一命呜呼了。如果真的是那样，那美国就不用花费那么大的代价来除掉萨达姆·侯赛因了。

对于任何一个项目评估来说，其目的都是为评价治疗或介入手段的效果提供某种“反现实”。在控制实验中，对照组就是“反现实”；但当控制实验不具有可行性或有违道德时，我们就需要寻求其他方式来模拟“反现实”。对这个世界的探索在很多时候就依赖于寻找“反现实”的聪明才智。

结束语
Naked Statistics

统计学能够帮忙解决的 5 个问题

就在不久前，数据的收集还是一件非常困难的事情，数据的分析需要支付高昂的费用。试想一下，在仅有纸质收据，没有个人电脑来分析累积数据的几十年前，分析 100 万张信用卡的交易信息是一件多么困难的事情。在大萧条时期，官方数据的缺失使得美国对经济问题的严重程度认识模糊。那时的美国政府并没有对国内生产总值和失业率等指标进行统计，也就是说，政客们在做经济决策的时候几乎是摸黑进行，就好像是在大森林里寻找出路，但身上又没带指南针。美国总统赫伯特·胡佛于 1930 年宣布大萧条结束，但其所参考的依据尽是些不准确的过时数据。他在国情咨文中告诉全体国民，美国有 250 万人没有工作，但实际的失业人数已经高达 500 万人，而且还在以每周 10 万人的速度增加。正如詹姆斯·索罗维基最近在《纽约客》上撰文指出：

“那时的美国政府完全是在一片漆黑中制定政策。”

如今，各种数据几乎要把我们“淹没”，但从总体上看，这是一件好事情。本书所介绍的统计学工具能够帮助我们解决一些重要的社会问题。因此，我觉得用问题而非答案来结束全书再合适不过了。在我们消化和分析海量信息的同时，想想下面的这5个重要（且随机）的问题，通过合理运用书中介绍的知识与工具，我们或许就能得到具有社会意义的答案。

橄榄球的未来在哪里？

2009年，马尔科姆·格拉德威尔在《纽约客》的一篇文章里提出了一个问题：斗狗和橄榄球有多不同？第一眼看到这个问题时，我的感觉是作者故意在哗众取宠、制造效果。格拉德威尔之所以将这两种运动联系到一起，是因为四分卫迈克尔·威克曾因参与斗狗而被判入狱，出狱后又重新加入美国职业橄榄球大联盟，而此时正值传言四起：橄榄球运动带来的头部损伤有可能会导致晚年抑郁、记忆丧失、痴呆以及其他神经问题。格拉德威尔的核心观点是，无论是斗狗还是职业橄榄球，对其参与者来说都有危害。读完整篇文章，我不得不承认作者独到的眼光。

我们所知道的是，有越来越多的证据表明，橄榄球运动过程中产生的脑震荡和其他大脑损伤能够导致严重且永久的神经伤害。（拳击手和曲棍球运动员身上也存在类似的现象。）许多知名的职业橄榄球运动员都曾在公众面前分享他们退役后与抑郁、记忆丧失以及痴呆等疾病抗争的故事。最令人感到心酸的莫过于前芝加哥熊队安全后卫、“超级碗”冠军戴夫·杜尔森，他开枪结束了自己的生命，在遗书中他明确指示家人将他的大脑捐献给相关科研机构。

在一次随机电话调查中，有1 000名联盟生涯在3年或3年以上的前职业橄榄球运动员接受了采访，年龄在 50 岁以上的运动员中有 6.1% 被诊断患有“痴呆、阿尔茨海默病或其他记忆力相关疾病”，是相同年龄段美国平均水平的 5 倍。在年轻运动员群体中，类似疾病的诊断率达到了美国平均水平的 19 倍。至今已有数百名前美国职业橄榄球大联盟运动员将联盟和运动头盔制造商告上了法庭，理由是他们涉嫌故意隐瞒有关头部损伤危害的信息。

安·麦基是马萨诸塞州贝德福德退伍军人医院神经病理学实验室的一名研究员，主要研究大脑损伤给神经带来的影响。（巧合的是，麦基同时也主持了弗雷明汉心脏研究项目的神经病理学部分。）麦基博士在拳击手、橄榄球运动员等人的大脑中发现了异常蛋白（tau 蛋白）积累的证据，而 tau 蛋白就是导致慢性创伤性脑病（CTE）的“元凶”，随着运动员年龄的增大，他们的神经无序开始变得越来越明显，神经无序与阿尔茨海默病的症状非常相似。

与此同时，其他科学家也在研究橄榄球和大脑损伤之间的关系。北卡罗来纳州州立大学运动脑震荡研究中心的凯文·加士奇维茨在北卡罗来纳州橄榄球队的每一位队员的头盔内嵌入了一个感应器，以便记录下运动过程中队员受到的头部撞击的力度和性质。根据他所获得的数据，运动员的头部经常受到撞击，其力度相当于坐在一辆时速为 25 英里的车里突然遇到车祸时脑袋撞上挡风玻璃。

但在这个例子中，有一些信息是我们无法知晓的。到目前为止，我们已经发现的有关大脑损伤的证据是否就能代表所有职业橄榄球运动员退役后所面临的神经系统风险？还是说，遭遇不幸的人只是所有运动员中的“一小撮”，即统计学上的“异常值”？就算橄榄球运动员在晚年患上神经无序的风险的确高于常人，我们也无法证明两者之间的因果关系：可能是爱好并从事橄榄球（或拳击、曲棍球）运动的人天生就容易患上此类疾病；也有可能是其他一些因素，如使用类固醇导致了他们晚年的神经疾病。

假如不断有证据表明，橄榄球运动与永久性大脑损伤之间存在清晰的因果关系，那么一个严峻且现实的问题就摆在了运动员（以及青少年运动员的家长）、教练员、律师、美国职业橄榄球大联盟官员，甚至政府有关人员的面前：能否在橄榄球运动过程中避免或减少对运动员头部的损伤？如果不能，那下一步该怎么做？这就是马尔科姆·格拉德威尔将橄榄球与斗狗放在一起比较的目的。他解释说，公众之所以抵制甚至憎恶斗狗，是因为狗的主人明知这项活动会给狗带来伤痛和折磨，还故意这么做，这是为什么？就是为了取悦观众、赢得奖金。在19世纪，斗狗在美国被广泛接受，但在今天的社会，无论是在道德上还是法律上，人们都不接受这样一种残忍的运动。

在回答当下的职业橄榄球运动是否存在未来这个问题上，本书介绍的几乎所有统计分析方法都被研究人员派上了用场。

是什么导致了自闭症患者数量的激增？

美国疾病控制与预防中心在2012年披露，每88个美国儿童中就有一个被诊断患有自闭症（基于2008年的数据）。2002年的确诊率为1/150，到了2006年，确诊率攀升到了1/110——在不到10年时间里翻了将近一番。自闭症主要指的是，儿童在成长过程中表现出在与人接触、交流和行为举止方面的异常和障碍。自闭症是一种谱系障碍，这意味着其所包含的行为症状内容广泛。男孩子被诊断为自闭症的概率是女孩子的5倍（也就是说，男孩子的患病概率甚至要高于1/88）。

第一个颇有意味的统计问题就是：我们是不是正在迎来某种“自闭症发病潮”、“自闭症诊断潮”，或二者的结合？在之前几十年的时间里，患有自闭症的儿童可能没有被诊断出来，或者他们所表现出来的成长障碍被笼统地归类为“学习障碍”。如今的医生、家长和老师对自闭症症状的认识更加清晰，因此不论自闭症本身是否正在蔓延，其诊断人数的增多都是必然。

但是无论如何，自闭症的高发率所带来的挑战必须引起家长、老师和全社会的关注。每个自闭症患者一生的医疗开销平均为350万美元，这显然是一种流行病，但我们对自闭症的病因依然所知甚少。美国国立精神卫生研究所主任托马斯·英塞尔曾说：“（自闭症）是手机引起的吗？或者是超声波、无糖苏打水？1 000位家长有1 000个答案。就目前来看，我们还不得而知。”

自闭症儿童的成长环境和出身背景有什么不同或独特的地方？他们与非自闭症儿童之间最显著的生理差异是什么？美国各地的自闭症发病率都是一样的吗？如果不是，那是什么原因导致的？借助传统的统计侦查手法，我们或许能够找到一些线索。

加利福尼亚大学戴维斯分校的研究人员近期进行了一项调查，发现该州有10个地方的自闭症确诊率与周围区域相比高出一倍，这10个地方无一例外都是受教育程度高的白人聚集区。这是一个巧合，还是一个线索？是不是条件相对优越的家庭更容易生出自闭症儿童？同一批研究人员还进行了另一项研究，从1 300个自闭症儿童家庭中收集灰尘样本来分析其中的化学成分，看是否存在某些化学成分或环境污染物引起了儿童自闭症。

在此期间，另外一些研究人员发现自闭症与基因存在关系。他们发现，如果家中的两个小孩是同卵双胞胎（拥有完全一样的基因组成），那么他们同时患上自闭症的概率就要大于异卵双胞胎的两个小孩。但这一发现并不能排除环境因素的强大作用，自闭症既有可能是基因与环境共同作用的结果，也有可能完全是后天环境所引起的。比如说心脏病，虽然先天的基因构成至关重要，但吸烟、饮食、运动以及其他行为和环境因素都会诱发心脏病。

到目前为止，统计分析所做的最有贡献的事就是排除了无关因素，这些因素一开始会进入人们的视线是因为人们混淆了相关关系和因果关系。自闭症通常会发病于儿童一周岁到两周岁之间，因此，很多人就认为在此期间接种的疫苗，尤其是麻疹、流行性腮腺炎和风疹三联疫苗（MMR）是导致儿童自闭症高发的“罪魁祸首”，来自印第安纳州的美国国会议员丹·波顿曾对《纽约时报》说：“我的孙子在一天内接种了 9 支疫苗，其中有 7 支含有硫柳汞，你可知道这里面有 50% 都是汞啊，不久以后他就被确诊为自闭症。”

今天，科学家已经完全排除了硫柳汞与自闭症之间的相关性。就算注射的是不含任何硫柳汞成分的三联疫苗，自闭症儿童也不会因此减少；在没有推广三联疫苗的国家里，自闭症的确诊率也没有比推广疫苗的国家低到哪里去。但只要这种伪相关性存在一日，就会有家长拒绝带他们的孩子去接受疫苗接种。讽刺的是，这样做不但不会减少孩子患上自闭症的风险，而且会将他们置于感染其他严重传染病的更大的危险之中（并加剧这些传染病在人群中的传播）。

自闭症是当今医学和社会所面临的最严峻的挑战之一。对于这种给人类福祉造成如此巨大（而且有可能还在扩大）冲击的疾病，我们的了解却少之又少。科学家正在夜以继日地运用本书提到的每一种统计学工具（以及更多没有提到的方法）来改变目前这种被动的局面。

我们依据什么来奖励优秀的教师和优质的学校？

我们需要优质的学校，优质的学校又需要优秀的教师，因此正常逻辑要求我们对优秀的教师和优质的学校给予奖励，同时解雇不负责任的教师，关闭教学质量不佳的学校。

如何才能做到这些？

考试分数为我们提供了一个客观的衡量标准。但我们也知道，一些学生能在标准化考试中发挥出色是因为其他方面的因素，与教师和学校并无关系。想要正确评价学校和老师，一个看似简单的解决方案是，观察学生入校后是否在学习上有所进步以及其进步幅度。当学生们刚开学的时候，他们都有哪些知识储备？一年后，他们对世界的认识又丰富了多少？学生通过上课增加的“附加值”就是区别所在。

我们甚至还可以利用统计学来对教学质量进行更为精确的感知，通过综合考虑某个班级里学生的人口统计学特征，如种族、家庭收入等，以及他们在其他测试中的表现（作为评价他们资质的参考）。如果班上学生的成绩原来一直在及格线边缘徘徊，在换了一位老师上课后没多久，学生成绩就出现了显著提升，那么这位老师的教学效率就非常高。

一切就绪！现在我们就可以用精准的统计学工具来衡量教师的教学质量了。至于怎样才算得上一所优质的学校，当然就是看这所学校有没有大量高效的优秀教师了。

这些便利的统计评估方法在实际应用过程中的效果如何？2012年，纽约市率先“试水”，对全市1.8万名公立学校的教师进行了“附加值评级”——在综合考虑学生情况的前提下，重点观察学生考试分数的提升程度。《洛杉矶时报》在2010年的时候，也曾对洛杉矶的教师进行过类似的评级。

无论是在纽约还是在洛杉矶，对教师评级制度的反应都非常强烈，而且各种观点都有。美国教育部部长阿恩·邓肯总体上支持此类评级项目，因为它们填补了这方面的信息空白。洛杉矶政府公布教师评级数据之后，邓肯在接受《纽约时报》采访时表示，“不能再继续沉默下去了”。奥巴马政府还给各个州划拨了专用经费，用于开发附加值评级项目来指导教师的工资改革和职业成长。评级的支持者们义正词严地指出，这是教师管理体系的一次飞跃，过去所有教师领取统一的固定工资，工资水平与他们的课堂教学表现无关，这起不到激励教师改善教学质量的作用。

但是也有许多专家警告，这类教师评级数据存在极大的误差，有可能会误导公众。纽约教师工会投入了十多万美元在报纸上大打广告，标题就是《教师不是这样评价的》。项目的反对者称，附加值评级带来的“伪精准”会被那些不了解这类评级的局限所在的家长和公共政策官员滥用。

这就是一个典型的“公说公有理，婆说婆有理”的案例，无论是哪一方，都能在某种程度上站住脚。达特茅斯学院的经济学家道格·斯塔格长期从事教师附加值数据方面的研究，他警告说，这类数据本质上是“有漏洞”的。对于某一位教师的评估，经常建立在某一班学生参加某一天某一场考试的基础上，这其中有太多的因素会影响到他们的发挥——从这群学生本身到考试当天的空调，可谓是防不胜防。这些评价指标与教师每一年的教学表现的关联度只有约 0.35。（有意思的是，评价美国职业棒球大联盟选手的指标与其年运动表现的关联度也是 0.35，其中击球手的评价指标为击球率，投球手的评价指标为防御率。）

斯塔格说，虽然这类关于教师教学效率的数据非常有用，但也只是评价教师的参考指标之一。如果有关部门能够积累某位教师更多年份的教学效率数据，涉及更多不同的班级，就可以减少这类数据的“漏洞”（这与评价运动员是一个道理，掌握越多比赛和赛季的数据，给出的评价就越客观）。在纽约教师评级的例子中，每个学校的校长都被告知应该正确地看待附加值数据，清楚这些数据的“先天缺陷”。但是，公众对这些“缺陷”和数据结论的局限性并不知情，因此人们经常将其视作评价一位教师教学质量的决定性指标。我们总是对排名心存好感，但有的时候数据根本不支持如此精准的结论，就比如《美国新闻与世界报道》的大学排名。

斯塔格最后提出了另一种类型的警告：我们最好保证所评估的结果（比如某次标准化考试的成绩）从长远来看与我们真正关心的指标具有一致性。来自空军学院的一些独特数据显示，现阶段优异的成绩并不代表未来光明的前景，这一点并不令人感到惊讶。与其他军事学院一样，空军学院会随机安排学生学习不同的标准考试指定科目，如初级微积分等。学生的随机分配使得在评价教师的教学效率时完全排除了选择性偏见可能对结果产生的影响，只要观察期足够长，我们就可以假设所有教师教导的学生都拥有相同的资质（这一点与绝大多数的大学不同，在这些学校里，学生可以根据自身能力和兴趣的不同，选修或退选不同的课程）。针对每一门课程，空军学院还采用了统一的教学大纲和考试试卷。加利福尼亚大学戴维斯分校的斯科特·卡瑞尔教授和空军学院的詹姆斯·韦斯特教授就看中了这一近乎完美的教学安排，并以此来回答高等教育领域中一个最为重要的问题：哪些教授的教学效率最高？

答案是：经验偏少又在非名牌大学取得学位的那些教授。他们的学生在初级课程的标准化考试中的成绩普遍较好，而且他们在教学评估中得到的学生评价也通常较好。显而易见，这些年轻、充满干劲的老师对待教学比那些从哈佛大学获得博士学位、脾气暴躁的老教授要认真负责得多。那些老人家至今还在用1978年的陈旧教案来教学生，他们或许还以为演示文稿软件（PPT）是某种功能饮料——除非他们连什么是功能饮料都不知道。根据数据，我们早就应该将这些年龄过大的教授解雇，或者让他们有尊严地退休。

不过，我们先别急着解雇任何人。空军学院的研究还有另一个发现——学生的长远表现。卡瑞尔和韦斯特发现，在数学、科学等学科的初级课堂上，经验更丰富、资格更老的老师教出来的学生在接下来的中级、高级课程中的表现要优于年轻教师教出来的学生。一个符合逻辑的推理就是那些资历尚浅的老师更倾向于在初级课堂上“教学生如何去应付考试”，因此他们的学生在考试中的分数通常比较高，学生自然会感到开心，给老师的评价自然也不会差。

但是，那些上了年纪的、脾气固执的资深教授（我们在前一段的内容中差点儿就解雇了他们）更关注的是教授重要的理论和概念，这会使学生的进一步学习以及一生受益匪浅。

当然，我们还是需要对教师进行评估，但必须采用正确的方式。相关部门在制定政策时所面临的长期挑战是，如何在统计学的基础上开发一个系统，来奖励教师在课堂上为学生所贡献的附加值。

解决全球贫困的最佳途径是什么？

如何才能让贫困国家摆脱困境？这个问题我们在很多时候真的只能用“束手无策”这四个字来回答。但是，我们却清楚地知道如何区分富裕国家和贫困国家，比如从它们的教育水平、政府服务质量等方面进行比较。而且，我们也目睹了如印度、中国等国家在过去几十年的时间里所经历的经济大发展。但即使如此，我们还是不清楚应该怎么做才能让马里、布基纳法索等极端贫困的国家改善现状。

法国经济学家埃丝特·迪弗洛对原始的统计学工具——随机控制实验进行了改进，赋予其全新的功能，改变了我们对全球贫困问题的认识。迪弗洛是麻省理工学院的教授，主要研究的是不同介入方式对改善发展中国家的穷人生活状况的效果。举个例子，印度学校长久以来面临的一大问题就是教师的缺勤率居高不下，尤其是在偏远农村地区的学校，这些学校通常只有一位老师。迪弗洛和她的研究伙伴雷马·汉娜在印度拉贾斯坦邦随机抽样的60所只有一位教师的学校中测试了一种巧妙的技术驱动型解决方案。在这60所学校教书的60位教师如果出勤率高的话，就会得到额外的奖励，但如何才能保证他们不在出勤率数据上造假呢？创意来了：迪弗洛和汉娜给他们每人发一台相机，用这台相机拍出的照片都会有日期水印，而且这个日期是无法被篡改的。教师们每天都要跟他们的学生合一张影，表示这一天他们来学校教课了。

迪弗洛和汉娜还随机抽取了另外60所学校作为对照组，结果表明，实验组教师的缺勤情况减少了1/2，这些学校的学生的考试成绩也提高了，越来越多的学生顺利地进入下一个阶段的学习。（我敢肯定那些照片一定好看极了！）

迪弗洛在肯尼亚还进行了一项实验，随机抽取一组农民在丰收之后向他们发放小额补贴用于购买化肥。之前已经有证据表明，化肥可以显著地提高粮食产量。农民们其实很清楚这一好处，但每次开始种新庄稼的时候，他们手中剩余的钱已经不足以购买化肥了。这就导致了所谓的“贫困陷阱”，苦苦挣扎的农民们实在是太穷了，以至他们无力改变贫困的现状。迪弗洛和她的研究伙伴发现，在粮食收获之后如果农民们手中还有现金，只要为他们提供一点儿补贴——化肥免费送货上门，就能将化肥的使用率提高10%~20%。

埃丝特·迪弗洛甚至还卷入了性别战争。在管理家庭财产的问题上，谁更负责——男人还是女人？在发达国家，夫妻两人可以就这个问题在他们的婚姻顾问面前吵上一整天；但在贫困国家，这个问题决定了家里的小孩能否吃饱饭。从古至今，人们的脑海中一直存在一个观念，那就是家中的女性总是将孩子的健康和幸福置于一个极高的位置，而家中的男性更倾向于把工资都花在喝酒或其他消遣上。往差了说，这种观念只会让一成不变的偏见更加根深蒂固；往好了说，我们只能认为这是一个难以证明的观点，因为一个家庭的财务在一定程度上受到很多因素的影响。丈夫和妻子对家中的共同财产都有支配权，那么我们该如何将二者的消费选择进行控制并逐个分析呢？

面对这个如此复杂和微妙的问题，迪弗洛没有选择逃避。她甚至还为此进行了一个令人无比着迷的自然实验。在科特迪瓦，家中的男性和女性共同承担种植庄稼的工作，而且一个长久以来约定俗成的做法是，男性和女性各自耕种不同的经济作物，男性种可可、咖啡等，女性种芭蕉、椰子等。从研究者的角度来说，这种天然安排的好处是男女种植的不同经济作物对雨量的需求恰好相反：在可可和咖啡丰收的年份里，家中的男性会拥有更多的可支配收入；在芭蕉和椰子丰收的年份里，家中的女性会拥有更多的可支配收入。

现在，我们只需要将刚才那个棘手的问题提出来：在科特迪瓦的这些家庭中，孩子是在男性的作物丰收的年份过得更好，还是在女性的作物丰收的年份过得更好？

回答是：当女性的收入提升时，她们会将手中余钱的一部分用于改善家庭的伙食，但男性通常不会这么做。所以，男同胞们，这次对不住了。

2010 年，迪弗洛获得了约翰·贝茨·克拉克奖，该奖项是由美国经济学会授予的，颁奖对象为在美国的大学任教、40 岁以下的学者。在经济学“怪人”圈中，这个奖被认为是比诺贝尔经济学奖分量更重的荣誉，因为约翰·贝茨·克拉克奖每两年才颁发一次（但是从迪弗洛获奖的这一年起，颁奖周期改为一年一次）。无论如何，约翰·贝茨·克拉克奖是所有佩戴厚镜片的人心目中的 MVP（最有价值球员）。

迪弗洛所做的就是项目评估，她的工作以及所有采用她的研究方法开展的工作，切切实实地改变了穷人的命运。从统计学的角度看，迪弗洛的研究启发了我们对随机控制实验的看法，这一长久以来被认为只属于实验室科学的研究方法，原来也可以被广泛地运用到现实生活中，帮助人类破解生活领域中的许多因果关系。

猜猜你是谁？

2012年夏天，我家雇了一个新保姆。在她来到我家里的第一天，我向她介绍我们的家庭背景：“我是一名教授，我的妻子是一位老师……”

“这些我都知道了，”那位保姆的手轻轻一挥，一脸轻松的表情说道，“我登录谷歌网页搜索过你。”

我心里一阵轻松，因为这代表我不需要再喋喋不休地介绍了，但同时我也有点担心，在搜索框里输入我的姓名，我的生活便可以“一览无余”到什么程度？通过廉价的计算成本将信息数字化，再加上与互联网的结合，我们收集和分析海量数据的能力在人类历史上已经达到了空前的程度。在这一全新的领域，我们越来越需要制定一些新的规则。

让我们以美国知名零售商塔吉特公司为例，感受一下大数据的力量。与绝大多数公司一样，塔吉特致力于从消费者的角度考虑问题，以达到利润的最大化。为了做到这一点，公司聘请了统计专家来完成本书在之前篇章里介绍的那些预测分析工作，他们利用销售数据和有关消费者的其他信息，来回答“谁买了什么商品以及为什么买这些商品”这个问题。当然，这一切都不是坏事，因为这意味着在你家附近的塔吉特商场里就能买到你需要的商品。

对于这个例子，我们还可以思考得再深入一点，看看那些统计专家在公司总部连窗户都没有的地下室里研究出了哪些东西。塔吉特知道，怀孕的女性是养成消费习惯的最佳人群，在这期间一旦与她们建立起“零售关系”，未来的几十年里都能看到这些母亲进出塔吉特商场的身影。因此，塔吉特就需要从茫茫的消费者中“定位”出孕妇，尤其是怀孕3~6个月的准妈妈，想办法让她们更经常地来逛商场。《纽约时报》的一位签约作家全程跟随了塔吉特的一个预测分析团队来了解他们是如何定位并吸引孕妇的。

第一步非常简单。塔吉特向会员提供了迎婴礼物登记服务，怀孕的会员可以在孩子出生前登记领取婴儿礼品。这些女性已经是塔吉特的消费者，而且她们会主动告诉商场自己怀孕的消息。此外统计专家还发现，其他那些与上述消费者有着相似消费倾向的女性可能也怀孕了。举个例子，怀孕的女性通常会将沐浴露换成无香味的，她们会开始购买维生素补剂，购买棉球等卫生用品时会选择大包装的。塔吉特公司的预测分析专家们精挑细选出 25 种商品，这些商品共同构成了一个“怀孕预测得分”体系，所有分析的最终目标就是向怀孕的女性发放相关商品的优惠券以吸引她们前来购买，并最终让她们成为塔吉特公司的长期消费者。

这一分析模型的效果如何？《纽约时报》上曾经刊登过一篇报道，讲的是明尼阿波利斯市的一位父亲来到一家塔吉特商场要求见经理，他愤怒地向经理投诉，说他还在上高中的女儿最近受到了塔吉特的母婴类商品优惠券的“轰炸”。这位父亲愤然问道：“她还在上高中，你们一天到晚给她寄婴儿服装和摇篮的优惠券，是鼓励她怀孕吗？”

商场经理当场表示抱歉，甚至几天之后他还不忘打个电话再次道歉，但这一次那位父亲的气不仅全消了，他反而还跟经理道歉。父亲说：“其实不怨你，最近家里出了一些事情，我之前被蒙在鼓里……对了，我女儿的预产期是 8 月。”

塔吉特的统计专家甚至比这位父亲更早知道女儿怀孕的消息。

预测与统计专家们的生活无关的事情就是统计专家的工作。但有的时候，这会让消费者觉得自己的隐私被侵犯了，出于这一点考虑，一些商家如今会刻意在消费者面前“装傻”，假装对你一无所知，但实际上他们已经把你看得清清楚楚了。举个例子，如果你是一位怀孕满 3 个月的准妈妈，你可能会在家里的信箱中发现一些摇篮和纸尿布的优惠券，此外还有一张割草机的打折券、一张“凭此券购买保龄球鞋免费得一双保龄球袜”的买赠券。对于你来说，你会觉得那几张跟怀孕有关的优惠券与其他垃圾一同出现在信箱里纯属偶然。但事实上，商家已经知道你既不打保龄球也不修剪草坪，这些广告只不过是一个幌子，为了掩盖他们知道你怀孕的事实。

脸书已经成为世界上最有价值的公司之一，但这家公司基本上没有什么实物资产。对于投资者（而非使用者）来说，脸书拥有一项庞大的无形资产：数据。投资者之所以愿意投资脸书，并不是因为这个网站平台能够让他们与大学时的恋人重新取得联系，而是因为注册用户每一次点击鼠标都会在不经意间泄露他们的信息：住在哪里，去哪里购物，买什么东西，认识什么人以及如何打发空闲时间等。对于想要与初恋重燃旧情的脸书注册用户来说，公司对这些信息的收集和分析极有可能会侵犯他们的隐私。

脸书产品副总裁克里斯·考克斯告诉《纽约时报》记者：“信息时代的挑战就是如何处理这些信息。”

说得太到位了。

在公共领域，数据与科技的结合更加无孔不入。世界各地的城市都在公共场合大量安装摄像头，其中一些摄像头在不久的将来会拥有脸部识别功能。执法部门通过在车辆上配置全球卫星定位设备实现对车辆的跟踪，并详细记录其到过的地方。这是一个监控并预防犯罪的廉价、有效的方法，还是政府在滥用科技手段来践踏我们的人身自由？2012 年，美国最高法院一致认定，除非得到特殊准许，否则执法部门不得随意在私人车辆里安装跟踪设备。

与此同时，世界各国政府还掌握了大量的 DNA 数据，并以此作为破案的有力工具。那么，这些 DNA 数据库里的信息是哪些人的？所有被判决的罪犯，所有被捕的人（不管他们最后有没有被判处有罪），还是我们每一个人？

我们正好站在科技与个人数据的十字路口，不得不提高警惕。假如这些数据还像以前那样静静地躺在政府办公大楼积满灰尘的地下档案室里，一切都还好说；但如今随着公民数据的数字化，在世界上任何角落的任何人都有可能借助互联网看到这些信息，这就是问题的关键所在。统计学比以往任何时候都更加重要，因为我们现在有更多的机会来充分利用数据，并从中获取有意义的信息。然而统计学公式并不会告诉我们怎样使用数据是合适的，怎样使用是不合适的。数学并不能代替判断。

因此，我想用一组词语联想来结束全书：火、小刀、汽车、脱毛膏。每一样东西都有一个重要的功能，每一样东西都能让我们的生活变得更好，但每一样东西如果被滥用就会造成严重的后果。

现在请你将“统计学”也放到这组词语中去，从今天开始，好好使用数据！

致谢

Naked Statistics

本书向早前美国诺顿出版公司的一部经典作品——达莱尔·哈夫的《统计数据会说谎》致敬，这本写于20世纪50年代的通俗读物的销量已超过百万册。达莱尔的创作初衷与本书一样，都是要剥下统计学的神秘外衣，让大众读者信服：不理解新闻标题数据背后的含义将会对他们造成伤害。我希望我能为哈夫先生的这部经典作品锦上添花，并祈祷在未来的50年中，本书也能卖出100万册。

我要深深感谢诺顿出版公司，尤其是德雷克·麦克菲力，让我有机会能通过写作，以一种易于理解的方式来向普通读者阐释一些重要的课题。在过去的十多年里，德雷克一直都是我最好的朋友和支持者。

若没有诺顿出版公司的杰夫·舍利弗，就不会有本书的面世。第一次见到杰夫的人都会觉得他心地善良，根本不适合从事需要“催稿”的编辑职业。但事实上，他的脾气的确好得不得了，但也正是他的这种温文尔雅的激励让我得以完成创作。就拿这篇致谢来说，截稿时间是明天上午，而我现在竟然还能气定神闲地码字，这多亏了杰夫。能够有这样一位好“工头”来督促我的工作，我感到非常幸运。

当然，我最感谢的还是书中提到的那些人，是他们进行了重要的研究和分析。我既不是统计学家，也不是研究者，面对其他人所做的有趣且意义深远的工作，我的职责就是当一个翻译者。我希望我能通过这本书，向广大读者传达一个观点：良好的研究和完善的分析对于改善我们的健康、增加我们的财富、提升我们的安全感以及扩大我们的认知面是多么重要。

此外，我还要感谢普林斯顿大学的经济学家艾伦·克鲁格，无论是恐怖主义的根源，还是高等教育的经济回报，他的研究成果都能深入浅出地对这些问题进行回答，带给我无限的启发和思考。更重要的是，艾伦也是我读研究生期间的一位统计学教授，他总是能够在研究、教学和公共服务三者之间找到平衡，对此我钦佩不已。

作为本书最早的一批读者，吉姆·萨利、杰夫·戈洛格、帕蒂·安德森和阿瑟·米耐茨都阅读了草稿，并为我提供了诸多有益的建议，谢谢你们将我从自我中解放出来！盖洛普民意调查机构的弗兰克·纽波特以及《纽约时报》的麦克·卡盖伊都是我在民意统计方面的启蒙老师，他们不厌其烦地为我讲解其中的奥妙和统计方法之间的细微差别，感谢他们的辛勤付出，书中如果还有什么错误的话，不关他们的事，都是我的问题。

凯蒂·韦德是一位不知疲倦的研究助手。我一直觉得用“不知疲倦”这个词来形容凯蒂再合适不过了。本书中许多用来解释统计学概念的逸事和例子都出自凯蒂之手，要没有她，就没有这些令人捧腹的例子了。

从上小学时起，我就一直梦想着有朝一日能够写本书。帮我实现这个梦想，并以此为生计的就是我的经纪人蒂娜·班尼特了。蒂娜身上凝聚着出版行业所有的优良品质，她不仅为能够将有意义的研究成果出版成书而欣喜不已，而且还能站在作者的角度不遗余力地为作者争取利益。

最后轮到我的家人，感谢你们在本书创作过程中对我的包容。每一章的交稿期限都被贴在冰箱上，有证据表明每当交稿日期来临（或错过）时，我的暴躁程度会增加 31%，精疲力竭的程度也会提升 23%。我的妻子利娅是我所有文字的最早、最好和最重要的编辑。谢谢你亲爱的，在面对人生中的所有挑战时，那个聪明的、支持我的、风趣的伙伴总是你。

我也想将这本书献给我的大女儿卡特里娜。难以想象当年我写《赤裸裸的经济学》时，她还只是襁褓中的婴儿，而如今她已经能够读懂这本书并提供颇有深度的意见反馈了。卡特里娜，你是我和利娅的梦想，还有索菲和 C. J，很快你们这两个小家伙也能够阅读本书和我的手稿了。